INTRODUCTION
À L'ANALYSE STYLISTIQUE

INTRODUCTION
À L'ANALYSE STYLISTIQUE

par CATHERINE FROMILHAGUE, ANNE SANCIER

Bordas

En couverture

Vincent Van Gogh (1853-1890)
Romans parisiens, Les livres jaunes
Peinture automne 1887
Suisse, Collection particulière

Ph. © Giraudon

© BORDAS, Paris, 1991
ISBN 2-04-019701-X

«Si l'estimable public se montre incapable de comprendre telle ou telle remarque, ce n'est pas seulement parce qu'il ignore
la Bible,
les langues anciennes,
l'histoire,
la mythologie,
les littératures classique et mondiale,
mais aussi parce qu'il ne possède pas les outils du langage,
la grammaire,
la métrique,
l'étymologie,
la magie des sons.»

Ernst Jünger, *L'auteur et l'écriture*
(C. Bourgois, Paris, 1982, p. 34)

«(…) et la stylistique !»

Les auteurs

Avant-propos

Le projet de ce livre est né d'une observation que nous avons faite auprès de nos étudiants-apprentis stylisticiens, et de remarques que ceux-ci nous ont adressées : l'acquisition de connaissances, de concepts isolés, n'est pour eux ni plus ni moins difficile en stylistique que dans d'autres disciplines techniques ; les cours, des ouvrages récents[1], les guident dans ce domaine ; en revanche, quand ils sont eux-mêmes confrontés à un texte (dans le cadre d'un commentaire ou pour l'étude d'une œuvre), un grand nombre d'entre eux reste démuni, ne sachant comment appliquer les concepts acquis.

Nous avons dans cet ouvrage simplement voulu mettre la plume à la main de l'étudiant et le guider pour lui permettre d'entrer dans la spécificité de l'analyse stylistique qu'il distingue mal à ses débuts de l'analyse littéraire, ou qu'il assimile à une technique pure, limitant alors ses commentaires à un «catalogue» de procédés.

La démarche adoptée ici est une démarche progressive et, comme telle, notamment en ses débuts, simplificatrice : elle s'attache à fournir à l'apprenti stylisticien des concepts opératoires tout en montrant par l'analyse d'exemples leur fonctionnement dans les énoncés littéraires.

Une réflexion préliminaire sur l'énoncé littéraire, a paru indispensable pour saisir les enjeux de notre discipline. Ce type

---

1. H. Bonnard, *Procédés annexes d'expression*, Magnard, Paris, 1986, G. Molinié, *Éléments de stylistique française*, P.U.F., Paris, 1986 et *La stylistique*, P.U.F., «Que sais-je ?», 1989.

de discours suscite en effet un univers de référence dont il est créateur. Les unités de langue fonctionnent comme médiateurs, c'est-à-dire qu'elles permettent la représentation mentale de l'univers évoqué ; ce mode de représentation et de communication a ses propres lois, que nous allons en tout premier lieu analyser.

Sommaire

Introduction
Spécificité de l'énoncé littéraire

Les analyses linguistiques aujourd'hui classiques ont décrit le schéma de la communication d'une façon telle que le problème de l'appréhension du sens par le récepteur ne paraissait pas se poser. Le triangle sémiotique, c'est-à-dire qui restitue l'élaboration du sens, doit être ici évoqué :

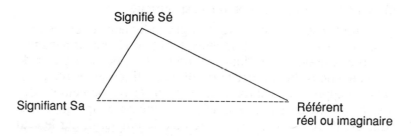

L'émetteur ou destinateur formule son message en choisissant dans la réalité linguistique des signifiants appropriés. Ceux-ci formulent les concepts, ou signifiés, qui sont alors rapportés par le récepteur ou destinataire à la réalité évoquée (présente ou imaginaire). Le double mécanisme d'encodage par l'émetteur et de décodage par le récepteur est donc constitutif de toute communication verbale.

La critique de ce schéma qui présuppose la transparence dans la communication, c'est-à-dire la maîtrise par l'émetteur et le récepteur d'un code et d'une compétence[1] identiques, fonde aujourd'hui la linguistique du discours. Elle montre en effet les difficultés de la communication et pose le problème des fondements de l'interprétation. Car il est vrai que le même message peut être interprété fort différemment selon la nature et la situation des instances émettrices et réceptrices.

S'il n'est pas de notre propos de restituer ici la critique détaillée du schéma traditionnel de la communication et de rappeler les nouvelles donnes qui le complètent[2], il paraît essentiel de montrer comment l'analyse du discours littéraire doit s'en trouver modifiée.

Les critiques récentes obligent en effet à nuancer l'idée d'une définition unique et monolithique de l'énoncé littéraire comme porteur d'un sens, et répondant à une intention d'auteur ; c'est dans ce cadre que la stylistique a été comprise comme l'étude des moyens que choisit l'auteur dans la langue pour rendre son projet efficient.

Non que ces principes de recherche et d'approche doivent être exclus du discours stylistique... Mais ils ont besoin d'être approfondis et complétés : la linguistique du discours fournit d'autres concepts opératoires qui viennent heureusement éclairer les analyses premières.

Avant de les examiner, il convient à l'évidence de décrire le discours littéraire, d'en montrer sa spécificité.

Si tout discours peut être très généralement défini comme prise de parole engageant un émetteur et un récepteur dans une situation d'énonciation donnée[3], on peut rappeler, à partir de ces indications, la spécificité du discours littéraire et ses difficultés d'approche. Il implique, en effet, le dédoublement des instances émettrices et réceptrices en même temps qu'il crée l'univers de référence, c'est-à-dire qu'il le fait surgir par le seul pouvoir des mots.

Le statut du locuteur, c'est-à-dire celui qui prend en charge la parole, est complexe dans le discours littéraire.

---

1. «Nous appellerons "compétence d'un sujet", note C. Kebrat-Orecchioni, la somme de toutes ses possibilités linguistiques, l'éventail complet de ce qu'il est susceptible de produire et d'interpréter.» (*L'énonciation. De la subjectivité dans le langage*. A. Colin, Paris, 1980, p. 16-17).
2. Voir C. Kerbrat-Orecchioni, *op. cit.*, p. 19.
3. On rappellera ici la définition que donne Benveniste : «L'énonciation est cette mise en fonctionnement de la langue par un acte individuel d'utilisation», *v.* «L'appareil formel de l'énonciation», *Langages*, 17 mars 1970, p. 12.

Il faut rappeler ici les termes essentiels de la distinction introduite entre l'auteur et le narrateur : le premier figure l'instance productrice, c'est-à-dire l'écrivain, le second l'instance qui assume l'énonciation, c'est-à-dire le narrateur[1].

1. Le statut du narrateur/narré

De ces indications élémentaires plusieurs éléments utiles à l'analyse stylistique peuvent être dégagés. Ils intéressent la position du narrateur par rapport au narré. Ce cadrage est un préliminaire indispensable avant toute exploration d'un texte.

– Le narrateur peut user de procédés spécifiques qui témoignent de sa non-intervention dans le récit. Les facteurs qui créent cette distanciation – repérage spatio-temporel, jeu des personnes, choix des caractérisants – devront être perçus pour définir le ton objectif et surtout ce qui pourrait y contrevenir. L'observation des manquements sera dans cette perspective tout particulièrement intéressante pour caractériser l'écriture.

– Le narrateur peut en effet *intervenir* plus ou moins explicitement dans le narré. Son discours interfère dans le récit. Temps, espace, personnes sont rapportés à la situation d'énonciation, c'est-à-dire au moment de l'écriture. Le narrateur donne d'autres marques de sa présence : il interprète, modalise le narré.

– A l'extrême, la distance entre narration et narré peut se réduire totalement dans les cadres du *monologue intérieur* où le narrateur, par des procédés qui seront décrits, restitue en son personnage le surgissement de l'événement et de la pensée qu'il suscite.

Les combinaisons multiples de la narration, ont fait l'objet d'études minutieuses qu'il ne nous est pas possible de restituer ici. On renverra aux exposés de G. Genette qui détaille les rapports multiples entre le narrateur et l'histoire ou diégèse[2].

Il faut donc se convaincre que la première approche d'un discours littéraire conduit à une description nécessaire de la situation d'énonciation. Il importe de définir qui prend en charge le discours, qui assume la vision suscitée par lui.

---

1. On peut consulter sur le sujet : D. Maingueneau, *Éléments de Linguistique pour le texte littéraire*, Bordas, Paris, 1986, p. 70-71.
2. G. Genette, *Figures III*, Seuil, Paris, 1972.

2. Le statut de l'auteur

A. *Le statut du* je *(auteur= narrateur = personnage ?)*

Avant toute description, formulons cette remarque d'évidence : un discours littéraire à la première personne n'a pas une signification univoque ; plus généralement, le *je* peut renvoyer à des instances énonciatives multiples.

1) *Le genre autobiographique*

Il occupe une place particulière dans le genre narratif car il est fondé sur un amenuisement de la distance narrateur-auteur-personnage. Est-ce à dire que les trois instances sont confondues ?

La critique contemporaine, qui met l'accent sur la complexité des rapports entre instances, éclaire le genre autobiographique d'un jour nouveau. M. Bakhtine écrit par exemple :

> «Si je narre (ou relate par écrit) un événement qui vient de m'arriver, je me trouve déjà, comme "narrateur" (...), hors du temps et de l'espace où l'épisode a eu lieu. L'identité absolue de mon "moi" avec le "moi" dont je parle, est aussi impossible que de se suspendre soi-même par les cheveux ! Si véridique, si réaliste que soit le monde "représenté", il ne peut jamais être identique, du point de vue spatio-temporel, au monde réel, "représentant" celui où se trouve l'auteur qui a créé cette image»[1].

Dans le discours autobiographique, on a donc le même dédoublement de l'instance émettrice que dans tout discours littéraire. La lecture de l'autobiographie est fondée sur un pacte[2] : un contrat d'identité scellé par le nom propre/un contrat d'authenticité scellé par un serment implicite : «Je jure de dire la vérité, toute la vérité, rien que la vérité» (qu'on pense au début des *Confessions*, le texte fondateur du genre).

L'autobiographie reste un texte de fiction. Comme l'écrit P. Charaudeau, «la fiction commence dès que l'on parle d'un

---

1. M. Bakhtine, *Esthétique et théorie du roman*, Gallimard, Paris, 1978, p. 396.
2. Ph. Lejeune, *Le pacte autobiographique*, Seuil, Paris, 1975, p. 39.

"il"»[1] ; narrateur et personnage ne peuvent être totalement assimilés. Ce qui apparaît de la façon la plus manifeste dans le cadre de l'autobiographie, c'est la prise en charge par l'écrivain du discours revendiqué comme le sien propre. Est à cet égard explicite le titre choisi par Voltaire : *Mémoires pour servir à la vie de M. de Voltaire écrits par lui-même* (dans cette étude des instances énonciatives, nous ne faisons pas de distinction entre autobiographie et mémoires).

2) Le je lyrique

Il serait certes naïf d'assimiler le *je* qui énonce «Je suis ténébreux, le veuf, l'inconsolé» et l'auteur Nerval-Labrunie. La forme de «l'adresse au lecteur» est particulièrement révélatrice du statut de l'émetteur – et corrélativement du statut du récepteur ; la chaîne est longue des *«je* poétiques» qui ont ainsi adressé leurs vers à un destinataire.

> Je *te donne ces vers afin que si* mon nom
> *Aborde heureusement aux époques lointaines*
> *Et fait rêver le soir les cervelles humaines,*
> *Vaisseau favorisé par un grand aquilon*
> ....
> *Ta mémoire pareille aux fables incertaines*
> *Fatigue le lecteur ainsi qu'un tympanon...*
>
> Baudelaire

Dans ces formes d'adresse au lecteur, le *je* est revendiqué par le poète ; c'est en effet le *je* poétique, ou sujet lyrique, qui s'exprime. Car *je* «est à la fois un poète essentiel et absolu, et aussi l'image poétisée que le poète veut donner au lecteur[2]». Si la poésie a pu être décrite comme «sorcellerie évocatoire», c'est peut-être parce qu'elle est leitmotiv, c'est-à-dire discours de l'écrivain-poète assumé par lui-même, non point condamné à l'éphémère, comme le sont les paroles humaines, mais voué à l'immortel parce que toujours re-clamé : le présent d'énonciation du poème cité *Je te donne* s'inscrit dans l'a-temporel.

---

1. P. Charaudeau, *Éléments de socio-linguistique*, Hachette, Paris, p. 96. Nous ne suivons pas K. Hamburger qui, dans *Logique des genres littéraires*, Seuil, Paris, 1986, exclut l'autobiographie de la fiction.
2. E. Souriau, cité par J. Cohen, *Structure du langage poétique*, Flammarion, Paris, 1966, p. 158.

3) *Le* je *fictionnel*

Il arrive que le narrateur délègue sa parole à un locuteur, qui appartient ou non à l'histoire racontée. Beaucoup de romans du XVIIIe siècle dont *Robinson Crusoë, La Vie de Marianne,* etc., de nombreuses nouvelles de Maupassant ou de Barbey d'Aurevilly sont fondés sur ce dédoublement de l'instance narratrice : le narrateur semble déléguer à un autre la responsabilité de l'énoncé et en particulier les marques de la subjectivité. Nous sommes là dans une problématique de la «feintise» : le lecteur entend la voix d'un pseudo-narrateur. Nombre de romans du XXe siècle également sont ainsi construits : prenons le *Voyage au Bout de la Nuit* ; le récit se donne à lire comme une évocation de la guerre de 1914 et des milieux populaires de l'immédiate après-guerre. L'instance première (le narrateur) disparaît, relayée par le «Je-Bardamu».

Dans ces trois formes où l'instance émettrice est le *je*, on voit que la distinction auteur-narrateur-personnage doit être cependant conservée, même si la distance entre les instances est parfois réduite ; le récit joue souvent avec habileté de la relation entre les instances. Diderot, dans *Le neveu de Rameau*, met en scène, dans le récit et dans le dialogue, un je-moi nommé par la périphrase «monsieur le philosophe». Au XXe siècle, le roman fait souvent de cette ambiguïté la pierre angulaire de sa construction : *L'Amant* de M. Duras a été présenté comme une autobiographie alors même que le personnage est désigné par des périphrases («la petite», «la jeune fille au bac», etc.). Pour la *Recherche du Temps perdu,* on peut parler de cas-limite, dans lequel une ligne tangentielle relie narrateur, personnage et auteur qui sont confondus à la fin du roman. Le brouillage des instances énonciatives participe d'une certaine image du «sujet», que nombre de philosophes contemporains ont analysée.

B. *Distance auteur-narrateur-personnage : principe dialogique*

Dans un récit à la troisième personne, la seule instance énonciative avec laquelle le récepteur est en contact est le narrateur. Est-ce à dire que c'est la seule voix qui se fasse entendre ? Un certain nombre d'analyses ont montré qu'il n'en était rien. C'est en particulier le fondement de la théorie de M. Bakhtine, théorie qui a été reprise et développée par O. Ducrot, qui parle de *polyphonie énonciative* ; l'association dans un énoncé de mots de niveaux de langue différents, de mots empruntés à des groupes professionnels variés, de néologismes, etc., montre la présence langagière d'instances différentes, auxquelles est déléguée la parole. Cette mosaïque linguistique est souvent la marque d'une distance parodique. R. Queneau a brassé ainsi dans ses romans les langages avec virtuosité. Dans le passage du récit au discours, et en particulier au discours indirect libre, où il y a immixtion des voix du narrateur et du personnage[1], seule une lecture fine permet parfois de repérer quelle est la voix qui s'exprime. La fameuse ironie flaubertienne repose souvent sur ces jeux de délégation de voix :

> «Il trouvait Louis-Philippe poncif, garde national, tout ce qu'il y avait de plus épicier et bonnet de coton !»
>
> *L'Éducation sentimentale*

Ces mots, à la mode en 1848, ne peuvent être prononcés que par le personnage, en l'occurrence Hussonnet, mais aucune marque stylistique explicite n'est là pour le signaler au lecteur. Nous y reviendrons dans l'étude du mot. En dehors de ces lieux marqués de mise à distance, le récit génère, quoi qu'il en soit, une séparation entre l'instance productrice (l'auteur) et l'instance émettrice (le narrateur) et un dialogue entre les deux (le principe dialogique) :

> «Chacun des moments du récit est perçu nettement sur deux plans : *au plan du narrateur*, selon sa perspective objectale, sémantique et expressive, puis *à celui de l'auteur*, qui s'exprime de manière réfractée dans ce récit et à travers lui[2].»

Le lecteur doit identifier la perspective de l'auteur ; un certain nombre de figures de pensée (dont la figure emblématique de l'ironie) n'ont pas d'autre fondement que cette séparation narrateur-auteur[3].

Il faut donc, dans l'analyse du discours littéraire, rester toujours attentif à la distinction des instances énonciatives ; on risque sans cela de mal comprendre le sens et la portée de l'énoncé. Le statut du récepteur doit lui aussi, dans cette approche, être pris en compte.

---

1. *Infra*, chap. 2.
2. M. Bakhtine (*op. cit.*, p. 135). C'est nous qui soulignons.
3. *Infra*, chap. 4.

3. Le statut du récepteur

Des problèmes différents mais tout aussi complexes sont posés à l'analyse de ce statut.

A. *Principes de la pragmatique*

Dans le discours ordinaire, dans l'échange de paroles, le locuteur connaît son ou ses récepteurs ; la linguistique du discours a mis en évidence les modes et conditions d'adaptation de la parole à l'instance réceptrice. C'est notamment le mérite de la *pragmatique*, c'est-à-dire l'étude de la parole en tant qu'*acte*, de montrer que celle-ci est chargée d'un contenu autre qu'informatif et qu'elle tend à convaincre le récepteur d'engager une conduite ou un acte qu'explicitement elle ne spécifie pas toujours.

Dans le cadre limité d'une initiation, nous ne pouvons que rappeler les principes de la pragmatique. Le philosophe anglais Austin a ouvert la voie en 1970 avec son ouvrage *Quand dire, c'est faire*[1]. En France, O. Ducrot développe ces théories et montre sous le discours, une logique argumentative qui vise à générer une position, un comportement de l'instance réceptrice. La pragmatique analyse la visée illocutoire du discours. Qu'est-ce à dire ? O. Ducrot est très explicite :

> «Accomplir un acte illocutoire, c'est présenter ses propres paroles comme induisant immédiatement une transformation juridique de la situation : les présenter, par exemple, comme créatrices d'obligation pour le destinataire (dans le cas de l'ordre ou de l'interrogation) ou pour le locuteur (dans le cas de la promesse)[2].»

Il est sûr que le repérage des signes illocutoires est particulièrement précieux s'il s'agit d'explorer notamment toute forme de dialogue dans le roman ou au théâtre, tout discours à visée édificatrice (sermons), politique, émotive (poésie),...

---

1. On peut consulter sur le sujet :
– J.L. Austin, *Quand dire, c'est faire*, Paris, Seuil, 1970. En fait, l'ouvrage est paru en 1962 à Oxford sous le titre anglais plus explicite *How to do things with words*. Il a été traduit par le titre mentionné en 1970 et publié aux Éditions du Seuil.
– O. Ducrot, *Le dire et le dit*, Paris, Éd. de Minuit, 1984.
2. *Op. cit.*, p. 36.

B. *Interprétation et instances réceptrices*

Si l'on peut faire valoir que dans une situation de communication ordinaire, l'instance réceptrice est, tout ou partie, connue du locuteur-émetteur qui s'y adapte, il s'en faut de beaucoup cependant que l'échange s'effectue toujours dans la transparence : «L'opération de décodage, note C. Kerbrat-Orecchioni, est toujours un processus aléatoire, variable d'un sujet à l'autre (...). Décoder un énoncé, c'est se livrer à un calcul interprétatif[1].» En effet, l'échange verbal met en cause une pluralité de compétences et on doit au même auteur d'avoir souligné le rôle des compétences linguistiques et para-linguistiques des instances en présence ainsi que de leurs compétences idéologiques et culturelles. Celles-ci recouvrent «l'ensemble des connaissances, croyances, systèmes de représentation et d'évaluation de l'univers référentiel[2]». L'analyse précise de ces différents paramètres met en évidence «l'effroyable complexité des mécanismes interprétatifs[3]».

On peut mesurer alors la difficulté redoublée de la communication dans le discours littéraire où l'instance réceptrice se dédouble. Il est impossible, en effet, de confondre lecteur et destinataire. L'auteur peut se faire une idée de l'instance réceptrice : à la limite son discours, délégué ou non à un narrateur, la suscite, c'est dire qu'il écrit *pour* un récepteur fictif, qu'il imagine et sollicite dans un ailleurs indéterminé. On évoquera sans peine Stendhal dédiant *La Chartreuse de Parme* «to the happy few». Mais on le voit à l'évidence, l'idée que l'écrivain se fait du récepteur et qui le conduit à privilégier certaines formes pour élaborer son discours, ne garantit pas l'existence d'une instance réceptrice immédiatement transparente. Autrement dit, le discours littéraire s'adresse à des instances qui vont nécessairement varier et dont l'absolue connaissance échappe à l'instance émettrice. On comprend mieux l'intention du poète qui comparait son œuvre à une bouteille jetée à la mer et comportant un unique message : «Attrape qui peut».

C'est ici le problème de l'interprétation du discours littéraire qui est en jeu puisqu'émetteur et récepteur ne peuvent être en présence l'un de l'autre. Force est donc de distinguer, considérant le récepteur :

---

1. C. Kerbrat-Orecchioni, *op. cit.*, p. 216-217.
2. *Id. ibid.*, p. 208.
3. *Id. ibid.*, p. 216.

– l'instance prévue et projetée par le narrateur-écrivain qui destine son message dans une situation d'écriture donnée à un récepteur qu'il imagine et qui peut avoir sa place dans le discours[1]. Le «vous» et le «nous» dans certaines fables de La Fontaine y renvoient.

– le lecteur dont les compétences linguistiques, idéologiques, culturelles varient presque à l'infini et dont la situation spatio-temporelle est nécessairement spécifique.

Le dédoublement de l'instance réceptrice génère inévitablement des divergences d'interprétation.

Faut-il alors conclure à l'impossibilité de dégager *le* sens ou *le* projet du texte et, partant, condamner toute exploration de sa facture ? Nul lecteur honnête n'en conviendrait et si la linguistique du discours a souligné la complexité des mécanismes interprétatifs, elle n'en affirme pas moins qu'«interpréter un texte, c'est tenter de reconstituer par conjecture l'intention sémantico-pragmatique ayant présidé à l'encodage»[2]. Si la lecture est bien «un comportement culturel dont les modalités varient avec les époques et les sociétés», et si «l'assujettissement aux codes supposés de l'émetteur n'est plus toujours considéré comme (...) le critère exclusif de la «bonne» lecture et du «bon» sens», il n'en reste pas moins que le lecteur qui peut en effet privilégier telle ou telle interprétation – parfois non voulue par l'auteur – accorde un statut particulier à celle-ci. La «valeur ajoutée» est reconnue comme telle. «Lire, conclut C. Kerbrat-Orecchioni, ce n'est pas donner libre cours aux caprices de son propre désir/délire interprétatif»... car «si on peut lire n'importe quoi sous n'importe quel texte... alors tous les textes deviennent synonymes»[3]. Cette étude des mécanismes interprétatifs est au centre des analyses de F. Rastier qui essaie de définir des règles permettant de rendre compte de la hiérarchie des lectures possibles[4].

---

1. Cette figure fantomatique de celui que G. Genette appelle le narrataire et qui détermine l'attitude de locution, peut venir «hanter, habiter tous les replis du texte» (C. Kerbrat-Orecchioni, *op. cit.*, p. 159). Elle est omniprésente dans le roman par lettres.
2. C. Kerbrat-Orecchioni, *op. cit.*, p. 181.
3. *Id. ibid.*, p. 182.
4. F. Rastier : voir en particulier *Sens et Textualité*, Hachette, Paris, 1989.

C. *Exploration stylistique et interprétation*

Souligner la complexité de l'interprétation ne peut aboutir à en nier la possibilité, mais au contraire conduit à nuancer considérablement les perspectives proposées par le discours littéraire. La connaissance des mécanismes de production et celle des points délicats de réception devrait permettre de mieux cerner l'intentionalité signifiante qui produit une pluralité de sens convergents. Reconnaître cette pluralité, c'est entrer plus avant dans le sens.

Ainsi donc l'exploration stylistique – définie comme l'étude des moyens qui mettent en œuvre ce sens – gagne-t-elle à la connaissance de ces analyses, car elles contraignent le stylisticien à partir, avant toute autre considération, de la situation d'énonciation qui commande la genèse du texte et l'inscrit dans une esthétique. Il apparaît à l'évidence que des contraintes formelles spécifiques générées par le statut de l'émetteur-scripteur et du récepteur-narrataire ou lecteur – sont à l'œuvre dans le genre narratif, dans le théâtre, ou toute forme d'adresse du scripteur au récepteur (poésie, mémoires, sermons...).

En bref, en préalable à toute étude de discours littéraire, on ose ici recommander à l'analyste de développer la réponse à la question : quels sont les formes et les enjeux de la communication dans le texte ? Cette appréhension ne peut être fondée sur une perception intuitive du texte. Si l'on «sent» qu'en telle ou telle place, le narrateur prend la parole et investit la narration, c'est qu'il use de formes qui l'attestent. De même si nombre de poèmes relèvent d'un discours, d'une adresse du poète-auteur au lecteur-récepteur, les marques expressives de ce discours peuvent être notées dans le poème. L'analyse et la reconnaissance de ces formes qui fondent la distinction entre les genres littéraires – théâtre, genre narratif, poésie (si elle est conçue d'abord comme relevant du discours, c'est-à-dire de l'adresse au lecteur) – supposent que soient pris en compte les procédés d'actualisation dont il va être parlé[1]. L'étude d'un texte au fort pouvoir d'évocation viendra confirmer le caractère opératoire des concepts présentés[2].

Mais auparavant, pour mieux éclairer la notion, il importe

---

1. *Infra*, chap. 1.
2. *Infra*, p. 37 et ss., «Les procédés de l'évocation» dans un extrait de l'œuvre de G. Bernanos : *Les grands cimetières sous la lune*.

que soit bien perçue la situation dans laquelle s'effectue le discours littéraire. Et il s'en faut de beaucoup que celle-ci restitue la situation de communication d'un discours ordinaire, comme il va être montré.

4. La situation de discours en littérature

Nous abordons ici une particularité essentielle du discours littéraire, qui s'impose comme une évidence, mais dont l'analyse est riche de prolongements pour l'étude stylistique. Le discours littéraire, à l'exception de celui qui s'inscrit dans le genre théâtral, fonctionne en l'absence de toutes les données concrètes de la communication, regards, gestes, mimiques...

A l'oral, rappelle C. Kerbrat-Orecchioni, la communication est «multi-canale[1]» et s'organise autour du corps, de la présence physique du locuteur et éventuellement du ou des récepteurs, qui peuvent devenir émetteurs à leur tour.

En outre, et nous touchons ici un point fondamental, le référent, c'est-à-dire ce à quoi fait allusion le discours ou ce dont il parle, «environne la communication» ou peut être même concrètement présent et perceptible dans l'espace de communication. Or, dans le discours littéraire, il est aisé de vérifier que cet univers de référence est médiatisé, c'est-à-dire rendu présent grâce à la seule parole, à ses moyens, à ses agencements. Le discours littéraire est générateur d'univers, il est créateur de vie.

Ces préliminaires fondent l'organisation de l'exposé méthodologique qui suit. La spécificité du discours littéraire commande que soient présentés les matériaux qui le suscitent et lui donnent ses caractères. A savoir :

Les procédés généraux d'actualisation et leur mise en œuvre dans le dispositif énonciatif.
Application : étude d'un texte de G. Bernanos.

La mise en œuvre des procédés d'actualisation dans le discours et dans le récit.
Application : étude d'un texte de Chateaubriand.

Les mots dans le discours littéraire : Quel est le référent évoqué ? Quels sont ses modes de construction ? Étude de la dénotation.

---

1. C. Kerbrat-Orecchioni, *op. cit.*, p. 19.

Les marques de la subjectivité dans le discours littéraire. Etude de la connotation. *Application* : étude d'un texte de G. Perec. Les procédés de détournement de sens : figures de sens (tropes), figures de pensée. *Application* : étude comparée de deux poèmes de Verlaine. Les modes de construction de la chaîne du discours : la phrase. Organisation syntaxique et rhétorique. *Application* : étude d'un texte de J.K. Huysmans.

L'étude de la forme versifiée et de ses contraintes spécifiques est abordée plus particulièrement lorsqu'est analysée la structure phrastique. Par ailleurs, au terme de cet exposé, une série de commentaires de texte est proposée. Au nombre d'entre eux figure un poème et il est alors montré comment les connaissances de versification s'intègrent naturellement à l'analyse stylistique.

Un mot encore, avant d'en venir à l'étude de ces différents postes.

Quels réflexes stylistiques le lecteur doit-il garder tout au long de son parcours critique ?

– La prise en compte du *contexte*, c'est-à-dire de tous les éléments qui définissent la situation de communication. Dans ces préliminaires, nous avons fait référence de façon constante à cette notion.

– La prise en compte du *co-texte*, c'est-à-dire de l'entourage linguistique du fait étudié. Si un texte contient un seul archaïsme, celui-ci aura une fonction différente de celle qu'il a chez A. Jarry, où il est constant. Comme l'écrit M. Riffaterre : «un mot (et n'importe quel élément linguistique) change de valeur s'il change de structure.»

– La vision de l'étude de style comme mise en relation de tous les niveaux analysés. Il n'est pas possible de «passer en revue» les différents postes sans voir comment ils s'articulent les uns aux autres ; les notions de *convergence ou faisceau*, de *corrélation entre niveaux* sont fondamentales.

– La vision de l'étude de style comme démarche *interprétative* (et non comme simple repérage d'un appareil formel). Loin d'être une «machine célibataire[1]», la stylistique doit

_____
1. J. Starobinski, *La relation critique*, Gallimard, Paris, 1970, p. 28.

construire un sens. Deux axes doivent être envisagés :

• *l'axe générique :* la stylistique des genres, mise à mal par un certain nombre de structuralistes, est pourtant nécessaire à la construction du sens. La critique la plus récente fait d'ailleurs de cette approche un de ses principaux axes de réflexion.

• *l'axe individuel :* dans cet ouvrage, nous ne pouvons faire que des incursions très rapides dans la stylistique d'auteur. Mais, on le sait, la création d'une œuvre littéraire ne peut être vue si on n'y a pas appréhendé les modes de construction d'un univers particulier : constitution d'un imaginaire, d'une idéologie, d'une esthétique, d'une poétique... On a pu ainsi définir la création comme la solution qu'a apportée un individu aux conflits qui l'opposent aux «codes a priori[1]» (les normes langagières). L'étude des pratiques individuelles est inhérente à la stylistique.

Une fois acquis les principaux concepts, seule la lecture et surtout la relecture des textes permet leur mise en œuvre. Nous rappelons à ce sujet la pénétrante formule de R. Barthes : seule la relecture «sauve le texte de la répétition (ceux qui négligent de relire s'obligent à lire partout la même histoire)[2].»

LECTURES CONSEILLÉES

I. Ouvrages généraux

H. BONNARD
  Procédés annexes d'expression, Magnard, Paris, 1981.

D. MAINGUENEAU
  Éléments de linguistique pour le texte littéraire, Bordas, Paris, 1986.

J. MAZALEYRAT, G. MOLINIÉ
  Vocabulaire de la stylistique, PUF, Paris, 1989.

G. MOLINIÉ
  Éléments de stylistique française, PUF, Paris, 1986.
  La stylistique, PUF, Coll. «Que sais-je ?», Paris, 1989.

II. Analyses stylistiques

J.L. de BOISSIEU, A.-M. GARAGNON
  Commentaires stylistiques, SEDES, Paris, 1987.

F. DELOFFRE
  Stylistique et poétique française, SEDES, Paris, 1974.

A.-M. PERRIN-NAFFAKH
  Stylistique, Pratique du commentaire, PUF, Paris, 1989.

---

1. G. Granger, *Essai d'une philosophie du style*, A. Colin, Paris, 1968.
2. R. Barthes, *S/Z*, Seuil, Paris, 1970, p. 22.

Chapitre 1
L'actualisation
dans le discours littéraire

Introduction

Si tout acte de parole implique la désignation d'un référent qui fait l'objet de la communication verbale ou l'environne, cette désignation elle-même implique une saisie et une maîtrise par la conscience locutrice de ce qu'on appelle traditionnellement les coordonnées du réel, c'est-à-dire l'espace, le temps, le rapport aux autres consciences. Toute parole est intrinsèquement *actualisatrice*, c'est-à-dire qu'elle insère dans un espace-temps peuplé de consciences, le référent évoqué.

Étudier le fonctionnement de l'actualisation dans le discours littéraire, c'est rendre compte fondamentalement du processus de création. La réalité y est en effet suscitée par les seuls mots, elle est littéralement appelée. O. Ducrot fait bien observer que les langues naturelles ont en effet le pouvoir de construire l'univers auquel elles se réfèrent ; elles peuvent donc se donner un univers de discours imaginaire. «L'Ile au trésor est un objet de référence possible, aussi bien que la Gare de Lyon[1].» Nous admettrons ici que l'un et l'autre référent peut être suscité par le discours littéraire comme objet à imaginer puisque non donné immédiatement. Quels sont donc les moyens que l'auteur a à sa disposition pour appeler à la vie et mettre au monde les êtres fictifs de son discours ?

Il vient d'être dit que la situation de communication commandait le choix et le maniement de telle ou telle forme susceptible de présenter le référent construit par les mots. On

---

1. O. Ducrot et T. Todorov, *Dictionnaire encyclopédique des sciences du langage*, Seuil, Paris, 1972, p. 317.

pourrait penser à établir d'emblée le clivage : les procédés d'actualisation dans le discours – conçu comme prise de parole au sein du texte littéraire – que l'on opposerait aux procédés spécifiques au récit. Ce n'est pourtant pas notre première démarche, car il s'impose que nombre de formes actualisatrices (articles et autres déterminants notamment) fonctionnent de la même façon en l'une et l'autre situation. Il a donc paru commode de procéder d'abord au relevé des formes communes et de rendre compte ensuite des formes spécifiques à chaque situation de communication.

I. Repérage général
des procédés d'actualisation :
insertion dans l'espace-temps

Les noms propres de lieu, la mention des périodes historiques, des dates du temps, les articles et certains autres déterminants du substantif, l'emploi de certains pronoms permettent
un cadrage plus ou moins précis dans l'espace-temps des réalités évoquées. Apparaissent en revanche spécifiques à la situation d'énonciation, le choix des formes verbales temporelles, le
choix des adverbes de temps et de lieu et celui des pronoms qui
peuvent leur correspondre, le choix des formes qui permettent
la désignation des personnes ou des actants, enfin le choix de
certains verbes.

Les analyses qui suivent ne peuvent prétendre à l'exhaustivité. Une bonne connaissance des valeurs d'emploi des différentes parties du discours apparaît essentielle. Les grammaires
en proposent des descriptions[1] et on ne saurait trop recommander de s'y reporter. Il sera fait état ici des principales valeurs
d'actualisation des formes analysées.

---

1. Parmi tant de bons ouvrages qui donnent une description sûre de la valeur
des outils, on peut citer ceux de :
– R.L. Wagner et Pinchon, *Grammaire du français classique et moderne*,
Hachette.
– M. Arrivé, F. Gadet, M. Galmiche, *La grammaire d'aujourd'hui*,
Flammarion, Paris, 1986. On trouvera dans cet ouvrage, sous la rubrique
article, d'excellents développements, pp. 72-76.

Il s'agit de rendre compte des principaux moyens qui, indépendamment de toute situation d'énonciation, permettent l'insertion dans l'espace et dans le temps, des êtres fictifs du texte littéraire.

Il paraît à peine utile, tant s'en impose l'évidence, d'insister sur l'importance des noms propres de lieu, des dates, des époques, des mentions d'événements ou de personnages historiques : toutes ces désignations outre les indications spatio-temporelles qu'elles fournissent, sont en outre chargées affectivement et suscitent l'imagination[1]. Elles peuvent référer soit au contexte géographique, historique ou social dans lequel vient s'inscrire l'œuvre – on pense par exemple à l'indication complémentaire portée par Stendhal au titre de son roman *Le Rouge et le Noir,* à savoir : *Chronique de 1830* – soit au texte lui-même, à ce qu'il a déjà mentionné, au pur environnement verbal. Dans le roman par lettres ou dans la forme littéraire du journal, l'expression des dates permet de suivre la progression dans le temps.

Une première approche des procédés d'actualisation oblige encore à préciser le rôle des articles :

> «La fonction commune de tous les articles, innovation du bas latin apparaissant en français dès les plus anciens textes, est de marquer le sens actuel du nom[2].»

Il faut ici rappeler en termes généraux la valeur référentielle des articles indéfinis et définis ; ils permettent d'inscrire l'être fictif dans un espace-temps progressivement construit.

1. L'article indéfini

A. *L'article indéfini singulier* un

L'article indéfini singulier est utilisé quand le référent du

---

1. C'est l'étude des connotations qui montrera la complexité du mécanisme interprétatif suscité par telle ou telle mention. Les convictions idéologiques ou culturelles du récepteur interviennent dans la reconstitution de l'époque ou du lieu. *Infra,* p. 84 et ss.
2. H. Bonnard, *Code du français courant,* Magnard, Paris, 1981, p. 171.

substantif est présenté comme indéterminé[1]. Son emploi est fréquent dans l'énoncé d'une loi générale (vérité scientifique, principes de comportement : «un soldat français ne connaît pas la fatigue») ; il est apte aussi à présenter un substantif qui s'inscrit dans un cadre de large extension, mais sans valeur universalisable. On pense à la mention vague «un jour», telle qu'on la trouve, par exemple, au début de la réplique d'Alceste :

> *«Mais un jour à quelqu'un dont je tairai le nom*
> *Je disais...»*

Il permet enfin d'inscrire pour la première fois dans l'espace-temps du texte, l'objet évoqué dont il *pose* l'existence. On connaît l'importance de l'article indéfini à l'ouverture de plusieurs fables de La Fontaine :

> «Un *octogénaire plantait...*
> «Un *agneau se désaltérait dans le courant d'*une *onde pure...»*

Le jeu de l'indéfini singulier permet donc une représentation élargie ou au contraire restreinte de l'espace-temps dans lequel vient s'inscrire la réalité présentée. La conscience réceptrice est donc conduite à une délimitation puis à une exploration du cadre ainsi proposé.

B. *L'indéfini pluriel* des

Le pluriel est par nature extensif : l'article indéfini pluriel implique le prélèvement d'un nombre indéterminé d'éléments sur un ensemble de plus grande extension[2], ce qui dilate le champ d'une représentation qui reste floue. Ainsi, dans le poème de Léon-Paul Fargue intitulé «Dimanches», l'indéfini pluriel contribue à élargir l'espace et à estomper les contours :

---

1. On peut se reporter ici aux analyses fondamentales proposées par G. Guillaume et notamment à son ouvrage *Le problème de l'article et sa solution dans la langue française*, Hachette, Paris, 1919. Les analyses ont été récemment complétées par R. Martin dans *Pour une logique du sens,* PUF, Paris, 1983, pp. 150-165.
2. La linguistique du discours dégage aujourd'hui deux concepts : l'extension et l'extensité. «L'extension d'un concept – ou d'un signifié – rappelle R. Martin, est l'ensemble des objets auxquels ce concept s'applique... L'extensité désigne non pas l'ensemble maximal des objets auxquels le mot convient, mais l'ensemble des objets auxquels momentanément, le discours réfère.» (R. Martin, *op. cit.*, p. 158). Ainsi c'est encore la situation d'énonciation qui peut intervenir dans la définition de l'extension de l'être désigné.

«Des *champs comme la mer, l'odeur rauque des herbes...*
(..)
Des *voix claires d'enfant dans le parc bleu de pluie*
(..)
Des *gens tiennent des lampes c'est fête et des fleurs...*»

2. L'article défini

Le champ de représentation qu'il induit évolue du particulier – il réfère à une réalité, un être supposé connu – au général – il réfère à une classe à laquelle appartient l'être désigné. L'article défini implique qu'il y a *présupposition* d'existence, c'est-à-dire que l'objet présenté est donné comme connu du récepteur. L'article défini implique donc la «notoriété» de l'objet désigné. Celle-ci peut être de deux ordres : notoriété dans la pensée, référence extratextuelle, ou notoriété linguistique, référence intratextuelle (valeur anaphorique de rappel ou valeur cataphorique d'annonce).

A. *Notoriété dans la pensée*

L'usage du défini à l'ouverture d'un texte plonge le lecteur *in medias res*, c'est-à-dire dans l'univers de référence suscité. Ainsi, dans les vers suivants, où on perçoit cet usage remarquable ; «après trois ans», le monde familier est immédiatement reconnu :

Ayant poussé la porte étroite qui chancelle
Je me suis promené dans le petit jardin
(..)
... Rien n'a changé. J'ai tout revu : l'humble tonnelle
De vigne folle avec les *chaises de rotin*
Le jet d'eau fait toujours son murmure argentin
Et le *vieux tremble sa plainte sempiternelle.*

Les *roses comme avant palpitent ; comme avant*
Les *grands lys orgueilleux se balancent au vent...*

(Verlaine, *Poèmes saturniens*)

Dans ce type d'emploi, le concept de «réalité supposée connue» est donc celui qui permet de fonder la distinction avec l'article indéfini.

La même valeur de notoriété se reconnaît lorsqu'il s'agit de présenter l'être, non plus dans sa particularité, mais «sous l'angle de la classe ou de l'espèce[1].» Cet usage est courant chez les moralistes : «Les hommes commencent par l'amour, finissent par l'ambition...»

B. Notoriété linguistique

Si, dans une même séquence, l'indéfini fait entrer pour la première fois dans le texte l'être présenté, le défini (ou le démonstratif, sorte de «super-article défini») est ensuite utilisé pour désigner ce même être. L'article défini a valeur anaphorique, c'est-à-dire qu'il est apte à rappeler l'être déjà connu.

> Un *agneau se désaltérait*
> *Dans le courant d'*une *onde pure.*
> Un *loup survient à jeun qui cherchait aventure...*
> *Et que la faim en* ces *lieux attirait.*
> *Qui te rend si hardi de troubler mon breuvage ?*
> *Dit* cet *animal plein de rage...*
> *... Sire, répond* l'*agneau...*

(La Fontaine)

La combinaison d'indéfinis et de définis au singulier ou au pluriel à l'ouverture d'un texte est particulièrement intéressante. Par exemple dans le poème «Dimanches» de Léon-Paul Fargue :

> Des *champs comme la mer, l'odeur rauque* des *herbes*
> Un *vent de cloches sur* les *fleurs après l'averse*
> Des *voix claires d'enfant dans* le *parc bleu de pluie...*

La représentation est tantôt précise tantôt imprécise, tantôt singulière, tantôt extensive et dans ce cas parfois circonscrite (*les*), parfois sans limites (*des*).

La combinaison de l'article défini ou du démonstratif particularisants (référence intratextuelle) avec l'article défini générique (référence extratextuelle) est elle aussi riche d'effets stylistiques. C'est par exemple un procédé courant qui sert le projet proustien : dégager de l'observation des faits particuliers les lois générales du comportement, les catégories d'esprit... :

> «Je ne pouvais lui demander quel était *ce* jeune homme avec lequel elle descendait l'Avenue des Champs-Élysées *le* jour où j'étais parti pour la revoir (...) *ce* jour qui aurait peut-être changé toute ma vie si je n'avais rencontré *les* deux

---

1. M. Arrivé, F. Gadet, M. Galmiche, *op. cit.*, p. 75.

ombres s'avançant côte à côte dans le crépuscule... Et, en
effet, _les_ femmes qu'on n'aime plus et qu'on rencontre après
des années, n'y a-t-il pas entre elles et v_ou_s _la_ mort ?

(Proust, _Le Temps retrouvé_)

3. Les cas de suppression d'article[1]

Lorsque la suppression procède d'un choix et non d'une
contrainte imposée par la langue, elle doit faire l'objet d'une
stricte attention, car elle est riche d'implications stylistiques :
que l'absence d'article soit constatée devant un nom singulier
ou un nom pluriel, la volonté d'estomper les contours de la
réalité sensible, de créer un effet de masse ou de flou est
patente. On peut en avoir un aperçu à la lecture de cette
séquence :

> «Chemins du pays d'Artois à l'extrême automne, fauves et
> odorants comme des bêtes, sentiers pourrissants sous la pluie
> de novembre, grandes chevauchées des nuages, rumeurs du
> ciel, eaux mortes...»

On se gardera de confondre la suppression d'article qui
contribue à dilater au maximum l'espace d'insertion de l'être
fictif, avec l'interpellation : le vocatif au contraire confère à
l'être appelé une actualisation maximale ; il est présent immédiatement, c'est-à-dire sans intermédiaire, dans l'espace-temps.
Ainsi dans ce même texte de Bernanos :

> «Compagnons inconnus, vieux frères, nous arriverons
> ensemble aux portes du royaume de Dieu. Troupe fourbue,
> troupe harassée, blanche de la poussière de nos routes..., chers
> visages durs...»

---

1. C'est à dessein que nous n'évoquerons pas ici le partitif. En effet, les gram-
mairiens qui en admettent l'existence en font un indéfini devant une matière
continue, c'est-à-dire qui n'est pas nombrable, à la différence de la matière
discontinue qui se présente toujours comme nombrable. Du point de vue stylistique, le partitif conserve bien la valeur d'indétermination. _Cf._ H. Bonnard,
op. cit., pp. 171-173.

4. Autres déterminants du substantif

A. *Les déterminants démonstratifs*

Les déterminants démonstratifs permettent à l'évidence une désignation précise de la réalité présentée. Leur utilisation dans une situation d'énonciation telle qu'ils sont référés à cette énonciation même (cas de discours d'auteur) fera l'objet d'analyses spécifiques[1]. Hormis ce cas, le déterminant démonstratif a le plus souvent valeur anaphorique, comparable à celle du défini, qui peut se colorer d'une valeur dépréciative ou laudative. Il implique toujours un cadrage précis, un peu à la façon de l'arrêt sur image au cinéma. On s'en convaincra facilement à la lecture des premières lignes du *Père Goriot* :

> «Madame Vauquer... est une vieille femme qui, depuis quarante ans, tient à Paris une pension bourgeoise établie rue Neuve Sainte-Geneviève, entre le quartier latin et le faubourg Saint-Marceau. *Cette* pension, connue sous le nom de la Maison Vauquer...»

B. *Les déterminants indéfinis*

Ils sont très nombreux en français, l'indéfinition peut toucher à l'identité ou au nombre. Dans ce dernier cas, seul envisagé ici puisque l'indétermination touchant à l'identité met en cause le jeu des consciences et leurs rapports respectifs, il faut observer que les variations de déterminant permettent d'évoquer une pluralité indistincte évoluant jusqu'au nombre zéro.

De l'évocation du multiple à l'évocation de la quantité nulle, on peut citer les actualisateurs : *certains, tels, différents, divers, quelques, plusieurs, maints* [2]; il semble que *aucun, nul, pas un* actualise par la négative, à l'inverse de *tout* + substantif singulier et de *chaque* qui donnent l'image d'un singulier élargi, par le biais de la vision distributive[3].

---

1. *Infra*, p. 31.
2. Voir analyses de H. Bonnard, *op. cit.*, p. 188.
3. Voir analyse de R. Martin, *op. cit.*, p. 178-183.

L'emploi de déterminants indéfinis permet la création de multiples effets de sens : restitution de l'impression de masse, de foule, de confusion ou au contraire, de vide, d'absence. Enfin, les adverbes de quantité comme *beaucoup + de, peu + de, pas + de*[1], et les termes une *foule + de, des tas + de*... sont aussi actualisateurs.

C. Les mots cardinaux

«Ils peuvent être actualisateurs en même temps qu'ils quantifient», note H. Bonnard[2]. On peut faire observer ici que certains comme *cent* ou *mille* peuvent évoquer un nombre approximatif et constituer donc une variante de la catégorie des indéfinis.

D. Les déterminants relatifs

Ils réfèrent toujours au co-texte, c'est-à-dire qu'ils reprennent l'être ou la notion dont il vient d'être parlé. La volonté d'insistance ou d'extrême précision est manifeste.

«La langue littéraire emploie *lequel* comme adjectif relatif pour reprendre l'antécédent même dans une relative détachée ; comme dans cette phrase où le pronom *laquelle* resterait ambigu : "On a mis au grenier la chaise de Jeanne, laquelle chaise avait un pied cassé[3]."»

Tels sont donc les outils qui fonctionnent comme actualisateurs aussi bien en discours qu'en récit : dans l'un et l'autre cas, leur valeur reste intacte et n'est pas modifiée par l'instance ou la situation d'énonciation.

Mais il faut à présent le rappeler, «l'actualisation qui intéresse les mots (noms, pronoms, adverbes, verbes) est une fonction du langage s'exerçant par essence dans le cadre de l'énonciation[4]».

---

1. Sur la valeur de *de* dans ce type de construction, on peut consulter G. Guillaume, *Langage et science du langage*, «Logique constructive interne du système des articles en français», Paris, Nizet, 1984, p. 178.
2. H. Bonnard, *op. cit.*, p. 203.
3. *Id. ibid.*, p. 199.
4. *Id. ibid.*, p. 19.

L'étude de l'actualisation ne peut se mener qu'en rapport avec la situation d'énonciation, et deux cas sont alors à distinguer : le discours et le récit. Ces deux notions méritent d'être analysées précisément.

II. Actualisation dans *le discours*. Actualisation dans *le récit*

1. Définition des notions : discours et récit

La définition large du mot *discours* a déjà été donnée, le concept infère la prise de parole à des fins de communication. En ce sens, tout texte littéraire est en effet un discours. Mais au sein de ce discours, des actants, c'est-à-dire des unités agissantes dans l'organisation du propos, peuvent aussi prendre la parole et former un discours second, alors même que s'estompe le locuteur premier, fondateur du récit, responsable de l'histoire narrée ou diégèse.

– l'actant qui intervient peut être un personnage du récit, son discours vient couper ce récit, il y a alors discours direct.

– l'actant qui intervient peut être le narrateur lui-même qui commente, explique, se soustrait pour un temps au narré.

Mais le discours littéraire peut d'un bout à l'autre être revendiqué par l'auteur-scripteur. Il n'y a pas alors à distinguer récit (ou histoire), fût-ce celui de l'auteur, et discours. Il y a un texte qui se constitue comme pur discours et relève d'une expression immédiate, directe. Il y a coïncidence entre le narré et la narration, ou pour être plus juste, entre l'énoncé et l'énonciation. Le temps, l'espace, le rapport des consciences, s'organisent autour de celui qui parle, du moment et du lieu d'où il parle. La parole est donnée comme immédiatement jaillissante. En littérature, on reconnaît là de prime abord, la spécificité du théâtre : la présence des didascalies – notes de l'auteur à l'intention des metteurs en scène et des acteurs – témoigne de l'importance que revêt pour celui-ci la représentation concrète de l'univers où s'inscrit le discours. Mais il faut aussi évoquer toute forme de sermons, oraisons funèbres, suppliques, adresses.

La même analyse vaut, dans le discours écrit, pour tout ce qui relève du roman par lettres et peut-être même des journaux intimes. Beaucoup de poèmes apparaissent aussi comme de purs discours et leur commentaire ne doit pas omettre de les faire apparaître comme tels.

Cette facture de discours peut n'être pas toujours pure : le personnage au théâtre, le prédicateur au sermon, le correspondant, le poète peuvent quitter pour un temps le moment et l'espace de leur énonciation pour relater souvenir et expérience. On passe alors en facture de récit. Ainsi l'on peut opposer ce premier poème de Baudelaire :

«Je te donne ces vers afin que si nom nom...»

comme discours pur, à la facture du poème «Un voyage à Cythère» où les marques de récit sont non moins évidentes :

«Mon cœur comme un oiseau voltigeait tout joyeux
Et planait librement à l'entour des cordages ; ...
(..)
Mais voilà qu'en rasant la côte d'assez près
Nous vîmes que c'était un gibet à trois branches...»

(Les Fleurs du Mal)

Rappelons que l'emploi du *je* ne garantit pas la facture de discours, car le *je* peut se dédoubler et de locuteur se faire narrateur. On l'observe fréquemment dans les mémoires ou toute forme littéraire usant de la rétrospective : le *je* témoin et garant du passé narré, se double d'un *je* qui juge et apprécie *au moment même où il écrit*. Le passage est alors sensible du temps du récit au temps de l'écriture[1], du récit au discours. On l'observe fréquemment, par exemple, dans les *Mémoires d'Outre-Tombe*[2].

---

1. Cette distinction temps du récit, temps de l'écriture nous paraît d'un maniement commode pour commenter les textes qui entrecoupent en effet le rappel d'un passé plus ou moins lointain d'une réflexion qui semble jaillir au fil de la plume et comme telle, s'inscrit dans le temps où le texte est écrit. S'agissant d'un texte littéraire, la notion de «temps de l'écriture» paraît plus explicite que celle de «moment de l'énonciation».
2. *Infra*, p. 54.

Si donc le *je* peut se trouver engagé dans une facture de discours aussi bien que dans celle d'un récit, il convient de reconnaître les critères qui permettent de distinguer sûrement l'une de l'autre. Pour ce faire, on a recours aux procédés d'actualisation.

En facture de discours, en effet, les faits et les êtres évoqués sont rapportés au *moi*, à l'*ici*, au *maintenant* de celui qui parle. Les coordonnées du réel sont transcrites immédiatement, c'est-à-dire sans décalage : le repérage est absolu.

En facture de récit, la prise directe sur le réel n'est plus assumée, le réel est transcrit mais coupé du temps de son surgissement, les marques ne peuvent plus être les mêmes. Des formes spécifiques vont noter le décalage, on est en repérage relatif.

Pour être complète, cette étude doit indiquer qu'en facture de discours peuvent alterner différentes modalités :

– modalité jussive : expression de l'ordre, évoluant jusqu'à la prière ;

– modalité exclamative ; elle marque la réaction affective du sujet parlant ;

– modalité interrogative qui exprime fondamentalement la mise en débat ;

– modalité assertive : elle pose la valeur de vérité du propos. Elle est la seule utilisée en facture de récit.

2. L'actualisation dans le discours

Un certain nombre de marques spécifiques vont montrer le repérage absolu. Les linguistes les ont soigneusement étudiées et le concept d'*embrayeurs* (ou *shifters*), de *déictiques*[1] recouvre en effet ces parties du discours qui matérialisent le fait qu'on est en prise directe sur le réel, que la situation du locuteur est marquée dans son énoncé.

La présentation la plus complète des déictiques nous semble

---

1. C. Kerbrat-Orecchioni définit ainsi les déictiques : «Ce sont les unités linguistiques dont le fonctionnement sémantico-référentiel (…) implique une prise en considération de certains des éléments constitutifs de la situation de communication, à savoir :
– le rôle que prennent dans le procès d'énonciation les actants de l'énoncé,
– la situation spatio-temporelle du locuteur et éventuellement de l'allocutaire.» *Op. cit.*, p. 36.

avoir été donnée à ce jour dans les pages que C. Kerbrat-Orecchioni leur consacre dans son livre *L'énonciation. De la subjectivité dans le langage*[1]. Pour montrer la fécondité de pareilles identifications, on peut esquisser les grands axes sur lesquels viennent s'inscrire les déictiques.

A. Déictiques spatiaux

Ils rendent compte de la place du locuteur dans l'espace. Quels sont-ils ? On relève quelques prépositions (*devant, derrière* en certains emplois), les adverbes ou expressions de lieu marquant une position (*ici, là*), une orientation (*à droite, à gauche, en arrière, en avant*, etc.), les verbes *aller* et *venir* dans un certain nombre de cas[2], les pronoms démonstratifs renforcés par *ci* et *là*. Ces unités sont déictiques dès lors qu'elles marquent la structure de l'espace *organisé autour du corps du locuteur*. En ce sens, l'expression «Place-toi à gauche de Pierre» ou «...devant Pierre», n'est pas déictique.

On peut encore faire observer que, comme le déterminant démonstratif, l'article défini peut avoir valeur déictique : la situation du locuteur détermine certains emplois. Dans des énoncés au discours direct : «Passe-moi *le / ce* disque», la désignation de l'objet se fait par rapport à l'espace où se situe le locuteur et non par référence intratextuelle.

B. Déictiques temporels

La catégorie est beaucoup plus ouverte puisqu'elle inclut toutes les unités susceptibles de rendre compte de l'organisation du temps vu et perçu par le locuteur. Le temps s'organise à partir du moment de l'instance énonciative. On retrouve donc dans cette catégorie :

– les temps verbaux de l'indicatif utilisés avec leur valeur de

---

1. C. Kerbrat-Orecchioni, *op. cit.*, p. 34-66. Pour certains linguistes la notion de «déictique» implique *deixis* ou monstration (ouvre *cette* fenêtre), à la différence des embrayeurs (*je, aujourd'hui*...). Nous ne distinguerons pas ici les deux notions.
2. *Id. Ibid.*, p. 50-53.

base[1] à l'exception du passé simple qui sanctionne toujours une dimension temporelle coupée de l'instance d'énonciation[2].

– les adverbes et complément de temps dont il faut noter qu'ils «présentent un double jeu de formes, déictiques et co-textuelles[3]», c'est-à-dire non déictiques (*hier* vs la *veille*), permettant seulement de marquer la chronologie dans l'énoncé, hors de toute référence à l'énonciation même.

– quelques adjectifs, comme «actuel», «ancien», «contemporain», qui, dans certains de leurs emplois, marquent en effet, le rapport au locuteur et à sa situation dans le temps au moment où il parle.

C. Le jeu des personnes

Il a déjà été dit que le *je* n'engageait nullement une facture de discours. Le dédoublement de la première personne est de fait, dans les mémoires, l'autobiographie ou les souvenirs[4].

Reste que dans le discours, le rapport entre les consciences présentes ou représentées par l'écriture s'organise autour de celui qui parle ou écrit et qui dit *je*[5]. Le *je* (*me, moi*) et le *tu* (*te, toi*) changent de référent selon la situation d'énonciation. Le *nous* réfère soit à *je* + *tu* (inclusif), soit à *je* + *il(s)* (exclusif) ; le *vous* associe un *tu* et un *tu* ou un *tu* et un *il(s)*[6]. Il ne nous

---

1. Une lecture attentive devra faire la part entre les valeurs strictement temporelles – représentation exacte du temps – et les valeurs dites stylistiques où elles sont employées avec une valeur décalée par rapport à la valeur de base (c'est ce qu'on appelle l'énallage). Cf. Chap. 4, p. 160.
2. Il est impossible de reprendre ici l'analyse du système temporel français, mais on peut signaler l'excellente étude de M. Le Guern dans *Sur le verbe* (Presses Universitaires de Lyon, 1986), pp. 9-86, qui suit «l'intuition centrale de Benveniste qui a posé comme base du système verbal français l'opposition "histoire"/"discours"». M. Le Guern analyse les emplois verbaux en fonction de leur insertion dans l'une ou l'autre perspective. Les pages sur l'ambivalence de l'imparfait et de son emploi en syllepse nous ont paru fort éclairantes (pp. 27-29).
3. C. Kerbrat-Orecchioni, *op. cit.*, p. 47.
4. Le *je* fonctionne de deux façons différentes, «tantôt comme personnage de "récit", tantôt comme élément du discours du narrateur.» (D. Maingueneau, *op. cit.*, p. 41).
5. Ici encore, nous faisons abstraction de la possibilité d'emploi décalé. Le *je* peut être représenté par le *il* (*Commentaires* de César). Il y a là énallage, figure de rhétorique qui sera décrite plus précisément chap. 4, p. 160.
6. Voir analyses de C. Kerbrat-Orecchioni, *op. cit.*, p. 40-41.

semble pas ici nécessaire d'entrer dans une description théo-rique, maintes fois reproduite ; la lecture d'un texte reconnu comme discours montre le statut particulier de chacune des per-sonnes considérées.

Ajoutons que les adjectifs et pronoms possessifs peuvent être déictiques dans la mesure où ils marquent le rapport de l'objet évoqué avec le locuteur.

Ainsi donc la reconnaissance du repérage déictique permet dans un texte littéraire de montrer comment s'organise la vision du monde évoqué, littéralement *appelé*. L'actualisation en dis-cours prend un relief particulier et seule la reconnaissance des outils qui en rendent compte permet de la décrire et de fonder l'effet de sens.

L'analyse du texte de Bernanos que nous proposons peut aider à vérifier cette assertion (voir p. 37 et ss.).

3. L'actualisation dans le récit

La diégèse, c'est-à-dire l'histoire ou le narré, est autonome par rapport à la situation d'énonciation. Elle fonctionne indé-pendamment de celle-ci : elle est comme coupée du temps de l'écriture. On doit à M. Le Guern une heureuse analyse du «il était une fois» que l'on trouve à l'ouverture de tant de contes ou de récits. «Dès que "une fois" a fourni un point de référence distinct du moment de l'énonciation, l'imparfait est interprété comme un imparfait de récit : "il était" ne signifie plus alors que "c'était vrai à ce moment-là", ce moment-là est d'autant plus distinct du moment de l'énonciation qu'il appartient à un univers imaginaire[1].»

L'ouverture de tous les textes narratifs contient des indices sûrs qui permettent de les identifier comme tels. Aucun terme, en effet, dans un récit de facture classique, ne fonctionne comme embrayeur. Un récit homogène ne comporte aucun déictique, l'actualisation se veut objective, l'espace, le temps, le jeu des personnes sont décrits comme extérieurs au narrateur.

---

1. M. Le Guern, *op. cit.*, p. 28.

A. *Actualisation dans l'espace*

L'actualisation dans l'espace se fait au moyen d'articles, de démonstratifs[1], de prépositions, d'adverbes ou d'expressions de lieu qui trouvent leur justification par rapport au co-texte. Ainsi la représentation se veut-elle tout à la fois précise et objective, car donnée par un observateur extérieur. Par exemple dans le célèbre passage où Fabrice essuie le feu à la bataille de Waterloo :

> «Il se leva et chercha à s'orienter. Il regardait *ces* prairies bordées par *un* large canal et *la* rangée de saules touffus... Il aperçut un corps d'infanterie qui passait *le* fossé et entrait dans *les* prairies *à un quart de lieue en avant de lui*.»

Rappelons ici que les articles définis ou indéfinis, ainsi que certains déterminants indéfinis ou relatifs tirent leur valeur du co-texte ou du contexte : ou ils renvoient à une réalité déjà désignée dans le texte, ou ils réfèrent à une réalité supposée connue par le récepteur.

B. *Actualisation dans le temps*

L'actualisation dans le temps s'effectue prioritairement grâce au jeu des temps verbaux qui, en récit classique et homogène, ne réfèrent jamais à la situation d'énonciation mais sanctionnent au contraire la rupture. Ainsi le passé simple est-il le temps privilégié du récit qui «ne supposant pas d'embrayage temporel, ne connaît pas de présent, de passé et de futur[2].» La formule de D. Maingueneau est un peu rapide, et sans qu'il nous soit possible ici d'évoquer tout le système de représentation temporelle dans le récit, on peut faire un certain nombre de remarques.

– L'emploi du passé composé pose un certain nombre de problèmes dans la mesure où il fonctionne, depuis une époque plus ancienne qu'il n'est dit habituellement[3] avec une valeur d'antériorité pure ou avec une valeur d'accompli – il marque le résultat, valable dans le présent de l'écriture ou du discours, d'une action passée. En français contemporain, le passé composé se substitue couramment au passé simple, il peut donc

---

1. *Supra, Repérage général des marques de l'actualisation*, p. 19.
2. D. Maingueneau, *op. cit.*, p. 35.
3. M. Le Guern, *op. cit.*, p. 32-33, p. 39.

fonctionner comme temps de récit. Nous ne pouvons ici entrer dans le détail d'analyses brillamment formulées par E. Benvéniste[1] et reprises ensuite par la linguistique du discours ; une distinction intéressante a été faite entre les deux temps du récit (passé simple et passé composé) : la valeur constative et la valeur cursive. Au cursif, il y a «non coupure entre l'énoncé et la sphère du locuteur, alors qu'au constatif, il existe une coupure. Il s'agit bien d'une différence de vision : au passé composé cursif, on sent la préférence du narrateur (…) au passé simple constatif, le narrateur s'efface[2].»

– L'imparfait est commun aux deux systèmes. M. Le Guern définit la distinction essentielle :

> «Dans le cas du discours, l'imparfait indique en même temps que la proposition est présentée comme ayant été vraie à un moment du passé et que sa vérité est niée pour le moment où se situe l'énonciation (…). En revanche, dans le cas du récit, l'imparfait marque, purement et simplement, que la proposition est présentée comme vraie au moment du procès rapporté au passé simple[3].»

Cette distinction essentielle n'annule pas les valeurs aspectuelles de base attachées à l'emploi du temps (aspect tensif *i.e.* procès en cours dans le passé) non plus que les valeurs stylistiques (écart par rapport à cette valeur de base).

– Le futur n'existe pas dans le récit, on peut noter que l'avenir vu du passé est exprimé par la forme en -RAIS. Les oppositions entre les valeurs temporelles de la forme en -RAIS et ses valeurs modales correspond à l'opposition fondamentale des perspectives ici présentées (récit/discours). «L'insertion du conditionnel dans un récit est toujours une intervention du locuteur», note M. Le Guern[4], évoquant le conditionnel modal.

– Rappelons ici que le présent dans le récit est bien dit présent de narration, c'est-à-dire qu'il fonctionne comme substitut du passé simple. Son effet stylistique est remarquable, notamment dans le cadre de l'hypotypose[5] puisqu'il projette

---

1. E. Benveniste, *Problèmes de linguistique générale*, Tome I, Gallimard, Paris, 1966, Tome II, Gallimard, Paris, 1974.
2. N. Dupont, *Sur le verbe*, p. 69.
3. M. Le Guern, *op. cit.*, p. 27.
4. *Id. Ibid.*, p. 54.
5. L'hypotypose, figure majeure du discours littéraire, permet à l'instance réceptrice de se représenter des faits qui n'ont plus d'actualité au moment où ils sont évoqués.

dans un pseudo-présent un événement passé[1].

L'actualisation dans le temps s'effectue encore, dans le cadre du récit, par les adverbes et locutions adverbiales qui permettent de marquer l'ordre chronologique des faits. Aucune expression n'a bien évidemment valeur déictique. C. Kerbrat-Orecchioni donne un tableau de toutes ces formes qui spécifient la localisation temporelle du procès[2] ; elle met l'accent sur le double jeu de formes, déictiques (discours) et non déictiques (récit) présentes dans la langue. Une illustration rapide montre que *maintenant* en discours devient *alors* en récit, que *hier* devient la *veille*, et *dans deux jours, deux jours plus tard*.

C. Le jeu des personnes

Enfin le jeu des personnes témoigne, dans le récit homogène, de l'absence du narrateur ou de l'éloignement pris par rapport à l'événement. Le *je*, comme il a été dit, n'est pas en soi écarté du récit à partir du moment où il se distingue du *je* qui relate et qu'il apparaît donc aux yeux du récitant comme un autre lui-même. En revanche, le *tu* est exclu de toute forme de récit. La représentation des personnes se veut objective, le narrateur emploie majoritairement la troisième personne. Le *nous* est exclu comme le *vous*, sauf dans le cas du récit en *je* (cf. *Voyage au bout de la nuit*).

Les mêmes remarques valent pour l'emploi des adjectifs et pronoms possessifs qui infèrent toujours rapport de l'être désigné et de la personne qui les désigne.

Il apparaît clairement que la structure de récit engage une actualisation indépendante de l'instance émettrice et de la situation propre à l'énonciation.

A l'inverse, la situation de discours engage une relation immédiate aux coordonnées du réel et comme telle, adopte des modes spécifiques d'expression.

La question qui se pose à l'évidence, au terme de ces analyses, est celle de l'existence d'un pur récit, comme aussi, mais à un moindre degré de difficulté, celle d'un pur discours. Le chapitre suivant aura pour objet de poser plus spécifiquement le problème des frontières.

---

1. Voir analyses de M. Le Guern sur le présent de narration, *op. cit.*, p. 47-51.
2. C. Kerbrat-Orecchioni, *op. cit.*, p. 47.

APPLICATION

«Compagnons inconnus, vieux frères, nous arriverons ensemble aux portes du royaume de Dieu. Troupe fourbue, troupe harassée, blanche de la poussière de nos routes, chers visages durs dont je n'ai pas su essuyer la sueur, regards qui ont vu le bien et le mal, rempli leur tâche, assumé la vie et la mort, ô regards qui ne se sont jamais rendus ! Ainsi vous retrouverai-je, vieux frères. Tels que mon enfance vous a rêvés. Car j'étais parti à votre rencontre, j'accourais vers vous. Au premier détour, j'aurais vu rougir les feux de vos éternels bivouacs ; mon enfance n'appartenait qu'à vous. Peut-être, un certain jour, un jour que je sais, ai-je été digne de prendre la tête de votre troupe inflexible. Dieu veuille que je ne revoie jamais les chemins où j'ai perdu vos traces, à l'heure où l'adolescence étend ses ombres, où le suc de la mort, le long des veines, vient se mêler au sang du cœur.

Chemins du pays d'Artois, à l'extrême automne, fauves et odorants comme des bêtes, sentiers pourrissants sous la pluie de novembre, grandes chevauchées des nuages, rumeurs du ciel, eaux mortes... J'arrivais, je poussais la grille, j'approchais du feu mes bottes rougies par l'averse. L'aube venait bien avant que fussent rentrés dans le silence de l'âme, dans ses profonds repaires, les personnages fabuleux encore à peine formés, embryons sans membres, Mouchette et Donissan, Cénabre, Chantal, et vous, vous seuls de mes créatures dont j'ai cru parfois distinguer le visage, mais à qui je n'ai pas osé donner de nom — cher curé d'un Ambricourt imaginaire. Étiez-vous alors mes maîtres ? Aujourd'hui même, l'êtes-vous ? Oh ! Je sais bien ce qu'a de vain ce retour vers le passé. Certes, ma vie est déjà pleine de morts. Mais le plus mort des morts est le petit garçon que je fus.»

G. Bernanos, *Les grands cimetières sous la lune*, Plon, Paris, 1938.

Le texte fonctionne comme une évocation, c'est-à-dire comme un appel. Il suscite un univers imaginaire, fictif, pure création de l'auteur, en même temps qu'il estompe un référent réel et recomposé pour en restituer le seul climat, l'atmosphère dans laquelle viennent s'inscrire les créatures appelées par le discours de l'auteur.

I. La situation de discours

La présence du locuteur-auteur revendiquant son propos court à travers toute la séquence. On la reconnaît à de multiples marques.

A. *Le jeu des personnes*

a. *L'emploi de la première personne avec:*

• le *nous* qui comprend ici le *vous* – interlocuteurs et récepteurs fictifs – et le *je* (*nous* dit inclusif). La fusion des deux instances est soulignée par l'adverbe *ensemble*.

• l'emploi récurrent du *je* auquel il faut adjoindre le déterminant possessif *mes* bottes, *mes* créatures, *ma* vie, ...

b. *L'emploi du vocatif* qui désigne nommément l'interlocuteur, celui à qui on s'adresse et qui reçoit la parole. La séquence s'ouvre sur cette interpellation soulignée par le ô. «Compagnons inconnus, vieux frères, (...) Troupe fourbue (...) chers visages durs, regards (...), ô regards.»

Le vocatif est relayé par le *vous, votre*, dénomination plurielle de tous ces interpellés d'abord («Ainsi *vous* retrouverai-je (...) mon enfance *vous* a rêvés (...) j'étais parti à *votre* rencontre»), puis dénomination singulier de l'être de prédilection : «*vous, vous* (...) cher curé d'un Ambricourt imaginaire (...)».

B. *Le jeu des temps*

Ils s'organisent tous autour du moment de l'énonciation, c'est-à-dire du moment de l'écriture.

a. Le *présent* renvoie au temps de l'écriture : le fait évoqué, la prise de conscience surgit au fil de la plume : «un jour que *je sais, je sais bien* ce qu'a de vain». Dans cette situation d'émergence intervient l'interpellation au présent : «*L'êtes-vous*», et la force du constat «ma vie *est* (...) le plus mort (...) *est*».

L'emploi du déictique *aujourd'hui* renforcé par *même* rend compte du moment exprès du surgissement corrélatif de l'écriture. C'est à partir de ce moment où l'écrivain-locuteur confie au discours son pouvoir de susciter des créatures que s'organise dans le temps tout l'univers dans lequel elles s'inscrivent.

b. Le *passé proche* est sensible par ses effets dans le présent de l'énonciation : le passé composé a une valeur aspectuelle, c'est-à-dire qu'il ne fonctionne pas comme substitut du passé simple mais bien comme présent accompli : «*je n'ai pas su* (...) qui *ont vu* (...) *assumé* (...) ne *se sont jamais rendus* (...) *vous a rêvés* (...) peut-être *ai-je été* digne (...) *j'ai perdu* vos traces (...) *j'ai cru* parfois (...) *je n'ai pas osé* (...)».

c. Le *futur* engage un avenir vu du présent de l'énonciation, conçu comme certain, mais s'accomplissant dans un avenir indéterminé : «nous *arriverons* ensemble (...) ainsi *vous retrouverai-je* (...)».

d. On a ici une série d'imparfaits (*j'arrivais, je poussais* la grille, *j'approchais* (...) l'aube *venait*) dont la valeur est double. Inscrits dans le discours, ils marquent la non-vérité au moment de l'énonciation. Les faits ne sont plus vrais dans le temps de l'écriture. Cette valeur est seule représentée dans l'expression «*étiez-vous alors*» où l'adverbe non-déictique renvoie à un univers disparu.

Mais dans les autres occurrences s'ajoute une valeur stylistique. Les verbes sont tous perfectifs c'est-à-dire qu'ils portent dans leur sémantisme l'indication du terme final du procès. Or l'imparfait donne fondamentalement une vision tensive de ce procès : il le présente dans son développement interne. On voit donc la contradiction inhérente à ce type d'emploi. Elle est analysée par la plupart des grammaires qui soulignent bien le phénomène de mise en relief. L'importance du procès dépasse ses strictes limites temporelles. Les imparfaits ici n'ont nulle valeur descriptive. Ils ne marquent pas la durée, mais ils permettent de souligner la portée de l'événement passé ; le passé simple, possible en ces occurrences, banaliserait la représentation en donnant une vision synthétique et définie dans un passé figé par le souvenir : il créerait une facture du récit[1].

    – L'unique *passé simple* du récit : *je fus* marque d'une façon exemplaire la rupture dans la vie du locuteur-auteur ; le passé du *je* seul n'a plus de vie.

    – Enfin, dans ce temps de l'écriture, surgit la prière de l'auteur «Dieu *veuille*» ; le *subjonctif* présent engage ici l'avenir de l'instance d'énonciation.

C. Le jeu des modalités

Il exprime les mouvements de la conscience du locuteur. Le jeu des modalités est remarquable par sa variété. On observe l'interaction de la modalité :

    – *assertive* (propre à l'expression de la foi) : «*nous arriverons ensemble*»,
    – *interrogative* : «*Étiez-vous alors mes maîtres ? Aujourd'hui même, l'êtes-vous ?*»

L'interrogation ici ne présuppose pas une réponse établie, elle reste ouverte et appelle donc la décision de l'instance réceptrice première, c'est-à-dire des interpellés.

    – *Exclamative* : elle fonctionne comme un appel et rend compte de la ferveur de l'interpellation : «*ô regards qui ne sont jamais rendus !*»
    – *Jussive* : elle n'exprime pas l'ordre mais la prière à l'instance supérieure qui décide du destin des hommes : «*Dieu veuille que je ne revoie jamais...*»

Le jeu des modalités traduit l'attitude de la conscience locutrice en face du monde. Plus que des certitudes, elle exprime un appel, une écoute et implique une mobilité, une activité spirituelle.

La situation d'énonciation permet donc d'approcher l'intention première du sujet parlant. Il ne vise pas à convaincre mais à établir entre lui-même et des réalités spirituelles – être devenus vivants par la

---

1. Sur les ambiguïtés de l'emploi de ce type d'imparfait, on lira avec profit les pages de M. Le Guern sur «l'imparfait en syllepse», moment précis où le discours glisse vers le récit (voir *Sur le Verbe*, p. 28).

seule force du discours – un dialogue ; il sollicite l'existence de la
conscience réceptrice première, non point celle du lecteur, mais celle
de l'être suscité, ses «créatures», ses «personnages fabuleux».

Paradoxalement s'estompe la réalité connue et concrète tandis que
s'inscrivent dans l'espace-temps immédiat les personnages appelés
par l'écriture.

II. Les procédés d'estompage.
Le mécanisme du surgissement

L'étude des procédés d'actualisation rendent compte de ce double
mouvement.

A. *Estompage de l'univers sensible*

a. Les mots qui le restituent sont tous au pluriel et employés sans
article ; comme tel, les réalités qu'ils dénotent ne peuvent être insé-
rées dans un espace-temps immédiatement cadré : «*Chemins du
pays d'Artois* (...), *sentiers pourrissants* (...), *grandes chevauchées de
nuages...*»

La mention du nom propre à valeur de complément déterminatif
restitue le climat d'une région mais sans plus de précision. On note
l'absence de verbe dans la première séquence. Les termes s'accumu-
lent dans une structure nominale, ils n'ont aucune fonction grammaticale précise. Les éléments de décor qu'ils restituent ne sont donc ni
organisés, ni insérés dans un temps actualisé.

b. L'emploi du défini singulier dans les expressions «*L*'extrême
automne, *la* pluie de novembre, rumeurs *du* ciel, *l*'aube, *la* grille, *le*
feu, *l*'averse», renvoie à une réalité supposée connue et dont la description apparaît inutile.

Le discours de l'auteur ne fait donc pas revivre un univers concret
et pittoresque, mais il suscite les personnages fabuleux, il donne vie
au pur imaginaire, il appelle l'incréé à l'existence.

B. *Les procédés qui permettent le surgissement*

a. L'interpellation est un procédé récurrent dans le texte : on l'observe à l'ouverture : «*Compagnons, vieux frères* (...), *troupe fourbue*
(...), *chers visages,* (...) *ô regards*». On retrouve la même facture au
terme du second mouvement : «*et vous, vous...*»

Il faut faire observer la précision de plus en plus grande du regard,
liée à la dynamique de la vision.

b. Le jeu des temps restitue un temps en flux ; il rend compte du va
et vient entre le passé – *je n'ai pas su* (...) qui *ont vu* (...) *rempli* (...)
ne *se sont jamais rendus* (...) – et l'avenir – *nous arriverons* (...) vous
retrouverai-je.

Ainsi est assurée l'insertion des créatures dans le temps vivant :
celui-ci s'élargit vers un avenir non déterminé mais vu comme certain.

c. La dynamique du surgissement permet au regard d'isoler telle ou telle créature privilégiée. Le jeu des pronoms est révélateur : le *vous* fonctionne d'abord comme stricte deuxième personne du pluriel, puis au terme de l'adresse, comme substitut de la deuxième du singulier : «*vous, vous, cher curé...*»

d. Le degré d'actualisation maximale est obtenu par la désignation des créatures par leur nom propre ou leur prénom.

e. Le jeu des modalités dont il a déjà été dit la variété souligne le passage de la seule invocation – *ô regards...* – au dialogue avec des créatures vivantes : «*Étiez-vous alors...*».

Il resterait à s'interroger sur le but, la visée de cette parole si évidemment génératrice de vie. Une remarque peut y aider : au terme du premier paragraphe est évoqué le nom de Dieu dans une structure qui peut apparaître d'abord comme stéréotypé : «Dieu veuille que...». La complétive qui la développe interdit pareille lecture. C'est ici à la personne divine qu'il est fait appel. La force de conviction du discours qui donne chair aux créatures imaginaires est peut-être émanation d'une autre présence, tout à la fois vivante et spirituelle. L'écrivain seul peut-être a su approcher le mystère du «Verbe qui s'est fait chair».

Chapitre 2
Discours et récit :
les frontières et leurs marques

Introduction

Le pur discours est signifié, comme il a été dit[1], par l'emploi des marques qui rendent compte d'un lien immédiat au réel (repérage absolu) et par l'intervention du jeu des modalités. La dérive vers le récit se marque par l'intervention d'éléments qui sanctionnent le décalage par rapport à la situation d'énonciation. On perçoit alors, grâce aux variations des temps et à la disparition des déictiques, qu'il est fait allusion à des faits et des expériences révolus, et notés comme tels par le locuteur.

Mais la perception du changement de facture peut être délicate dans la mesure où l'auteur a voulu en estomper les frontières. Deux perspectives doivent être ici explorées :

– le narrateur intervient dans le narré. La distance narré/narration s'efface. La situation d'énonciation change ;

– le personnage intervient dans le narré, et son propos peut être plus ou moins nettement coupé de celui-ci.

---

1. Voir *supra*, p. 30.

I. Le discours du narrateur

Il arrive que le narrateur fasse intervenir sa propre voix, son discours, au cœur du récit. Quels sont alors les repères qui permettent de l'identifier ? On explorera deux perspectives.

1. Modalisation et connotation

Ces notions qui relèvent de l'étude de la subjectivité dans le langage vont être présentées au chapitre 3. Elles permettent d'identifier et de classer les termes qui expriment l'investissement affectif ou axiologique du narrateur et les nuances dont se colorent ses regards sur la réalité.

Le mécanisme complexe de l'ironie, fondé sur la polyphonie, c'est-à-dire la présence de deux voix, celle prétendûment objective d'un narrateur et celle de l'auteur qui ne peut adhérer aux excès présents dans la voix qu'il prétend restituer, sera précisément analysé dans le cadre de l'étude des figures de pensée.

2. Jeu des modalités

L'impératif, la forme interrogative ou exclamative attestent respectivement une prise de position du narrateur qui suscite et sollicite celle d'une instance réceptrice.

3. Actualisation

La voix du narrateur dans le récit est principalement décelable :

– à la variation des temps : en particulier à l'irruption des imparfaits, dits «de commentaire», aux présents et futurs de vérité générale, au futur d'atténuation ;

– à l'intervention de la première personne du singulier ou du pluriel. Dans ce dernier cas (1re personne du pluriel) le narrataire, ou instance réceptrice conçue par l'auteur-narrateur et à laquelle correspond, tout ou partie, le lecteur se trouve engagé dans la diégèse, c'est-à-dire l'histoire racontée ; l'emploi de la deuxième personne sanctionne le même type d'intervention.

Deux exemples significatifs sont apportés par ces extraits :

– Coupant le récit des «obsèques de la lionne», le narrateur prend la parole en ces termes :

> *Je* définis *la cour, un pays où les gens*
> *Tristes, gais, prêts à tout, à tout indifférents,*
> Sont *ce qu'il plaît au Prince*
> *(...)*
> Amusez *les rois par des songes*
> Flattez-*les*, payez-*les d'agréables mensonges*
> *(...)*
> *Ils* goberont *l'appât*, vous serez *leur ami.*
>
> La Fontaine

– La facture de discours peut être mêlée intimement à la facture de récit :

> «A ce moment, *notre* héros entendit (...). Il *était plaisant* de courir après les voleurs au milieu d'un champ de bataille.»
>
> Stendhal[1]

---

1. Sur l'intrusion du narrateur dans le récit stendhalien on peut consulter l'ouvrage de G. Blin : *Stendhal et les problèmes du roman*, J. Corti, Paris, 1954.

II. L'intervention du personnage dans le récit

Plusieurs procédés permettent de rendre compte des paroles proférées par les différents protagonistes dans le récit.

1. Le discours direct

Il a les caractères d'un pur discours, il utilise les marques du repérage absolu ; il transcrit la subjectivité du locuteur (modalisation, connotation, jeu des modalités) ; il est nettement coupé du récit par les deux points, les guillemets, éventuellement le tiret ou l'alinéa. La rupture discours/récit est accusée.

Mais si le narrateur veut restituer des paroles ou des pensées sans couper nettement son récit, en restant donc sur la même ligne temporelle, il doit modifier le contenu du discours, lui faire perdre ses marques déictiques pour le rattacher au narré. Le narrateur use du discours dit indirect (ou rapporté ou cité).

2. Le discours indirect

Nous serons volontairement bref sur le sujet car l'analyse des marques du discours indirect est désormais bien connue[1].

---

1. Voir D. Maingueneau, *op. cit.*, p. 85-106.

S'agissant de l'actualisation spatio-temporelle et du rapport engagé par le discours rapporté avec des personnes qui peuvent n'être plus présentes dans le récit, on rappellera que ce discours se fond dans le narré et qu'il perd, comme tel, son autonomie. Il implique donc un repérage relatif des coordonnées du réel : celles-ci sont assumées par le narrateur qui transpose dans sa narration la relation à l'espace, au temps, aux consciences. Il y a, dans ce discours cité[1], nécessaire décalage, d'où :

– transposition des marques déictiques spatiales et temporelles,

– transposition des personnes agissantes.

Enfin, à l'évidence, le discours indirect implique la disparition de toutes les marques d'interrogation, d'injonction, ou d'exclamation, modalités d'expression qui n'ont plus de possibilité d'existence puisqu'elles impliquent un rapport immédiat avec la situation d'énonciation.

Le discours indirect pur est toujours clairement marqué dans le récit par la présence d'un verbe introducteur et celle du *que* conjonctif thétique, ou des morphèmes interrogatifs (*si, quand, où, ...*) qui posent les bornes initiales du propos restitué.

La présence de déictiques dans le discours cité signale la prise de parole du narrateur. Le temps et l'espace, comme aussi le jeu des personnes, ne sont organisés que par rapport à lui. Dans des formules du type «il m'a dit qu'il venait demain», le déictique vaut pour celui qui rapporte les paroles et non pour le *il* du discours rapporté.

La clarté et la netteté des frontières ainsi marquées ont pour corollaire la lourdeur. Le narrateur est conduit, si le discours rapporté a une certaine ampleur, à multiplier les marqueurs de subordination ou les synonymes du verbe introducteur. On objectera que le choix du discours direct pallierait cet inconvénient. Mais la cohérence de la narration peut absolument l'interdire (le personnage est absent, les pensées doivent rester secrètes, etc.). La lecture des romans du XVIIᵉ siècle révèle bien des difficultés inhérentes à la restitution des paroles

---

1. La question est connue mais son analyse est complexe. On peut consulter les pages que C. Kerbrat-Orecchioni consacre au discours rapporté (*op. cit.*, p. 57-62). A la vérité, il nous semble que le lecteur, mis en alerte par la présence du verbe introducteur, perçoit les marques de cette transposition sans qu'il soit besoin de les théoriser. Les seuls problèmes viennent de la modalisation dans le discours rapporté.

(longues pages au discours indirect, histoires coupant le récit, etc.). C'est sans doute à La Fontaine qu'on doit l'intervention courante du discours indirect libre. Elle est fort nette, par exemple dans la fable connue «Le chat, la belette et le petit lapin» :

> *La dame au nez pointu répondit que la terre*
> *Était au premier occupant.*
> *C'était un beau sujet de guerre*
> *Qu'un logis où lui-même, il n'entrait qu'en rampant :*
> *«– Et quand ce serait un royaume,*
> *Je voudrais bien savoir, dit-elle, quelle loi...»*

On voit avec quelle souplesse La Fontaine joue des trois types de discours et passe de l'un à l'autre. Le discours indirect s'arrête à *occupant*. Il est relayé par le discours indirect libre qui se poursuit jusqu'à *rampant*, lequel s'interrompt pour faire place au discours direct nettement marqué par les guillemets, l'emploi de la première personne, le présent vrai et l'incise. Quelles sont donc les particularités de cette nouvelle forme de discours ?

3. Le discours indirect libre

Ses formes, à l'instar de celles du discours indirect, ont également été largement étudiées[1]. D. Maingueneau rappelle que le «discours indirect libre a représenté longtemps un défi pour l'analyse grammaticale. On y trouve en effet mêlés, des éléments qu'on considère en général comme disjoints : la dissociation des deux actes d'énonciation, caractéristique du discours direct, et la perte d'autonomie des embrayeurs du discours cité, caractéristique du discours indirect». La formule peut être expliquée en analysant les marques spécifiques de ce discours.

– Il participe du discours direct en ce qu'il supprime toutes les formes qui rattachent ce discours à la narration, et notamment la subordination. Le verbe introducteur disparaît en tant que tel. Peut lui être substituée une expression qui met le lecteur sur la voie, l'invitant à penser qu'un discours va être restitué. Autrement dit, une instance d'appel peut précéder le discours rapporté. Ainsi dans cet extrait des *Mémoires*

---

1. Voir notamment D. Maingueneau, *op. cit.*, p. 95-101, D. Cohn, *op. cit.* C'est ce qu'elle appelle «monologue narrativisé», p. 121 et ss.

d'Outre-Tombe où Chateaubriand évoque la bataille de Waterloo (à laquelle il ne participe pas physiquement mais dont il entend les échos) :

«... mais seul sous un arbre dans la campagne de Gand (...) le poids de mes *réflexions* m'accablait : Quel était ce combat, était-il définitif ? Napoléon était-il là en personne ?...».

Nous avons souligné le terme qui fait appel.

– Il participe encore du discours direct en ce qu'il permet la traduction sans modifications syntaxiques des modalités exclamatives, interrogatives, injonctives.

– En revanche, il participe du discours indirect par le jeu des personnes et des temps : il implique l'emploi récurrent de la troisième personne pour désigner celui qui parle, l'emploi de l'imparfait qui place le propos hors de la situation d'énonciation et transcrit le présent, et l'emploi de la forme en *-rais* qui transcrit le futur : cette brusque intervention dans le récit d'une forme en *-rais* à valeur temporelle est souvent indice du passage au discours indirect libre. Il faut encore mentionner les transpositions habituelles des déictiques spatio-temporels (*ici, maintenant*).

Mais il est aisément vérifiable que certains de ces déictiques peuvent subsister dans le discours indirect libre ; l'affirmation de D. Maingueneau quant à «la perte d'autonomie des embrayeurs» dans le discours cité doit donc être nuancée. Ainsi *maintenant* fonctionne-t-il comme déictique dans le discours rapporté suivant (on notera que la forme en *-rais* ouvre en effet la séquence au discours indirect libre) :

«Il se demanda, sérieusement, s'il serait un grand peintre ou un grand poète ; – et il se décida pour la peinture, *car les exigences de ce métier le rapprocheraient de Mme Arnoux, il avait donc trouvé sa vocation ! Le but de son existence était clair maintenant, et l'avenir infaillible.*»

Flaubert, *L'Éducation Sentimentale*

4. Formes nouvelles

Le problème de la reconnaissance du discours indirect libre est lié à celui de ses frontières ; depuis Flaubert, les auteurs de genre narratif se sont appliqués à les estomper ou les effacer : l'impression de relation prise sur le vif est rendue sans que le fil de la narration soit coupé.

L'étude stylistique doit faire une large place à ces techniques narratives. Comme on le sait, celles-ci ont considérablement évolué dans le roman au cours du XXᵉ siècle. La prise en compte, pour l'analyse, des concepts ici présentés et notamment des mécanismes de l'actualisation, permet d'approcher deux types d'écriture différente quoique souvent confondue.

– Ce que l'on pourrait appeler une dérive du discours indirect libre : le narrateur conserve les fils de sa narration mais rend compte du discours intérieur du personnage comme s'il assistait à son surgissement. On observe donc la présence paradoxale du *il* ou du *elle* récurrent, pour désigner le personnage locuteur, alors que les temps sont des temps de discours qui se rapportent à la situation d'énonciation. F. Mauriac fait appel à ce type de narration dans *Thérèse Desqueyroux* notamment :

> «Non, rien à dire pour sa défense ; pas même une raison à fournir ; le plus simple sera de se taire ou de répondre seulement aux questions. Que peut-elle redouter ? Cette nuit passera comme toutes les nuits ; le soleil se lèvera demain...»

On reconnaît dans le passage, les modalités spécifiques au discours : l'adverbe d'énonciation *non*, les perspectives temporelles non décalées, le jeu des déictiques temporels se référant au locuteur et non au narrateur. Mais celui-ci reste derrière le personnage qu'il conduit : le jeu des pronoms personnels ou des possessifs l'atteste. Est privilégiée, semble-t-il, par cette rupture avec les normes traditionnelles de l'écriture, la vie intérieure du personnage, son vécu, dont on peut croire qu'il n'est pas construit par celui qui le restitue.

N. Sarraute a constamment usé de cette technique, mais elle insère dans la trame narrative les discours directs ou indirects libres des intervenants, sans dégager nettement le changement de voix. Seuls le jeu des déictiques et l'expression de la subjectivité témoignent du changement de locuteur. Ainsi est rendue ce que l'on pourrait appeler la musique intérieure de chacun qui double constamment, sans qu'il en soit toujours pris conscience, la parole réelle ; elle est alors marquée dans l'écriture par les guillemets :

> «On sonne... c'est à la porte de la cuisine (...). «Ah ! c'est vous, enfin, vous voilà, je croyais que vous ne reviendriez jamais... vous savez que ça ne va pas du tout...»». Elle sait qu'il vaudrait peut-être mieux être prudente... une maniaque, une vieille enfant gâtée, insupportable, elle sait bien que c'est ce qu'elle est pour eux, mais elle n'a pas la force de se dominer...» (*Le Planétarium*).

– Le monologue intérieur obéit à une autre logique, on est alors en structure de pur discours, «il prétend restituer le flux de conscience du sujet, son discours intérieur»[1]. C'est une facture fréquemment adoptée dans *Nadja* :

> «En passant devant le château, Nadja s'est vue en Mme de Chevreuse ; avec quelle grâce elle dérobait son visage derrière la lourde plume inexistante de son chapeau ! (...) Se peut-il qu'ici cette poursuite éperdue prenne fin ? Poursuite de quoi, je ne sais, mais poursuite pour mettre en œuvre tous les artifices de la séduction mentale...».

Dans le cadre de cette étude, il ne peut être analysé les multiples formes de techniques narratives en usage aujourd'hui chez nos écrivains. On pense à Le Clézio, à M. Butor... Mais la réflexion sur les modes d'insertion dans l'espace-temps des êtres évoqués et sur leur rapport respectif avec l'instance locutrice, l'identification de cette instance étant au préalable effectuée, permet de mieux cerner chaque emploi spécifique. Notre propos, dans ces chapitres, a été non pas d'explorer en totalité les situations d'énonciation, mais de donner les concepts exploratoires.

LECTURES CONSEILLÉES

E. BENVENISTE
Problèmes de linguistique générale, Gallimard, Paris, 1966.

D. COHN
La transparence intérieure, Seuil, Paris, 1981.

O. DUCROT
Le dire et le dit, Minuit, Paris, 1984.

G. GENETTE
Figures III, Seuil, Paris, 1972.

C. KERBRAT-ORECCHIONI
L'énonciation. De la subjectivité dans le langage, A. Colin, Paris, 1980.

Sous la direction de S. REMI-GIRAUD et M. LE GUERN
Sur le verbe, P.U. de Lyon, 1986.

---

1. On complétera avec profit ces indications sommaires, en se reportant aux développements de D. Maingueneau, *op. cit.*, p. 104.

APPLICATION

Le texte qui suit offre un bon exemple des variations des différents types de discours, facture qui paraît assez caractéristique des mémoires.

Bataille de Waterloo (le 18 juin 1815)

«Auditeur silencieux et solitaire du formidable arrêt des destinées, j'aurais été moins ému si je m'étais trouvé dans la mêlée : le péril, le feu, la cohue de la mort ne m'eussent pas laissé le temps de méditer ; mais seul sous un arbre, dans la campagne de Gand, comme le berger des troupeaux qui paissaient autour de moi, le poids des réflexions m'accablait. Quel était ce combat ? Était-il définitif ? Napoléon était-il là en personne ? Le monde, comme la robe du Christ, était-il jeté au sort ? Succès ou revers de l'une ou l'autre armée, quelle serait la conséquence de l'événement pour les peuples, liberté ou esclavage ? Mais quel sang coulait ! Chaque bruit parvenu à mon oreille n'était-il pas le dernier soupir d'un Français ? Était-ce un nouveau Crécy, un nouveau Poitiers, un nouvel Azincourt, dont allaient jouir les plus implacables ennemis de la France ? S'il triomphaient, notre gloire n'était-elle pas perdue ? Si Napoléon l'emportait, que devenait notre liberté ? Bien qu'un succès de Napoléon m'ouvrît un exil éternel, la patrie l'emportait dans ce moment dans mon cœur ; mes vœux étaient pour l'oppresseur de la France, s'il devait, en sauvant notre honneur, nous arracher à la domination étrangère. Wellington triomphait-il ? La légitimité rentrerait donc dans Paris derrière ces uniformes rouges qui venaient de reteindre leur pourpre au sang des Français ! La royauté aurait donc pour carrosses de son sacre les chariots d'ambulance remplis de nos grenadiers mutilés ! Que sera-ce qu'une restauration accomplie sous de tels auspices ?... Ce n'est là qu'une bien petite partie des idées qui me tourmentaient. Chaque coup de canon me donnait une secousse et doublait le battement de mon cœur.»

(Chateaubriand, *Mémoires d'Outre-Tombe*, Bibliothèque de la Pléiade, Éditions Gallimard, tome I, IIIe partie, livre 23, chapitre 16, p. 163)

L'enjeu de ce texte est paradoxal : Chateaubriand se propose de nous faire vivre et donc voir un événement que lui-même n'a pas vu (il se déclare *auditeur* et non spectateur) et cela avec et malgré le recul du temps.

L'étude des procédés d'actualisation et de l'emploi des différents types de discours permet de montrer comment sont assumés ce pari et plus largement, la fonction testimoniale.

I. Les différentes formes de discours

Le narrateur-auteur commente l'événement passé d'où une facture de discours : les marques en sont sensibles qui matérialisent la distance par rapport au fait évoqué. Mais la restitution des pensées formulées au moment même où le récitant était seulement actant et témoin induit une facture de récit, puisque les propos sont décalés par rapport au temps de l'écriture, aussi bien qu'une facture de discours (jeu des modalités). On a là un exemple de style indirect libre qui s'inscrit dans un discours premier. Le texte fonctionne sur cette alternance de telle sorte que la distance entre les deux consciences – le *je* récitant et le *je* actant-témoin – s'amenuise.

On notera donc la souplesse du passage de l'une à l'autre et l'unité profonde de la vision qui en résulte.

A. *La souplesse de l'alternance*

a. Structure du discours : le narrateur ou récitant commente l'événement détaché de son actualité immédiate (imparfaits de discours se spécialisant en imparfait de commentaire).

– Auditeur silencieux… m'accablait.
– Bien qu'un succès … domination étrangère.
– Ce n'est là … battement de mon cœur.

b. Structure de discours indirect libre où s'exprime l'actant-témoin dont les propos sont *rapportés* par le récitant.

– Quel était ce combat… que devenait notre liberté ?
– Wellington triomphait-il… mutilés !

Il est remarquable que l'intervention du discours indirect libre soit simplement appelée par le mot *réflexion* sur lequel il se greffe ; la deuxième intervention se situant en retrait – marqué typographiquement – du commentaire du récitant.

On observe que le discours indirect libre ainsi inséré dans le discours du narrateur évolue vers le monologue intérieur : une facture de discours direct intervient dans le discours rapporté. La séquence : «Que sera-ce qu'une restauration» ne réfère pas au temps de l'écriture (de l'énonciation) mais au temps de l'événement narré.

B. *Signification et valeur*

La vision ainsi évoquée gagne en puissance et en unité.

a. Les variations des modalités (interrogatives et exclamatives) rendent compte de l'impact de l'événement et des tensions intérieures qu'il suscite. Celles-ci sont assumées par le récitant aussi bien que par l'actant-témoin ; les deux perspectives deviennent indissociables.

b. Les valeurs de connotation des noms propres *Crécy, Poitiers, Azincourt,* qui rappellent les grandes défaites françaises, s'inscrivent dans le champ de conscience du narrateur aussi bien que dans celui du témoin, et par voie de conséquence dans celui du récepteur.

c. Les images restituent la vision de l'un et de l'autre. Le développement de larges métonymies – *uniformes rouges* ... *sang des français* ; *carrosses de son sacre*... *chariot d'ambulance*... *mutilés* – s'impose comme vision de la conscience du témoin alors qu'elles relèvent du travail d'écriture du récitant.

II. La résurrection du passé, les modes d'expression qui en rendent compte : la complexité des formes de l'actualisation

A. *Le statut du* je *dans le texte*

On note une évolution au fil du texte qui sanctionne la volonté d'estomper la présence du mémorialiste au bénéfice de l'actant-témoin. Le mémorialiste est présent dans les premiers développements du texte. L'irréel du passé implique la distance par rapport à l'événement considéré au moment de son écriture, les caractérisants *formidable*, la périphrase amplificatrice *arrêt des destinées* sanctionnent que la portée de l'événement est connue et jugée. Progressivement s'estompe cette présence au bénéfice de l'actant-témoin, autre forme du *je*. Ce glissement est amorcé par la rupture dans la construction (anacoluthe) : «*Seul* sous un arbre (...) le *poids* des réflexions», où il est aisé d'observer la disparition de la première personne attendue.

– Prédomine ensuite l'évocation de l'actant-témoin (*mon* oreille).

– Cet actant-témoin fusionne dans un nous dont il se déclare solidaire (*notre* gloire, *notre* liberté), ce *nous* figure les combattants et s'élargit au peuple français tout entier.

Les trois perspectives vont se mêler au fil du texte. Le récitant vient se fondre dans le *nous* (*notre* honneur, *nous* arracher) dont il se déclare solidaire. L'enjeu est atteint : la représentation du passé confond désormais le regard de l'actant-témoin *(nos grenadiers)* et la vision du récitant à nouveau présent (*me donnait, mon cœur*). Sa parole vivante vient animer, mais non fausser le souvenir. Le jeu des temps corrobore l'analyse.

B. *Le jeu des temps*

L'évolution des temps est remarquable dans le texte : celui-ci s'encadre entre un irréel du passé qui rend compte du décalage dans le temps et restitue la perspective passée, et le présent d'énonciation (ce n'*est* là) qui témoigne de l'irruption dans le temps de l'écriture des données de ce passé.

On observe l'absence totale du passé simple dans le texte alors même que ce temps est le temps privilégié du récit : il donne des faits une vision synthétique globale et les détache nettement de l'actualité.

L'imparfait en revanche se constitue comme temps de base. La valeur fondamentale du temps en discours a déjà été mentionnée, et il

a été dit qu'à celle-ci se superposent les valeurs aspectuelles ou stylistiques. Nous en avons ici un nouvel exemple : *paissaient, acca-
blaient, l'emportait, étaient, tourmentaient* restituent le discours du
mémorialiste et rendent compte de la non-vérité au moment de l'écriture des faits considérés. Ils portent l'indication du décalage temporel.
Mais la valeur tensive de la forme est encore sensible, elle restitue le
déroulement du procès dans le passé ou met en relief son surgissement (*l'emportait* complété par *dans ce moment* devient perfectif).
Ajoutons que *donnait, doublait* portent en outre valeur de répétition qui
n'annule pas la valeur aspectuelle première. Enfin dans la principale
d'un des systèmes hypothétiques («mes vœux *étaient*...») l'imparfait
porte le commentaire du récitant, et rappelle donc la facture de discours.

Dans le discours indirect libre − rattaché à la facture de récit −
l'imparfait est utilisé encore en corrélation avec la forme en -*rais* : la
combinaison des deux formes permet de restituer le mouvement chronologique dans le passé. La forme en -*rais* présente l'avenir vu du
passé : ... *la légitimité rentrerait..., la royauté aurait donc...*

L'exploration complète du déroulement chronologique dans le
passé est rendue possible par le recours aux périphrases verbales :
allaient jouir, devait... nous arracher, venaient de reteindre...

Cette aptitude à figurer la perspective dans le passé est génératrice
de vie. L'emploi du futur simple qui clôt l'évocation en témoigne :
«*Que sera-ce...*» A ce moment, il y a résurrection évidente du passé
qui investit le présent : les coordonnées du réel immédiat, ceux du
mémorialiste, du *je-récitant*, disparaissent, tandis que revit un autre
temps. On est là au seuil de l'hypotypose, figure essentielle de l'écriture, qui par le jeu du transfert, donne à voir une autre réalité, non
immédiate. Les points de suspension peuvent rendre compte du développement de la vision.

Au terme de celle-ci, avec une souplesse magistrale, le *je-récitant*
et le *je-actant* se rejoignent dans le temps de l'écriture même : *Ce
n'est là...* L'emploi du déictique spatio-temporel *là* vient souligner ce
double mouvement.

C. La représentation de l'espace et de l'événement

Des indications sont données qui tendent à garantir la véracité du
témoignage.

− Noms propres : *campagne de Gand, la France, Napoléon,
Wellington.*

− Jeu des déterminants : importance des définis et démonstratifs
qui actualisent pour l'actant-témoin l'espace et l'événement. Ils renvoient à une réalité supposée connue − *la* mêlée, *la* campagne de
Gand, *le* berger *des* troupeaux, *ce* combat, *l'*événement, *l'*oppresseur de la France, *la* domination, *ces* uniformes rouges, ... *les* chariots. Certains indéfinis ont une valeur particularisante : *un* arbre, *un*
français.

Le champ de conscience de l'actant-témoin s'impose et relaie celui du récitant. Cette substitution s'effectue naturellement encore lorsqu'est restitué le discours intérieur du témoin.

Conclusion

La fonction testimoniale est donc ici magistralement assumée puisqu'au long de l'évocation la conscience narratrice s'est fondue dans celle du témoin : ainsi l'événement passé a-t-il été littéralement rappelé par l'écriture dans toute la force de son surgissement. Seule l'étude des mécanismes de l'évocation pouvait précisément en rendre compte.

Resterait à analyser la vision même que nous donne le narrateur de cet événement, en faisant l'analyse du lexique, des différents types de phrases, des images. Mais nous sortirions des cadres précisément délimités pour cette étude.

Chapitre 3
Les mots dans le discours

Introduction

Il est impossible de dire si, dans la pratique de la lecture, l'attention du lecteur est plutôt attirée par la trame narrative, la qualité du lexique, les subtilités de la phrase, la richesse de l'imaginaire intrinsèquement perçue ou par tout autre élément. Mais il est certain que son «horizon d'attente» n'est pas le même selon les genres : on ne lit pas «de la même façon» un poème et un roman. De plus, chaque lecteur possède sa propre «compétence» linguistique, culturelle, etc. ; quant à sa «performance», elle varie selon les moments, l'état d'esprit, etc. La réception d'un discours littéraire est liée à des paramètres très variés.

C'est en tout cas grâce aux mots – en termes linguistiques, pour désigner ces unités lexicales de sens, on parle de LEXIES – que le lecteur s'approprie l'univers de *référence* suscité par le texte et l'univers créé par le locuteur. Nous rappelons d'abord, en renvoyant au triangle sémiotique[1], qu'un signifiant évoque un signifié et un référent. Que l'identification du référent soit imparfaite, et souvent vécue comme telle, aléatoire dans certains cas, la suite du chapitre le montrera. Elle est cependant le fondement de tout acte de lecture et l'enjeu de l'étude de la DÉNOTATION. Mais le choix d'un signifiant renvoie aussi à une situation de communication particulière : où, comment et pourquoi *céphalée* plutôt que *migraine* ? Cette situation d'énonciation qui motive le choix de mots qu'on dit stylistiquement marqués (dans notre exemple «céphalée»), parce qu'ils sont porteurs d'une «valeur ajoutée» (ici, langue technique de spé-

---

1. *Supra*, introduction, p. 1.

cialiste) forme le cadre d'étude de la CONNOTATION. Par l'exploitation de quelques grands axes, nous voudrions donner au
lecteur potentiel les outils qui lui permettront de prendre la
mesure d'un texte en faisant sienne la richesse de l'univers créé
par les mots.

Prenons, hors contexte, le mot *rossignol* ; chacun associe un
signifié et un référent à ce mot ; c'est ce noyau dur de la signification du mot qui porte le nom de DÉNOTATION. Mais certains
seront peut-être sensibles, par l'étude du co-texte, à des associations sonores ; pour d'autres, le mot évoquera, d'abord peut-être
de façon floue, un univers poétique ; leur compétence culturelle
leur permettra sans doute d'associer le référent de *rossignol* à
un motif caractéristique du lyrisme, et en particulier du lyrisme
amoureux : le souvenir de Shakespeare, Chateaubriand,
Verlaine, etc., viendra authentifier leur intuition. On appelle
connotation cette valeur secondaire du mot, sorte de «valeur
ajoutée», «suggérée plus que véritablement assertée»[1] qui
charge signifiant, signifié et référent d'une «résonance» autre :
en intégrant ce mot dans un co-texte et un contexte appropriés,
le lecteur identifie le genre du texte, ici l'énoncé lyrique ; la
connotation lui donne de plus des informations sur la subjectivité de l'énonciateur, dans le cas présent, sur sa «participation
émotionnelle», impliquée par le genre même : le mode de participation donne d'ailleurs à l'énoncé une tonalité marquée (célébration, déploration, etc.). On le voit, l'énoncé et l'énonciateur,
dans le discours littéraire, doivent être pris en compte par la
connotation.

Il est fondamental de distinguer les deux perspectives dans
l'étude du mot (dénotation *vs* connotation)[2] : par le repérage des
significations dénotées, le lecteur identifie l'univers de référence créé par le texte et le mode de construction du référent ; par
le repérage des signes connotateurs et l'étude des multiples
significations connotées qui peuvent former des réseaux, le
lecteur prend conscience de la présence d'un univers subjectif.
Il retrouve dans le texte, des éléments propres à un genre ou à
une époque, et il perçoit toute la sphère de la subjectivité du
créateur.

Seule la synthèse des perspectives dénotative et connotative
peut amener le lecteur à une démarche interprétative au terme
de laquelle il peut attribuer à l'œuvre un sens, ou plus juste-

---

1. C. Kerbrat-Orecchioni, *La connotation*, P.U.L., Lyon, 1977, p. 18.
2. *vs* = signe conventionnel d'opposition.

ment, une pluralité convergente de sens. Cette démarche, analytique et synthétique, a pour fondement l'exploration des ISOTOPIES d'un énoncé.

Dans son sens le plus extensif, l'isotopie désigne la répétition de n'importe quel élément linguistique (phonème, sème, lexie, structure phrastique, etc.). Dans une acception plus restreinte et plus communément admise, l'isotopie sémantique désigne la répétition de sèmes qui assure l'homogénéité sémantique de la séquence textuelle envisagée (définition en partie empruntée au linguiste P. Charaudeau). Ces sèmes peuvent être dénotatifs ou connotatifs, génériques ou spécifiques[1].

Une première question se pose : pourquoi employer «isotopie» là où semble-t-il «thème» suffirait ?

– Parce que, et nous y reviendrons dans la dernière partie de ce chapitre, la notion dépasse le cadre des sèmes dénotatifs qui est celui du «thème» (cf. études sur le thème de l'eau, de la mort, du voyage, etc.), puisqu'elle inclut les sèmes connotatifs.

– Parce que la référence à la «répétition» et à une «séquence» montre que la manière dont se construit le déroulement de l'énoncé doit être prise en compte plus nettement que dans l'étude des thèmes : à quels endroits de la séquence – qui peut être la totalité de l'ouvrage – apparaît l'isotopie ? Comment se transforme-t-elle ?, etc.

Il existe donc, comme le montrent les préliminaires, deux manières d'envisager la notion d'isotopie : on identifie d'abord les mots qui expriment la notion étudiée, qui se rapportent donc au même PARADIGME = (étude PARADIGMATIQUE). On étudie encore comment l'énoncé évolue, se modifie ou se répète. Cette étude du déroulement de l'énoncé et des relations établies (syntaxe au sens large) constitue l'étude SYNTAGMATIQUE.

Ces deux axes d'étude doivent constamment être présents à l'esprit du «lecteur stylistique».

Dans l'étude d'une séquence textuelle, qu'elle soit brève ou qu'elle couvre un ouvrage entier, le lecteur doit être attentif au nombre des isotopies, voir si elles sont multiples ou s'il y a unité, voir s'il y a des ruptures, comment s'articulent les isotopies dénotatives et connotatives, quel est le mode de construction de l'énoncé. Ces différents points, entre autres, demandent à être développés.

---

1. *Infra*, p. 64 et 67.

I. La dénotation :
construction d'un univers de référence

1. Décomposition sémique : principes

Revenons au mot *rossignol*. Pour établir sa dénotation, son signifié stable, il faut identifier les principales unités de sens qui constituent sa définition :

- animé + animal
- oiseau + passeriforme + de petite taille + au plumage grisâtre + au chant mélodieux (*cf*. dictionnaires).

On appelle SÈMES ces unités constitutives du sens, et décomposition sémique, l'opération de leur repérage. Les catégories très générales [animé] + [animal] forment les sèmes génériques ou CLASSÈMES, les traits particuliers qui permettent l'identification du signifié et du référent sont les sèmes spécifiques ou SÉMANTÈMES. L'ensemble des traits forme pour sa part, le SÉMÈME. Nous allons à présent, en procédant à une analyse de détail, montrer la pertinence stylistique de catégories linguistiques empruntées à l'analyse dite «componentielle», qui repose sur la décomposition des mots en sèmes.

A. *Sèmes génériques ou classèmes*

Ce sont des unités de sens très générales, fondées sur de grandes oppositions binaires (animé *vs* inanimé, etc.), qui déterminent un certain entourage : seul un animé humain peut être mis en position de sujet du verbe *lire* ; l'ensemble des contraintes imposées au co-texte immédiat (l'entourage) forme les *traits de sélection* de la catégorie étudiée. Celle-ci a un nombre limité de traits et forme donc une classe fermée ; elle permet une classification sémantique des verbes et des noms et constitue une première voie d'accès au référent suscité par le texte.

Deux classements peuvent être proposés :

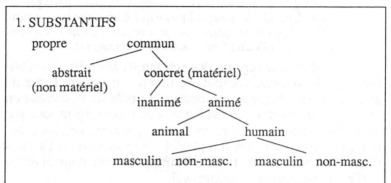

1. SUBSTANTIFS

propre   commun

     abstrait   concret (matériel)
     (non matériel)
           inanimé   animé

              animal   humain

         masculin   non-masc.   masculin   non-masc.

2. VERBES
a. statiques *vs* dynamiques (*dormir vs courir*)
b. traits de sélection (étude de l'entourage présupposé) :
   α. intransitif - transitif (*rêver/rêver quelque chose/rêver à, de*)
   β. personnel - impersonnel (*pleurer vs pleuvoir*)
   γ. sélections du côté du sujet et/ou de l'objet : *lire* présuppose un sujet humain et un objet inanimé, *aboyer* présuppose un sujet animal, etc.

Une première approche typologique de l'énoncé peut être faite par le repérage des principaux classèmes, c'est-à-dire des isotopies génériques. Quel est le rôle dénotatif joué par le nom propre, mot dans lequel signifié et référent sont indissociables ? Il a, d'abord et avant tout, fonction référentielle : nommer un personnage, c'est lui donner une assise sociale et individuelle. Quand, de plus, le nom évoque un référent qui a une réalité extra-linguistique (*Paris, Napoléon*), il est un marqueur de réalisme, puisqu'il ancre la fiction dans un univers de référence réel ; les référents topographiques sont en ce sens fréquemment utilisés :

> «Pour aller au château de Frapesle, les gens à pied ou à cheval, abrègent la route en passant par les landes dites de Charlemagne, terres en friche, situées au sommet du plateau qui sépare le bassin du Cher et celui de l'Indre...»
>
> *(Le lys dans la vallée)*

Comme, de plus, la description est, dans notre exemple, détachée de la narration, l'embrayage de la fiction sur la réalité est stylistiquement très marqué.

Prenons à présent cet extrait du *Journal intime* d'Amiel :

> «Mieux vaut se perdre que de se sauver sans faire tort à son espèce que de vouloir avoir raison sans faire partager *sa raison.* C'est d'ailleurs une *illusion* que d'imaginer la *possibilité* d'un tel *privilège*, quand tout prouve la *solidarité* des individus. (...) L'*individualisme* absolu est une *niaiserie.*»

Le nombre et le registre des substantifs abstraits – vocabulaire psychologique, vocabulaire moral – marquent l'attitude analytique et didactique du locuteur. L'étude de la corrélation entre niveaux mettrait en évidence le rôle convergent joué par les infinitifs substantifs (procès vu de façon abstraite), les généralisants (*tout* / article défini pluriel : *les individus*) et l'utilisation de phrases attributives définitoires ayant pour pivot le verbe *être* au présent omnitemporel.

De même, Giono décrivant dans *Le Chant du Monde* l'hiver au pays Rebeillard, oppose radicalement le monde des humains et l'univers naturel ; les classèmes (ou isotopies génériques) des verbes forment la dominante stylistique de cette opposition humain-statique *vs* nature-dynamique.

> «Les villes, les villages, les fermes du Rebeillard *dormaient ensevelis* dans ces épaisses nuits silencieuses. De temps en temps, toutes les poutres d'un village *craquaient*, on *s'éveillait*, les épais nuages *battaient des ailes* au ras de terre en *froissant* les forêts. Mais tous les matins *arrivaient* dans un grand ciel sans nuage, *lavé* par une petite bise *tranchante* (...).»

Dans ce passage, l'effacement de toute référence explicite aux humains, et l'association d'inanimés et de verbes présupposant des sujets animés (*battre des ailes* = animal, *laver* = humain, etc.) sont les marques essentielles de la vision animiste du monde qui est celle du créateur.

Nous venons de voir un fait de transgression des catégories langagières : sujet inanimé + verbe présupposant un sujet animé. C'est un des modes de formation des tropes, en particulier des métaphores ; nous y reviendrons. Hors d'un contexte métaphorique, ces associations disconvenantes sont une des marques fondamentales du merveilleux ; dans le poème *Aube*, par exemple, Rimbaud pratique systématiquement la transgression : «J'ai embrassé l'aube d'été», «les pierreries regardèrent», «je ris au Wasserfall blond», etc. L'univers de référence suscité par ces associations semble avoir des lois qui lui sont propres : c'est un univers parallèle à celui de notre monde réel, et les associations sont «l'expression fidèle d'un univers anormal», selon la formule de J. Cohen[1].

Une première caractérisation de l'énoncé peut donc se faire par l'analyse de ces isotopies génériques. Mais l'univers de référence créé ne peut être appréhendé dans son individualité que par l'étude des sèmes spécifiques.

B. Sèmes spécifiques ou sémantèmes

Nous retrouvons là un terrain plus familier de la sémantique : l'étude des traits sémiques particuliers qui donnent à un mot sa signification. Par exemple, le sémantème de *tabouret* est :

«pour s'asseoir» + «sur pied» + «pour une personne» + «sans dossier» + «sans bras» + «matériau rigide»[2].

Traits qui montrent la ressemblance et la différence du signifié de ce mot avec les signifiés de *chaise, fauteuil, pouf*, etc. Dans ce type d'étude, ce qui est pris en compte, c'est le rapport signifiant-signifié hors de tout contexte. Mais dans l'énoncé littéraire, seuls les rapports structurés entre mots permettent au lecteur d'imaginer l'univers de référence. Les analyses qui suivent se fondent sur des concepts linguistiques, mais leur enjeu est essentiellement de caractériser l'univers référentiel suscité par les mots, et son mode de construction.

Une réflexion préliminaire sur la sémantique montrera la double orientation possible dans l'étude du mot. Pour identifier les moyens par lesquels le langage est porteur de sens, les études de sémantique procèdent de deux façons[3].

1) Construction d'un champ sémantique

On part du signifiant et on identifie les divers signifiés [1 Sa

---

1. J. Cohen, *Structure du langage poétique,* Flammarion, Paris, 1966, p. 118.
2. B. Pottier, «Vers une sémantique moderne», *in Travaux de linguistique et de littérature,* Klincksieck, Paris, 1964.
3. J. Picoche, *Précis de lexicologie française,* Nathan, Paris, 1977, chap. 4.

= x Sés], en déterminant les différents effets de sens du mot, diachroniquement (ex. évolution de sens du mot *charme*) ou synchroniquement (ex. étude du verbe *poser*). Cette démarche qui va du signe (en grec «sêma») au concept, porte le nom de SÉMASIOLOGIE.

2) *Construction d'un champ lexical/notionnel*

On va du signifié au signifiant [1 Sé = x Sas], en identifiant l'"ensemble des mots qu'utilise la langue pour exprimer un concept. On étudiera, par exemple, le vocabulaire de l'aviation, le vocabulaire de la politique à une époque déterminée, etc. Cette démarche qui consiste à nommer les divers signifiants d'un signifié unique, porte le nom d'ONOMASIOLOGIE («onoma» = le nom).

Dans la perspective stylistique qui est la nôtre, il paraît difficile d'opérer un choix radical entre les deux approches. Les textes peuvent générer des modèles d'étude différents mais complémentaires.

Dans notre analyse de la construction de l'univers de référence, nous pensons qu'un modèle onomasiologique est plus pertinent, mais il sera complété et enrichi par des analyses de type sémasiologique.

2. Les isotopies dénotatives

C'est par la construction de tout réseau dénotatif que le lecteur se fait une idée et une image de l'univers représenté par les mots. Nous posons ici les bases de l'analyse stylistique ; nous choisissons donc des exemples clairs, univoques et nous renvoyons à l'étude des mécanismes connotatifs l'identification de faits plus complexes et moins patents.

A. *L'impression référentielle*

L'univers de référence est-il simple ou complexe ?

Comme F. Rastier[1], nous préférons au terme d'«illusion»,

---

1. *Sens et textualité*, Hachette, Paris, 1989, p. 245.

inutilement péjoratif, le terme d'«impression» pour caractériser l'identification du référent – imaginaire – qui est le premier niveau de lecture d'un texte.

1) Isotopie unique

Dans la célèbre scène de la rencontre entre Mme de Clèves et le duc de Nemours, un double sème sous-tend l'évocation comparative des deux personnages, celui de «beauté admirable» :

> «Ce prince était fait d'une sorte qu'il était difficile de n'être pas *surprise* de le voir quand on ne l'avait jamais vu, surtout ce soir-là, où le soin qu'il avait pris de se parer augmentait encore l'air brillant qui était dans sa personne, mais il était difficile aussi de voir Mme de Clèves pour la première fois sans avoir un grand *étonnement*.
> M. de Nemours fut tellement *surpris* de sa beauté que, lorsqu'il fut proche d'elle, et qu'elle lui fit la révérence, il ne put s'empêcher de donner des marques de son *admiration*. Quand ils commencèrent à danser, il s'éleva dans la salle un murmure de *louanges* (...)».

Cette description, qui annonce implicitement l'intrigue romanesque à venir, est marquée par une forte redondance de traits sémiques identiques. L'«horizon d'attente» du lecteur est ainsi nettement délimité.

2) Isotopies multiples

L'univers de référence peut être marqué par une plus grande complexité. C'est ainsi que la première strophe du poème d'Apollinaire, «Crépuscule», fait apparaître successivement deux isotopies :

> «*Frôlée par les ombres des morts*
> *Sur l'herbe où le jour s'exténue*
> *L'arlequine s'est mise nue*
> *Et dans l'étang mire son corps.*»

Si dans cette strophe, le sujet était «la naïade», nous aurions affaire à une poésie néo-classique, suscitant la représentation de la nature et d'un monde mythologique, imprégnée d'une tonalité élégiaque. Le substantif «arlequine» vient rompre l'unité du tableau. Cette ALLOTOPIE (rupture de l'isotopie) introduit le lecteur dans l'univers moderne et artificiel du théâtre ou de la parade et provoque l'hésitation du lecteur.

Monde de la nature ou décor de théâtre ? Cette double tension monde antique *vs* monde moderne, naturel *vs* artificiel, constitue un ensemble de traits sémiques caractéristiques de l'univers d'Apollinaire.

L'hétérogénéité sémantique fait naître un univers étrange, déréalisé ; ici, de plus, le motif de la nuit naissante suscite la vision d'un monde onirique. Cette pratique de la rupture peut être aussi appréhendée comme un des traits de la modernité, en particulier dans la poésie.

3) Non-connexion sémantique

Nous voyons là un cas extrême : la production d'un texte dans lequel il est difficile et même impossible d'identifier une isotopie. Avant les surréalistes, Rimbaud, surtout dans *Les Illuminations*, a pratiqué le «collage»[1] :

> «O la face cendrée, l'écusson de crin, les bras de cristal ! Le canon sur lequel je dois m'abattre à travers la mêlée des arbres et de l'air léger !».

Comme l'écrivent J. Molino et J. Gardes-Tamine :

> «La juxtaposition-kaléidoscope vise, en principe, à reproduire l'éclatement des sensations et des spectacles qui assaillent l'homme moderne[2]».

L'impression référentielle créée par le texte a donc des formes multiples : dans l'énoncé dit réaliste, elle vise à donner au lecteur l'image d'une certaine réalité (c'est ce qu'on appelle la MIMESIS réaliste), à l'opposé, elle vise à susciter la représentation d'un monde opaque, indéchiffrable, dont seul l'auteur a la clef.

B. Les isotopies spécifiques

L'univers mis en place par le langage de dénotation est généralement affecté d'un certain nombre de traits caractéristiques. Dans cette étude, le poids sémantique des verbes et des adjectifs caractérisants est souvent révélateur. Dans telle phrase de Colette : «Les pousses de cassis que tu froissais, l'oseille

---

1. J. Molino, J. Gardes-Tamine, *Introduction à l'analyse de la poésie*, P.U.F., Paris, 1988, tome II, p. 159.
2. *Id. ibid.*, p. 162.

sauvage en rosace parmi le gazon, la menthe toute jeune, encore brune, la sauge duvetée comme une oreille de lièvre – tout débordait d'un suc énergique et poivré», l'ensemble du monde végétal est caractérisé comme un univers de sensation, ou plutôt de sensualité (le toucher et le goût dominent). Le référent peut faire l'objet d'une appréhension plus complexe ; quand R. Caillois, dans le recueil *Pierres*, décrit une agate, celle-ci est présentée à la fois comme un objet très grand et très petit :

> «Dans ma main, resplendit un *soleil minuscule*. Il n'est qu'un jouet, coloré par zones comme toupie à musique. Des halos centrifuges et alternés lui confèrent un *début d'immensité* que dément aussitôt *sa taille misérable* (...)».

Par l'identification de ce double trait sémique dont l'unité est marquée par l'oxymore *soleil minuscule,* le lecteur identifie la pierre comme un objet qui participe du microcosme et du macrocosme, objet de mystère donc, pris entre deux infinis[1]. Il est amené à définir l'enjeu, à la fois descriptif et philosophique, de la poésie de Caillois.

Comme l'exposé précédent le laisse entendre, l'étude des isotopies passe par l'analyse des divers procédés de mise en relation des mots et des sèmes, voie d'accès au texte que nous allons explorer plus systématiquement.

3. Simplicité, complexité : les différentes relations sémiques

A. *Le particulier et le général*

Quand on dit que le signifié de *arbre* est plus général que celui de *pommier*, en termes linguistiques, cela signifie que son extension (le nombre d'objets qu'il désigne) est plus grande, et que sa compréhension (le nombre de ses traits sémiques) est plus limitée, qu'il est donc plus général. Dans une séquence textuelle, le lecteur pourra être amené à s'interroger sur la précision ou la généralité du lexique.

---

1. La tension métaphysique du texte est accentuée par l'emploi du mot *misérable* aux connotations religieuses et plus spécialement pascaliennes.

1) L'emploi d'hyponymes ou d'hyperonymes

«L'hyperonymie désigne la relation du genre à l'espèce et l'hyponymie la relation de l'espèce au genre[1]»(*arbre*, hyperonyme de *pommier* ; *vermillon*, hyponyme de *rouge* ; *offrir*, hyponyme de *donner*, etc.). L'hyponyme est lié à l'hyperonyme par une relation d'implication : *offrir* implique *donner*.

a. L'emploi d'hyponymes traduit, suivant le type d'énoncés, ou une recherche du détail, du petit fait pittoresque et/ou significatif, ou un raffinement analytique, dont la portée est amplifiée quand il y a multiplication, accumulation, ou enfin un désir d'exhaustivité ; qu'on songe à la description de la pièce montée servie au mariage d'Emma Bovary, ou à tel caractère de La Bruyère, Phédon par exemple :

«(...) Il est complaisant, flatteur, empressé, il est mystérieux sur ses affaires, quelquefois menteur ; il est superstitieux, scrupuleux, timide...»

Les «portraits», les «caractères» du XVIIe siècle, les portraits à fondement physiognomonique de Balzac, tous ces discours font apparaître les mêmes expansions caractérisantes, détaillées souvent sous forme d'énumérations. La tension entre le particulier et le général est dans ce type d'énoncé très grande, puisque les personnages décrits dans leur individualité la plus spécifique sont en fait des incarnations de types généraux, procédé fréquent chez les moralistes ; dans la *Peau de Chagrin*, le père de Raphaël est ainsi décrit : «un grand homme sec et mince, le visage en lame de couteau, le teint pâle, à parole brève, taquin comme une vieille fille, méticuleux comme un chef de bureau». Au thème «grand homme» sont associées six expansions caractérisantes. Ces caractérisants sont homogènes : dans la typologie balzacienne, le mince, le desséché et le stérile, l'absence de toute expansion sont l'incarnation du monomane. Le pittoresque descriptif (variété des procédés) est ici soumis à un enjeu didactique.

b. Il arrive que le particulier embraye explicitement sur le général : le tour inclusif «un de ces-» qui met en relation hyponyme et hyperonyme en est une marque privilégiée («C'était *une de ces coiffures* d'ordre composite...», phrase qui ouvre la description de la casquette de Charles Bovary), ainsi que la relation avec un terme générique précédé de l'article défini,

---

1. J. Gardes-Tamine, *La grammaire*, A. Colin, Paris, 1988, tome I, p. 108.

générique aussi («[les faits qui] me laissèrent longtemps dans la naïveté primitive du *jeune homme*», dans *La Peau de Chagrin*). Ce mode de présentation de l'objet est caractéristique des énoncés descriptifs didactiques, où un objet particulier est rattaché à une classe, un genre connu de tous. Il est fréquent chez les romanciers dits réalistes du XIXe siècle, ainsi que chez Proust.

c. S'opposant à cette expression du particulier et de l'individuel, l'emploi d'hyperonymes dénote la recherche d'une stylisation, ou d'une tension vers l'abstraction, aux effets contextuellement identifiables : dans son poème *Le rossignol*, Verlaine ne parle que de «l'oiseau» et de «l'arbre», emblématiquement associés dans le dernier vers : «L'arbre qui frissonne et l'oiseau qui pleure», procédé qui contribue à donner au texte une portée symbolique anti-descriptive.

D'autre part, quand l'argumentation du discours moralisant ne repose pas sur le choix d'exemples précis et révélateurs, elle peut être bâtie sur l'emploi de termes généraux (et abstraits). Voici le début de la tirade où Alceste énonce sa vision du monde des hommes, répondant à Philinte qui lui demande si sa haine du genre humain ne souffre pas d'exception :

> *Non, elle est générale, et je hais tous les hommes,*
> *Les uns parce qu'ils sont méchants et malfaisants,*
> *Et les autres pour être aux méchants complaisants,*
> *Et n'avoir pas pour eux ces haines vigoureuses*
> *Que doit donner le vice aux âmes vertueuses.*

La visée du discours est surtout marquée par l'emploi et la répétition de termes généraux («homme», «haine», «vice», «méchant», «âme») associés au pluriel d'extension maximum (cf. article défini).

2) *Présence ou absence du pantonyme*

«Dénomination servant de terme à la fois régisseur, syncrétique, mis en facteur commun à l'ensemble du système[1]», le pantonyme précède généralement l'ensemble des détails ou des qualités qui le caractérisent. Dans la fameuse description de la forêt de Fontainebleau (*L'Éducation Sentimentale*), l'évocation des hêtres, frênes, charmes et autres, est annoncée par la phrase :

---

1. Ph. Hamon, *Introduction à l'analyse du descriptif,* Hachette, Paris, 1983, p. 140.

«La diversité des *arbres* faisait un spectacle changeant». Mais il peut arriver que le pantonyme soit rejeté à la fin, par un effet de dramatisation :

> «... Une sorte de grommellement sortit du coin de la cheminée ; c'était le personnage... Il avait cinq pieds neuf pouces, les paupières un peu tombantes, la chevelure grise, l'air majestueux – et s'appelait *Regimbart*». (*L'Éducation Sentimentale*).

L'absence de pantonyme, quant à elle, peut créer un énoncé morcelé et hermétique, marqué par la non-connexion[1]. Enfin, le titre a fonction de pantonyme : il crée un «horizon d'attente» qui unifie la lecture et l'oriente dans un sens déterminé : nous citions plus haut «Crépuscule» ; on peut aussi songer à «Correspondances», «Harmonie du soir», etc. Dans les cas cités, le titre n'est repris explicitement par aucun mot dans le cours du poème ; il est là pour synthétiser un ensemble épars. On sait d'ailleurs que les surréalistes ont souvent laissé innommé le terme fédérateur, ouvrant ainsi la voie à la lecture plurielle, non orientée.

On peut aussi explorer cette recherche de précision descriptive ou analytique, ou de stylisation, par l'étude de la caractérisation : y a-t-il des syntagmes caractérisants qui se combinent avec substantifs, pronoms ou verbes ? Quel est leur forme (adjectifs/adverbes, compléments de caractérisation, relatives, etc.) ? Leur sémantisme est-il lui aussi précis ou général (*parfait, indicible*, etc.) ?

B. L'identique et le différent

L'analyse comparée de *lévrier* et *setter*, *savoir* et *connaître*, *joli* et *beau*, par exemple, fait apparaître les traits communs et les traits différents de ces couples de mots. La pertinence stylistique de cette étude apparaît dans deux cas importants :

1) (Para)synonymes

La notion de synonymie n'est théoriquement pas facile à définir, et a été souvent remise en cause : «S'il y avait des synonymes parfaits, il y aurait deux langues dans une même

---

1. Voir *supra*, p. 70.

langue», écrit Du Marsais[1]. Notre propos n'étant pas théorique, nous préférons parler, comme le fait C. Fuchs à propos de la paraphrase, d'«équivalence sémantique[2]», les synonymes comportant certes beaucoup de sèmes communs, mais aussi des sèmes différents, qu'il peut être utile de repérer. Très généralement, l'emploi de synonymes traduit une tension dans l'énoncé entre répétition et variation qui peut être étudiée selon des axes différents.

La combinaison de synonymes exprime un souci d'extrême précision descriptive ou analytique. La minutie de l'analyse ou de l'auto-analyse des sentiments, qui définit l'univers de *La Princesse de Clèves*, trouve là un de ses principaux fondements stylistiques ; M. de Clèves vient de s'apercevoir que celle qu'il va épouser n'éprouve pas d'amour pour lui ; voici ce que dit le texte :

> «M. de Clèves se trouvait *heureux* sans être néanmoins entièrement *content*»,

d'où ses paroles :

> «vous n'avez ni *impatience*, ni *inquiétude*, ni *chagrin* (...). Je ne touche ni votre *inclination*, ni votre *cœur*.»

La mise en relation de ces signes infère un langage amoureux codé, avec ses hiérarchies («heureux», «content»), et sa subtilité[3].

Il est encore intéressant d'identifier les sèmes qui différencient les synonymes ; dans les cas où la synonymie s'accompagne de DÉRIVATION (emploi de plusieurs mots de même famille morphologique), la tension entre répétition et variation est l'objet d'un fort marquage. Prenons le cas des adjectifs *charmant* et *charmeur* ; dans «Les chercheuses de poux», Rimbaud les utilise l'un après l'autre :

> «Il vient près de son lit deux grandes sœurs *charmantes*» (première strophe),

puis

> «...leurs doigts fins, terribles et *charmeurs* (deuxième strophe).

---

1. Du Marsais, *Tropes*, 1730.
2. C. Fuchs, *La paraphrase*, P.U.F., Paris, 1982, p. 50.
3. Procédé qui connaîtra une faveur extraordinaire au début du XVIIIe siècle et dans les comédies de Marivaux : distinction *inconstant/infidèle, souhaiter/espérer*, etc. Cf. F. Deloffre, *Une préciosité nouvelle - Marivaux et le marivaudage*, Les Belles Lettres, Paris, 1955.

Une étude affinée du mot *charme* et des désinences-suffixes
-ant et *-eur* montrerait que le premier adjectif a un sens affaibli
et banalisé («agréable», alors que le second, retrouvant
quelque chose du sens ancien de *charme* («sortilège» - cf.
«charmeur de serpents») et terminé, de plus, par le suffixe *-eur*
qui désigne une propriété active, traduit la métamorphose d'une
vision agréable en une vision dangereuse et menaçante (cf.
«terribles»).

Cet effet de «creusement» de la réalité décrite prend parfois
la forme d'une MÉTABOLE (accumulation de plusieurs synonymes pour donner plus de force à l'expression) : «(La mort)
laisse (l'homme) seul *sans force, sans appui, sans ressource*»
(Massillon), ou d'une GRADATION : Proust attribue à Mme de
Cambremer un «tic» stylistique qu'il appelle le «diminuendo»,
et qui porte le nom de gradation descendante ; elle écrit du narrateur qu'elle serait «ravie-heureuse-contente» qu'il vienne
dîner avec elle. Dans cet usage humoristique de la gradation,
notons au passage le renversement de la hiérarchie *heureux-
content*, de Mme de La Fayette à Proust...

La synonymie étendue peut atteindre la dimension d'une
PARAPHRASE qu'on peut, dans une perspective rhétorique,
définir comme une «addition de renseignements secondaires
qui constituent comme autant de commentaires à l'égard de l'information centrale[1]». Dans la version en prose de «L'invitation
au voyage», Baudelaire développe paraphrastiquement, par une
série de relatives, le motif du bonheur :

> «Un vrai pays de Cocagne où tout est beau, riche, tranquille,
> honnête ; où le luxe a plaisir de se mirer dans l'ordre ; où la vie
> est grasse et douce à respirer ; (...) où tout vous ressemble,
> mon cher ange.»

Enfin, quand elle n'est pas bâtie sur une combinaison, la
relation synonymique est bâtie sur une substitution : substitution lexicale, ou périphrase (dite aussi description définie).
Quand, dans «Le chêne et le roseau», La Fontaine écrit :
«L'*arbre* tient bon, le roseau plie», l'effet d'antithèse est renforcé par la substitution de l'hyperonyme *arbre* à *chêne*, grâce à
laquelle les sèmes de «force» et de «solidité» sont plus
nettement actualisés. Quant à la périphrase, elle exprime un
choix encore plus manifeste de sèmes qu'on veut isoler et
imprimer dans le discours ; outre la célèbre opposition

---

1. G. Molinié, *op. cit.*, p. 87.

«Paris»/«capitale de la France», citons, dans cet extrait de Barbey d'Aurevilly, les dénominations successives du receveur des finances qui est aussi grand cuisinier : «ce maître queux de génie poussé en pleines finances», «ce haut personnage dînatoire», où la force ironique de la périphrase est accrue par un néologisme de sens à effet de jeu de mots sur l'adjectif *dînatoire*, qui ne signifie plus – en principe – «abondant comme un dîner» mais «qui donne des dîners abondants» ; le financier a disparu du texte, reste l'orgueilleux cuisinier.

Substitutions lexicales et périphrases correspondent toujours à des attitudes énonciatives marquées, et à des investissements subjectifs d'ordre connotatif dont la seule dénotation ne suffit pas à rendre compte. Dans le texte de Barbey, par exemple, nous avons mis en relation l'usage des périphrases et le regard critique du narrateur.

L'étude de la synonymie déborde de beaucoup le cadre du mot : la linguistique de l'énonciation s'est intéressée à ces phénomènes de «paraphrase pragmatique[1]». Hors contexte, les phrases «il y a des courants d'air», «il fait froid», «j'ai oublié ma veste» ont des significations différentes ; mais dans un contexte donné, on peut être amené à les réinterpréter et à leur donner à toutes, le sens de «ferme la fenêtre» ; c'est ce qu'on appelle la réinterprétation illocutoire[2].

2) Antonymes

Nous entendons ce terme dans son extension la plus large. Peuvent être dits antonymes les termes contraires, qui s'excluent toujours (*vivant* vs *mort*), les termes dits d'opposition polaire entre lesquels existent des intermédiaires (*froid* vs *chaud*), etc.[3] La mise en relation d'antonymes suscite la représentation d'un référent aux caractères contrastés, fait de composantes opposées. Cet extrait du portrait fait par St-Simon de la princesse Palatine montre la complexité et l'hétérogénéité du personnage décrit :

> «(...) *noble* et *grande* en toutes ses manières, et *petite* au dernier point sur tout ce qui regardait ce qui lui était dû.»

1. Cf. C. Kerbrat-Orecchioni, *L'énonciation*, p. 190.
2. Voir *supra*, introduction, p. 8
3. Cf. J. Gardes-Tamine, *La Grammaire*, A. Colin, Paris, 1988, t. I, p. 108.

L'analyse de tous ces traits sémiques permet une approche précise de certaines esthétiques ou courants littéraires, aussi bien qu'une entrée dans le style d'un auteur. «L'hypertrophie du détail vrai», selon le mot de Zola, implique l'accumulation d'hyponymes et caractérise ainsi le mouvement réaliste du XIXᵉ siècle ; chez un auteur comme Saint-Simon, l'usage récurrent d'antonymes est une des marques de sa modernité, puisque, selon E. Auerbach, il suscite la représentation «d'êtres dégagés de l'harmonisation traditionnelle[1].»

C. Les faits de polysémie

Nous concluons cette étude par une approche sémasiologique du mot : la polysémie peut être définie comme l'association d'un signifiant unique et de signifiés multiples (1 Sa = x Sés), ce qui produit des énoncés ambigüs. Cette définition appelle plusieurs remarques :

– Hors de tout contexte un mot a très souvent des sens divers que les dictionnaires se chargent d'identifier. Dans l'énoncé (littéraire ou pas), le co-texte et le contexte limitent fortement l'identification des sens actualisés, et diminuent les risques d'ambiguïté.

– Nous ne nous intéressons pour l'instant qu'à la polysémie dénotative, sans parler ni des connotations, ni des détournements de sens (tropes, ironie, etc.). L'analyse porte sur les points suivants :

1) Syllepse

C'est l'emploi d'un même mot dans deux sens différents. L'ambiguïté est souvent produite par des adjectifs : leur double sens repose alors généralement sur la combinaison d'une fonction de détermination[2] et d'une fonction de caractérisation. Rappelons brièvement que «déterminer, c'est indiquer lequel», c'est identifier le référent du mot (*cf.* opposition article défini qui marque que le référent est identifié – «Le chien a pleuré toute la nuit», on sait de quel chien il s'agit – et l'article indéfini → référent indéterminé) ; pour en revenir aux adjectifs, dans

---

1. E. Auerbach, *Mimesis*, Gallimard, Tel, Paris, 1968, p. 422.
2. On parle aussi d'adjectif de *relation*.

«il habite la maison *paternelle*», l'adjectif «paternel» détermine de quelle maison il s'agit, *la maison du père*. Caractériser, au contraire, c'est indiquer certains traits attribués au référent nommé : dans «avoir une attitude *paternelle*», l'adjectif indique un caractère de l'attitude ; il y a bien sûr un lien sémantique d'implication entre les deux acceptions : «être paternel» c'est avoir une attitude conforme à celle d'un père. Les deux emplois ont des traits syntaxiques distincts. L'adjectif caractérisant peut être utilisé comme attribut, modalisé par des adverbes d'intensité (*moins, très*) etc., ce qui est impossible en cas d'emploi déterminatif. Un exemple littéraire nous montrera les effets que peut avoir la superposition des deux effets de sens : quand il évoque le bruit musical que fait la tempête dans la nature, M. Tournier parle de «musique véritablement *élémentaire*» (il met l'adjectif en italiques) : musique des éléments (détermination)/ musique simple et primitive (caractérisation). La densité sémantique de l'énoncé est accrue et le double sens – mis en évidence par l'adverbe «véritablement» et par l'italique – montre l'émergence textuelle d'un mythe des origines (les éléments), que l'ensemble du roman (*Vendredi ou les limbes du Pacifique*) développe.

2) *Polysémie et homonymie*

En matière de linguistique, la limite entre les deux est difficile à tracer ; les nombreux sens du mot *canard* fondent-ils une relation de polysémie (une entrée dans le dictionnaire) ou d'homonymie (plusieurs entrées) ? Pour l'étude stylistique, notre position est claire : qu'il y ait, hors contexte, polysémie ou homonymie, dans l'énoncé littéraire, l'effet produit est un effet de polysémie. Nous abordons là les cas véritables de lecture plurielle/d'INDÉCIDABILITÉ.

La poésie moderne, qui exploite toutes les virtualités signifiantes du mot, a largement usé de la polysémie. Un des cas les plus exemplaires est sans doute F. Ponge. Sans entrer dans le détail de sa poétique, citons quelques exemples : à la fin du poème «Le pain», Ponge écrit : «Mais *brisons-la* ; car le pain doit être dans notre bouche, moins objet de respect que de consommation» (*brisons-la* = rompons le pain/achevons) ; dans un poème intitulé «La mousse» : «tout au monde pris dans un embarras inextricable et *bouclé* là dessous, s'affole, trépigne, étouffe» (*bouclé* = frisé/enfermé). La poésie substitue à une logique argumentative une pensée associative, aux contours beaucoup plus incertains.

L'ambiguïté sémantique est productrice d'effets particuliers au théâtre, où elle porte le nom de QUIPROQUO. Prenons celui qui se trouve dans la scène de *L'École des Femmes*, où Agnès croit qu'Arnolphe désire lui faire épouser Horace alors qu'il veut l'épouser lui-même. Le quiproquo a pour point de départ le double sens de la construction «marier quelqu'un» : «Et pour vous marier, on me revoit ici», dit Arnolphe : double sens de «donner en mariage» et de «épouser». Molière exploite avec virtuosité cette ambiguïté dans les répliques qui suivent[1].

Comme dans le cas de la synonymie, le champ d'application de la notion déborde de beaucoup le cadre du mot. Une phrase entière peut être ambiguë : «Je ne suis pas plus indiscret que je ne suis curieux», dit Fantasio dans la pièce de Musset du même nom. Il n'est pas étonnant que la pragmatique, qui étudie les actes de parole et les procédures de réinterprétation qui permettent de trouver le *sens* de l'énoncé se soit intéressée à cette notion : la pratique consciente de l'ambiguïté est révélatrice d'une certaine stratégie, d'où son efficacité particulière dans le domaine du théâtre ou dans les énoncés polémiques.

Nous avons, jusqu'à présent, envisagé les relations sémiques sur l'axe paradigmatique, sans nous interroger sur la façon dont les isotopies s'enchaînent dans le texte pour le structurer. L'axe syntagmatique, celui des enchaînements, est l'objet des études de la grammaire de texte à laquelle nous empruntons les notions qui suivent[2].

4. L'enchaînement des isotopies

La construction d'un énoncé est régie par une double contrainte : la cohérence, qui impose la répétition, et la progression, qui impose la variation. Il est, en l'état actuel des

---

1. Quiproquo analysé dans les *Commentaires stylistiques*, de J.L. de Boissieu et A.M. Garagnon, SEDES, Paris, 1987, p. 46-55.
2. Cf. B. Combettes, *Pour une grammaire textuelle*, De Boeck-Duculot, Paris, 1988.

recherches, très difficile d'établir une typologie des énoncés à partir de l'opposition répétition-variation. Seul l'énoncé poétique a été systématiquement étudié de ce point de vue, avec rigueur et précision, par J. Molino et J. Gardes-Tamine[1]. Nous nous contenterons donc du repérage de quelques dominantes, contextuellement identifiées.

A. Tendance à la cohésion

1) L'énoncé à thème constant [2]

Le thème initial est repris. Le mot-thème peut être répété avec variation de déterminant :

> «J'avais acheté *un planisphère* céleste pour étudier les constellations. J'avais attaché *ce planisphère* sur un châssis...»
>
> (Rousseau)

Il peut être représenté par un pronom anaphorique :

> «Sur le perron, une dame apparut (...). *Ce* n'était plus la fillette blonde et fade (...), *c*'était une mère (...). *Elle* me souhaita la bienvenue».
>
> (Maupassant)

ou par un substitut lexical, fréquent par exemple, dans les *Fables* de La Fontaine :

> «Un loup survient à jeun...
> ... Qui te rend si hardi de troubler mon breuvage ?
> Dit *cet animal* plein de rage».

Nous retrouvons ici, différemment orientés, des éléments étudiés dans la synonymie. L'élément stylistiquement le moins marqué est le pronom anaphorique, qui permet d'éviter de la façon la plus simple la répétition ; le lecteur peut s'interroger sur le choix de la répétition ou du substitut lexical. Dans une perspective plus rhétorique, il sera sensible aux diverses formes de la répétition, étudiées dans le chapitre sur la phrase[3], qui peuvent renforcer la cohésion d'une expressivité musicale et rythmique dont la portée est à identifier contextuellement.

---

1. *Op. cit.*, tome II, chapitre 3, p. 116-169.
2. B. Combettes, *op. cit.*, p. 95.
3. *Infra*, chap. 5.

2) L'énoncé à thèmes dérivés[1]

Un thème général (dit «hyperthème») éclate en sous-thèmes développés par l'énoncé (*cf.* hyperonymes et hyponymes). Ce mode de construction est fréquent dans les descriptions et dans les analyses. Dans l'extrait des *Mots* qui suit, Sartre explique le développement et la construction de son «moi» adulte par le motif dominant de la religion :

> «J'avais trouvé *ma religion* : rien ne me parut plus important qu'un livre. La bibliothèque, j'y voyais un *temple* (…). J'allais, je venais sur le balcon (…), je rentrais dans la *CELLA* ou dans le *PRONAOS*, je n'en descendais jamais *EN PERSONNE* : quand ma mère m'emmenait au Luxembourg, (…) je prêtais ma *guenille* aux *basses contrées* mais mon *corps glorieux* ne quittait pas son perchoir, je crois qu'il y est encore.»

B. Tendance à la progression

Celle-ci s'effectue sur le mode linéaire : «un élément décrit entraîne l'apparition d'un nouvel élément, lui-même repris à son tour, comme thème d'une nouvelle phrase[2]». Dans le texte de P.J. Jouve qui suit (*Paulina 1880*), les sept premières phrases du paragraphe sont à thème constant ; la construction est renforcée par l'anaphore fréquente du «elle» :

> «Elle adorait un chevreau à la ferme de Torano (…). Elle l'enfermait dans ses bras (…)».

Mais la narration change brutalement de sens, par l'apparition du fermier :

> «Le fermier, qui n'aimait pas Paulina, fit savoir qu'il égorgerait cette bête comme les autres.»

Le surgissement d'un nouvel ACTANT, qui est présenté comme le thème, le point de départ de la phrase, est une des marques fréquentes de la dramatisation de l'énoncé. Cette dramatisation est ici renforcée par l'asyndète (absence de lien de coordination). Cette progression est à relier à l'introduction d'une ALLOTOPIE, d'un élément de rupture, qui oriente l'énoncé différemment.

---

1. B. Combettes, *op. cit.*, p. 97.
2. *Id. ibid.*, p. 93.

L'étude de la dénotation est donc essentielle pour percevoir le mode de construction d'un référent. Mais cette approche reste descriptive ; on peut la considérer comme un constat en attente d'interprétation. C'est l'étude de la CONNOTATION qui permet de passer de la description à l'interprétation, et d'avoir une vision plus englobante de l'univers du créateur.

LECTURES CONSEILLÉES

B. COMBETTES
  Pour une grammaire textuelle, Duculot, Paris, 1988.

J. GARDES-TAMINE
  La Grammaire, A. Colin, Paris, 1988.

Ph. HAMON
  Introduction à l'analyse du descriptif, Hachette, Paris, 1983.

P. LERAT
  Sémantique descriptive, Hachette, Paris, 1983.

J. PICOCHE
  Précis de lexicologie française, Nathan, Paris, 1977.

F. RASTIER
  Sens et textualité, Hachette, Paris, 1989.

II. La connotation :
les marques de la subjectivité

1. Position de la question

En analysant la problématique associée aux notions d'émetteur, de récepteur et de discours, dans le discours littéraire, nous avons montré l'insuffisance du triangle sémiotique qui met en relation signifiant-signifié et référent. La même insuffisance apparaît quand on étudie les mécanismes de production du sens. En effet, si le triangle sémiotique rend compte de la création d'un univers de référence et du sens dénotatif, il ne permet pas de saisir la spécificité du discours littéraire.

«Votre ciel voluptueux, la *vénusté* des flots qui vous *lavent*, me trouvent aussi sensible que je le fus jamais», prononce Chateaubriand s'adressant à Venise. Les deux mots en italiques sont dénotativement équivalents à «la beauté des flots qui arrosent votre rivage». Qu'apporte l'utilisation des termes différents ? Ce sont des latinismes, l'un de forme (*vénusté*), l'autre d'emploi (*laver*), signes de poétisation de l'énoncé et d'idéalisation du référent (*vénusté* étant de plus, morphologiquement issu de «Vénus»). Deux éléments ajoutés au sens dénotatif ont été identifiés : le latinisme, les effets de poétisation-idéalisation. Ces «suppléments» qui «n'affecte(nt) pas la vérité de ce qui est dit[1]» forment la connotation du mot. Ce terme, renvoyant selon

---

1. R. Martin, *op. cit.*, p. 16.

certains à un «concept flou», peut donc être défini comme un «signifié dérivé et second[1]», c'est-à-dire une «valeur ajoutée[2]» au signifié de dénotation. Il est nécessaire de hiérarchiser les éléments :

– Le marqueur de connotation (le signifiant de connotation) est ici l'emprunt au latin.

– Ce qui est marqué par cet emprunt (le signifié de connotation) c'est la poésie/l'idéalisation. Seule l'étude de ce signifié est proprement stylistique : repérer le latinisme ne fait sens que par cette analyse. Or, ce signifié, dans le discours littéraire, met en jeu toute la sphère subjective de l'énonciateur ; l'étude de la connotation littéraire est donc intrinsèquement liée à celle de l'énonciation entendue comme ensemble de «procédés linguistiques par lesquels le locuteur imprime sa marque à l'énoncé, s'inscrit dans le message (implicitement ou explicitement) et se situe par rapport à lui[3]».

L'étude de la connotation passe par un essai de réponse à deux questions.

a) Existe-t-il des marqueurs de connotation *linguistiquement identifiables ?*

Notre propos est d'abord de repérer ces *signifiants de connotation*. Ils appartiennent à deux catégories :
– ceux qui relèvent d'un code (modalisateurs, appréciatifs) ou d'un sous-code (emprunts) ;
– ceux qui relèvent d'une parole individuelle et qui ne peuvent être repérés que par association.

b) Y a-t-il des ensembles de référence identifiables, des signifiés de connotation *où se repère l'engagement subjectif de l'émetteur ?*

De façon très simplifiée, nous les rattachons à quatre grands ensembles interprétatifs :

– *Engagement affectif* : c'est le signifié de connotation le plus généralement retenu, celui qui est traduit par les méta-

1. M. Arrivé *et al. op. cit.,* voir article «Connotation».
2. J. Mazaleyrat, G. Molinié, *Vocabulaire de la stylistique,* PUF, Paris, 1989, article «Connotation».
3. C. Kerbrat-Orecchioni, *L'énonciation...,* p. 32.

phores du «halo», de la «résonance», etc. A travers lui, se lit
«l'engagement émotionnel de l'énonciateur dans l'énoncé[1]»,
c'est-à-dire sa réaction vis-à-vis d'un objet perçu comme
agréable ou désagréable : le mouvement affectif va de
l'EUPHORIQUE au DYSPHORIQUE.

— *Engagement axiologique* : connotation implique là, jugement de valeur, du valorisant-LAUDATIF au dévalorisant-PÉJO-
RATIF. Ce jugement se fait par référence à des normes,
personnelles ou collectives, essentiellement morales (bien/mal)
ou esthétiques (beau/laid). L'étude de cette connotation permet
d'appréhender, par le repérage de «foyers normatifs[2]», l'idéologie de l'émetteur.

— *Engagement esthétique* : le choix d'un genre qui implique
la présence textuelle de prescriptions, de contraintes historiques
d'ordre socio-culturel. L'étude des emprunts, en particulier de la
notion de TOPOS (lieu commun) fournira le cadre essentiel de
nos analyses.

— *Engagement symbolique* : par ce mot flou, nous voulons
parler de l'ensemble des possibilités associatives actualisées
dans un texte, qu'on peut appeler associations libres, qui enga-
gent l'univers imaginaire du créateur. Elles permettent d'appréhender la *spécificité littéraire* d'un discours et dans une
perspective qui n'est pas ici la nôtre, le style d'un auteur. Nous
verrons dans la dernière partie de notre chapitre, quelques
pistes d'étude de ces réseaux associatifs.

Plusieurs de ces quatre ensembles connotatifs peuvent
d'ailleurs être superposés ; dans le vers de Verlaine «Vous souvient-il, cocodette un peu mûre...» qui ouvre le poème
Dédicace, la connotation péjorative du néologisme «cocodette», est associée une réaction de déplaisir (affectif) ; elle est en
contraste avec la connotation laudative, associée à une réaction
de plaisir, de l'archaïsme de construction «vous souvient-il».
Cette opposition entre la vision valorisante et nostalgique du
passé et la dévalorisation d'un présent mal vécu, fonde de plus
le genre élégiaque, tourné en dérision par l'opposition spectaculaire des «codes» (archaïsme/néologisme).

Lire un texte littéraire, c'est prendre en compte les divers
plans de lecture et les associer : «décrire un texte littéraire, c'est
essentiellement dépister les réseaux connotatifs qui le traver-

---

1. C. Kerbrat-Orecchioni, *op. cit.*, p. 106.
2. Ph. Hamon, *Texte et idéologie*, PUF, Paris, 1984.

sent et le structurent[1]». Ce repérage doit tenir compte de la spécificité du texte et de son appartenance (à un genre, une époque...). On peut dire avec P. Ricœur que dans le discours littéraire, «plusieurs choses sont signifiées en même temps, sans que le lecteur soit requis de choisir entre elles[2]». La présence des marqueurs de connotation engage donc tout l'univers subjectif de l'émetteur saisi dans sa complexité.

Nous abordons l'étude de la connotation (entendue comme ensemble des «signifiés de connotation», ou des «valeurs connotatives»), par l'analyse des marqueurs-signifiants de connotation.

2. De la dénotation à la connotation. Marqueurs de subjectivité inscrits dans la langue

A. *La modalisation*

Elle a été définie comme «le processus par lequel le sujet de l'énonciation manifeste son attitude à l'égard de son énoncé[3]». Dans une perspective volontairement peu extensive nous associerons modalisation et «assertion complémentaire» (E. Benveniste) par laquelle le sujet de l'énonciation renforce, nuance ou rectifie son propos[4]. Nous limitons donc notre étude aux jugements de vérité explicite, qu'en termes logiques on appelle jugements épistémiques[5] (certain/incertain//probable/ improbable). Nous excluons du champ de notre étude :
– Les modalités aléthique et déontique : la première pose sans modalisation la vérité d'un contenu propositionnel en termes de possible/impossible//nécessaire/contingent (ex. : «Pierre *peut* courir longtemps, il est à cette heure-ci *nécessaire-*

---

1. C. Kerbrat-Orecchioni, *op. cit.*, p. 199.
2. In *La Métaphore vive*, cité par C. Kerbrat-Orecchioni, *op. cit.*, p. 205.
3. M. Arrivé *et al., op. cit.*, p. 389.
4. Nous empruntons ces termes à la *Syntaxe du français*, d'O. Soutet, PUF, «Que sais-je ?», Paris, 1989, p. 122.
5. *Épistémique* se rattache au grec *épistémè* : connaissance ; *aléthique* se rattache à *aletheia* : vérité ; *déontique* se rattache à *ta deonta* : ce qu'il faut.

ment arrivé») ; la seconde pose un devoir en référence aux catégories : prescrit/interdit//permis/facultatif[1].
- Les modalités de la phrase[1].
- Les modes verbaux[1].

Nous nous proposons donc d'identifier les principales marques où apparaît «l'univers de croyance»[2] de l'énonciateur.

En termes simplificateurs, un locuteur peut se demander si l'assertion qu'il est en train de faire est vraie ou fausse, si elle appartient ou non à son univers de croyance, à ce qu'il tient pour vrai : la modalité assertive est l'affirmation de la valeur de vérité de l'énoncé (*Il pleut*). Par l'usage des modalisateurs, nous l'avons dit, le locuteur renforce, nuance ou rectifie la portée de l'assertion qu'il est en train de faire. Ceux-ci marquent donc le «degré d'adhésion[3]» du locuteur à ses assertions. Les marques de cette modalisation ont, comme on s'en doute, été précisément étudiées par la linguistique de l'énonciation. Nous en citons quelques-unes :

a. Verbes (*je sais, je suis certain, je me demande si, on peut penser que, il doit* + infinitif (ex. *il doit avoi*r six ans) – présomption de vérité –, *il prétend que* – présomption de fausseté – etc..) ; substantifs (*une espèce de, une apparence de,* etc.) ; adjectifs (*douteux, soi-disant, prétendu,* etc.) ; adverbes (*comme, presque, trop,* etc.).

b. Les marques de l'articulation logique du propos :
- celles qui mettent en perspective la vérité du *dit*, à savoir :
  • adverbes d'assertion (*certainement, évidemment, sans doute, peut-être,* etc.) ;
  • connecteurs argumentatifs : d'une façon quelque peu restrictive, nous dirons que cette catégorie recouvre une grande partie de ce qu'on nomme traditionnellement «adverbes de liaison» : *en réalité, de plus, toujours est-il que, d'ailleurs, cependant,* etc. Par l'insertion de ces liens logiques dans la chaîne de son discours, le locuteur peut confirmer la vérité de ses propos, l'infirmer ou émettre sur elle des réserves ;
- celles qui mettent en perspective la vérité du *dire*, à savoir :
  • éléments adventices par lesquels le locuteur légitime

---

1. Pour l'examen de la notion de modalisation, nous renvoyons aux analyses méthodiques de J. Cervoni, *L'énonciation*, PUF, Paris, 1987, p. 65-102.
2. R. Martin, *op. cit.*, v. en particulier p. 36-38.
3. C. Kerbrat-Orecchioni, *op. cit.*, p. 118.

son dire ; adverbes d'énonciation (*franchement, sincèrement,* ex. : «franchement, vous me plaisez») ; groupes syntaxiques non propositionnels (*en toute honnêteté, à vrai dire, entre nous,* etc.) ; ou propositionnels (*si je puis me permettre, si j'ose dire,* etc.)[1] ;

• connecteurs pragmatiques, qui introduisent un nouvel acte de parole justifiant le propos auquel ils sont liés (*car, puisque, mais*)[2].

Une approche typologique des énoncés peut être tentée à partir de l'étude des modalisateurs. En effet, une fois encore, c'est dans les énoncés où le discours est assumé par un *je* (le théâtre, le sermon, les passages au discours direct, etc.) qu'ils sont le plus fortement attendus. Dans *Le Misanthrope*, par exemple, une des caractéristiques du langage d'Alceste est qu'il modalise fréquemment son propos : «Hors de la Cour, *sans doute*, on n'a pas cet appui», «Je ne m'attendais pas, *je l'avoue*, à ce trait», «Mais, *à vous dire vrai*, ce n'est pas encor tout», etc. L'ensemble des modalisateurs est la marque d'une prudence langagière qui cache mal le besoin d'affirmer sa subjectivité et de faire de *sa* vérité *la* vérité.

Hors du pur discours on peut aussi étudier les genres et les auteurs où se trouvent les modalisateurs de vérité les plus nombreux. On sait que dans les énoncés argumentatifs, la complexité du raisonnement peut se marquer de cette façon ; dans la fiction romanesque, l'un des auteurs qui rompt le plus souvent le «pacte d'objectivité» que semble inférer la présence de la troisième personne est Stendhal ; nous parlons ici, non des intrusions explicites du narrateur («notre héros», etc.)[3], mais de la mise en perspective du récit ; citons, presque au hasard :

> «Julien était *trop* malheureux et *surtout trop* agité *pour* deviner une manœuvre de passion aussi compliquée ; *encore moins* put-il voir tout ce qu'elle avait de favorable pour lui ; il en fut la victime ; jamais *peut-être* son malheur n'avait été aussi excessif».

Paradoxalement, un adverbe comme «peut-être» produit un «effet de vérité» plus grand qu'une phrase assertive. Dans le psycho-récit[4], montrer ses hésitations est une ruse narrative, et

---

1. O. Soutet, *op. cit.*, p. 122.
2. D. Maingueneau, *op. cit.*, chap. 7, p. 131 et ss.
3. Analysée par G. Blin dans son ouvrage fondateur *Stendhal et les problèmes du roman*, J. Corti, Paris, 1954.
4. Cf. D. Cohn, *op. cit.*

de telles stratégies sont constitutives de l'univers stendhalien[1].
Ici le psycho-récit est, de plus, mis en perspective par le
système corrélatif *trop... pour...* (adverbe modalisateur d'intensité + infinitif de conséquence) et par le connecteur *encore
moins* qui introduit une gradation. Qu'on pense aussi à l'incipit
du roman *Le Rouge et le Noir* : «La petite ville de Verrières
peut passer pour l'une des plus jolies de la Franche-Comté».
Dès la première phrase, le narrateur marque sa distance critique, ici vis-à-vis de l'opinion commune. C'est le seul jeu des
modalisateurs qui en rend compte.

En dehors de ces marques, par lesquelles le sujet de l'énonciation exprime de façon explicite une position subjective, il
existe d'autres éléments linguistiques où s'exprime de façon
directe l'appréciation de l'énonciateur, appréciation d'ordre
affectif et/ou axiologique.

B. Autres marqueurs de subjectivité

1) Marqueurs affectifs

Ils n'ont d'existence que quand le discours est assumé par un
je (théâtre, sermon, poésie lyrique, style direct, etc.).
Interjections («Zut !», «Chic !», «Hélas !»), adverbes («par
chance», «heureusement»), modalité de la phrase (modalité
exclamative) sont les principaux marqueurs. On peut ajouter
des marques syntaxiques (l'antéposition de l'adjectif ajoutant le
sème «affectivité» : «Mais le *vert paradis* des amours enfan-
tines»), et aussi des emplois déviants de certains morphèmes :
les déterminants en modalité exclamative peuvent eux aussi se
charger du sème «affectivité» («*le* bel homme !», «il fait *un*
vent !», «elle *a un de ces* mal de tête[2] !», etc.), de même que
certaines transpositions de personne et de temps, dites ÉNAL-
LAGES[3] («*il était* mignon, le bébé», avec imparfait dit hypoco-
ristique ou le «*Néron* est amoureux» dit par Néron à Narcisse
dans *Britannicus*). C'est aussi le cas de certains suffixes
(«mignonn*ette*», «saut*ill*er», où le suffixe diminutif se charge
du même sème connotatif «affectivité»).

---

1. Cf. «le désir de paraître et le désir de disparaître» étudié par J. Starobinski
dans *L'Œil vivant*, «Stendhal pseudonyme», Gallimard, Paris, 1961, p. 204.
2. Pour l'emploi du singulier «mal», v. J.C. Milner, *De la syntaxe à l'interprétation*, Seuil, Paris, 1978, p. 329.
3. C. Kerbrat-Orecchioni, *op. cit.*, p. 62.

Dans le récit à la troisième personne, la présence de ces marqueurs signale l'intrusion de la voix du narrateur, comme dans les phrases exclamatives qui ponctuent les récits balzaciens ou dans telle phrase de M. Proust :

> «*Malheureusement*, si les yeux sont quelquefois l'organe où se révèle l'intelligence, le nez (...) est généralement l'organe où s'étale le plus aisément la bêtise.»

L'adverbe connote à la fois un jugement péjoratif et un mouvement affectif de regret qui est une touche ironique dans le contexte (portrait de M. de Cambremer).

Reste le cas des marqueurs lexicaux, aux contours et aux limites beaucoup plus flous, d'autant plus que connotations affective et axiologique sont souvent superposées : substantifs «terreur», «horreur», «ravissement», adjectifs «poignant», «drôle», «pathétique[1]», verbes de sentiment «se douter», «détester», etc. Nous le rappelons, ces mots n'impliquent réaction émotionnelle que quand le sujet parlant est explicitement présent. Dans les autres cas, le discours relève de l'analyse : «Je déteste le fromage» vs «Pierre déteste le fromage», ou encore «Le chameau[2] !» vs «Sa mère est un chameau».

2) Marqueurs axiologiques

Ils manifestent, de la part de l'énonciateur, «une prise de position en faveur, ou à l'encontre, de l'objet dénoté[3]», et impliquent un jugement de valeur, essentiellement de type «bon/mauvais» ou «beau/laid» (moral ou esthétique). Nous sommes là en pleine subjectivité langagière : il est certain que n'importe quel mot, si «objectif» soit-il – «roux», «célibataire», «parler», «pluie» – peut se charger de connotations axiologiques et/ou affectives. Nous reverrons cela dans la dernière partie du chapitre. Nous parlons ici des termes explicitement évaluatifs, dans lesquels la connotation est quasiment «contrainte». Certains suffixes sont porteurs d'une connotation axiologique : «valet*aille*», «rim*aill*er», «parl*ot*er», «jaun*asse*», etc. Comme marqueurs lexicaux, on peut citer les substantifs : «c'est un *imbécile*/c'est un *génie*», les adjectifs «bon», «beau»,

---

1. Le classement des adjectifs proposés par C. Kerbrat-Orecchioni est repris par D. Maingueneau, *op. cit.*, p. 111-113.
2. L'étude de ces substantifs en emplois de «noms de qualité», sans autonomie référentielle, se trouve dans l'ouvrage de D. Maingueneau, p. 36-37.
3. C. Kerbrat-Orecchioni, *op. cit.*, p. 91.

les verbes «vociférer», «puer», «se vanter», «épargner[1]», les adverbes «énergiquement», «prudemment», etc. Tous ces termes ont des connotations relativement stables. Leur usage est particulièrement fréquent dans les portraits, que ceux-ci soient marqués par l'homogénéité ou l'hétérogénéité[2] ; dans la description de Mlle Bérard comme «une fort petite personne sèche de quarante-cinq à cinquante ans, au nez pointu, au regard faux» (*Lucien Leuwen*), tous les adjectifs caractérisants sont porteurs d'une connotation péjorative. En revanche, dans la phrase suivante de Balzac, la relation concessive souligne l'hétérogénéité de la description et oriente l'énoncé du côté du péjoratif :

> «Sa figure, quoique *fine* dans le tour des yeux et du front, péchait en bas par des contours *communs*»
>
> (*La Vieille Fille*).

Les analyses que nous venons de proposer sont fondées sur les valeurs connotatives intrinsèquement associées à certains éléments du code linguistique, tous porteurs d'une fonction caractérisante. Nous allons maintenant étudier d'autres marqueurs de connotation dont le fonctionnement est plus complexe et dont les valeurs connotatives sont variables en fonction de la situation d'énonciation, et donc moins explicites.

3. Connotations liées aux emprunts (codes socio-culturels spécifiques)

A. Description du mécanisme

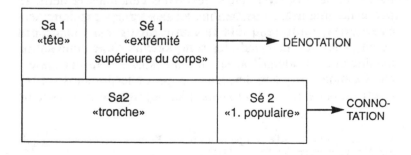

---

1. C. Kerbrat-Orecchioni, *op. cit.*, p. 73, p. 84 et p. 107-109.
2. Ph. Hamon, *Introduction à l'analyse du descriptif*, p. 111 à 117.

Soit l'opposition «tête» - «tronche». Ces termes sont dénotativement équivalents ; le second est emprunté à un sous-code linguistique propre à une communauté socio-culturelle (langue populaire).

On peut se référer pour l'analyse de ces marqueurs aux notions de SOCIOLECTE et d'IDIOLECTE. Le sociolecte est l'ensemble des traits linguistiques – de tous niveaux – propres à une communauté socio-culturelle, l'idiolecte l'ensemble des traits linguistiques propres à un individu particulier. Si l'on accepte l'idée d'une sorte de *sociolecte neutre*, langage «commun», langage «de tous» – nous n'entendons pas problématiser ces notions pourtant si problématiques – on parlera de connotation chaque fois qu'apparaît un sociolecte marqué. Mais dans le discours littéraire, de tels emprunts sont la marque d'actes de paroles spécifiques. On atteint un second niveau de connotation qui est décrit dans le tableau suivant :

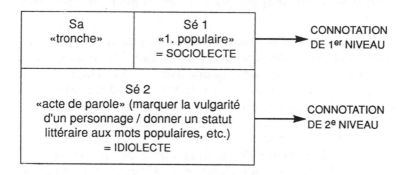

Sa «tronche»	Sé 1 «1. populaire» = SOCIOLECTE	CONNOTATION DE 1er NIVEAU
Sé 2 «acte de parole» (marquer la vulgarité d'un personnage / donner un statut littéraire aux mots populaires, etc.) = IDIOLECTE		CONNOTATION DE 2e NIVEAU

Dans le discours littéraire, c'est le Sé2 qui constitue le véritable acte stylistique. D'une façon synthétique, dans l'étude de ces marqueurs de connotation, notre perspective est la suivante : emprunter c'est «parler comme». Il y a donc dans l'emprunt quelque chose qui est toujours de l'ordre de la citation du langage d'autrui. Nous retrouvons sur notre chemin la «polyphonie énonciative», et la problématique de l'emprunt peut être ainsi formulée : dans le discours littéraire l'émetteur fait-il sien cet emprunt ? L'intègre-t-il à son propre idiolecte et en assume-t-il toutes les connotations ? Au contraire, délègue-t-il de façon marquée son énonciation à un émetteur second, la source de l'emprunt ? Quelle distance évaluative, quel regard sont alors les siens ?

B. Marquage diachronique

1) L'archaïsme

On peut distinguer l'archaïsme lexical (mots sortis de l'usage) : «(...) le brouillard d'automne qui cache les hameaux pauvres et *vergogneux*»(Apollinaire), de l'archaïsme sémantique (mots ayant subi un changement de sens)[1] : «Ma France, mon ancienne et nouvelle *querelle*» (Aragon). Mais on mentionnera aussi l'archaïsme syntaxique (*vous souvient-il ?*) et l'archaïsme graphique (*petite oye*), tous deux présents dans le poème de Verlaine «Dédicace». On ne saurait confondre l'archaïsme lexical avec les mots de civilisation, qui évoquent un référent disparu (*haubert, écu, cotte de mailles*, etc.) ; le «genre troubadour», au XIXᵉ siècle, est plutôt caractérisé par l'emploi de mots de civilisation que par celui d'archaïsmes. Un poète comme Aloysius Bertrand, pour sa part, combine les deux procédés.

La résurgence d'un langage passé est la marque la plus efficace de l'effet de couleur locale historique. Elle correspond à deux ensembles d'attitudes énonciatives : l'élévation du niveau de langue et l'idéalisation du référent évoqué (cf. exemples d'Apollinaire et d'Aragon). Mais l'émetteur semble parfois déléguer l'archaïsme à une instance énonciative seconde ; cette mise à distance imprime dans l'énoncé une tonalité ludique : on entre dans le domaine du pastiche ou de la parodie, comme dans le titre du premier chapitre de *Candide* : «Comment Candide fut élevé dans un beau château et comment il fut chassé d'*icelui*» : dès l'ouverture, la parodie du roman d'aventures, héroïque et sentimental, introduit le lecteur dans le domaine d'une certaine fiction romanesque[2].

2) Le néologisme

Il existe, comme pour l'archaïsme, deux types de néologismes : néologisme lexical (création de mots), néologisme

---

1. Pour l'opposition lexical-sémantique, cf. chapitre 3 p. 67-68.
2. Cf. analyse de J. Starobinski citée par J. Goldzink dans son édition de *Candide* (Magnard, Paris, 1987).

sémantique (introduction de sens nouveaux). C'est surtout par l'usage de ce dernier que se renouvelle la langue, mais il est plus mouvant et plus insaisissable : les variations de datation des dictionnaires en sont un témoignage. Nous parlons ici des néologismes lexicaux dans le discours littéraire. On sait que, pour la création des lexies, deux points de vue s'opposent historiquement : attitude libérale/attitude restrictive[1]. Les courants de la Pléiade, de la «Néologie» du XVIIIe siècle (cf. Sébastien Mercier), du symbolisme, sont parmi ceux qui incarnent l'attitude libérale, invitant à un renouvellement et/ou à un enrichissement du stock lexical.

Les limites du néologisme sont difficiles à fixer : il est facilement identifiable quand il y a préfixation ou suffixation : chez les symbolistes, les suffixes *-ment, -aison,* et *-ance* sont particulièrement productifs (*graillonnement, contagionnement* chez Proust, *cueillaison* chez Mallarmé, *irradiance* et *souriance* chez Verlaine, etc.). La formation de «mots-valises» est aussi un procédé aisément repérable : qu'on pense aux mots *voluptés, délévrer, sangsuelle* de Laforgue, au verbe *radioter* de Gracq, etc.

Mais la dérivation impropre, beaucoup moins voyante, est aussi un mode de création de mots : la substantivation de l'adjectif (*le rare, l'étroit*) est fréquente au XVIIe siècle et encore chez St-Simon. Reste le cas des HAPAX, mots de fantaisie créés par l'écrivain, qui n'ont qu'une occurrence (Rabelais, H. Michaux en ont produit). Nous n'évoquons qu'en passant les emprunts aux langues étrangères («fiasco», introduit en français par Stendhal avec un sens très précis).

Le goût pour le néologisme correspond à plusieurs attitudes : désir d'enrichir la langue, recherche de mots différents des mots de la tribu (cf. les «impollués vocables» des Décadents), que celle-ci soit motivée par un goût pour l'excentricité et la fantaisie verbale ou par une recherche de la nuance et d'un pouvoir d'évocation accru (le suffixe *-ance* paraît aux symbolistes apporter un sème nouveau : *luisance ≠ lueur*).

---

1. A ce sujet, consulter S. Ullmann, *Précis de sémantique française*, éd. Francke, Berne, 4e éd. 1969, p. 172-179.

C. Marquage géo-linguistique

Nous parlons là de l'usage de mots étrangers ou régionaux. La motivation de ces emprunts a des points communs avec celle des archaïsmes ou des néologismes :

   – désir de couleur locale et introduction d'une touche de pittoresque descriptif par l'image d'un référent éloigné, parfois inconnu du récepteur («les feuillages des filaos» chez Cendrars) ;
   – connotations affectives (régionalismes de Colette, belgicismes de Rimbaud) ;
   – distance évaluative du narrateur qui délègue à un émetteur second l'énonciation du mot étranger. Dans le style direct, les mots étrangers mettent en évidence un trait du personnage et on peut évoquer les mots anglais d'Odette de Crécy ou d'Adrien Deume dans *Belle du Seigneur* et les connotations associées de snobisme et de prétention. Quand on trouve ce lexique dans la narration, le langage du narrateur semble contaminé par celui des personnages : les nombreux mots anglais qui émaillent les descriptions de G. Perec dans *Les Choses* en sont un exemple. Cette pseudo-contamination a une portée souvent ironique.

D. Marquage socio-culturel

1) Le lexique technique

Dans un article fondamental sur le discours réaliste[1], Philippe Hamon a montré le rôle que jouent ces emprunts aux langages spécialisés de groupes socio-professionnels : domaines sportif, juridique, scientifique, linguistique, etc. Ils sont parmi les marqueurs les plus efficaces de l'impression référentielle : le lexique technique est en effet monosémique (à un signifiant correspond un seul signifié) et visé à la transparence, c'est-à-dire à la représentation non médiatisée du monde réel : *brocarts, damas, satins Renaissance*, et les autres noms de tissus et de dentelles qu'on trouve dans *Au bonheur des dames*, sont des opérateurs de MIMÉSIS.

Ces emprunts peuvent être considérés comme des écarts par rapport à une norme littéraire imaginaire et inconsciemment

---

1. Ph. Hamon, *Poétique 16* , «Un discours contraint».

idéalisée : ils marquent en effet l'intrusion dans un discours de fiction d'un monde socialisé, du monde le plus en prise sur la réalité qui soit, le moins imaginaire donc. Mais une fois encore, l'attitude énonciative de l'émetteur doit être prise en compte : comme l'écrit un critique, le lexique technique n'a pas la même fonction chez Zola et chez Apollinaire. Il est prévisible dans un monde où les personnages sont en grande partie définis et déterminés par leur milieu socio-professionnel : on retrouve là l'un des enjeux du naturalisme. L'emploi de ces mots procède d'une délégation d'énonciation faite du narrateur aux personnages, à moins que le langage des personnages n'ait contaminé celui du narrateur ; quoi qu'il en soit, ce langage n'appartient pas à l'idiolecte du narrateur, il est spectaculairement exhibé et mis à distance par celui-ci.

En revanche, dans «La Chanson du Mal-Aimé» par exemple, Apollinaire associe des termes techniques, ou mots de civilisation, il n'est pas toujours facile de distinguer les deux – comme *gin, électricité, tramways, siphons* – et des mots plus prévisibles dans un discours poétique comme *lyre, triste, mélodieux, complainte*. Il intègre ainsi un lexique technique à un énoncé marqué par la présence de traits traditionnellement poétiques – ne serait-ce que la forme versifiée –, et par cette alchimie, son œuvre devient le point de réfraction des mondes de la tradition et de la modernité enfin rassemblés. Paradoxalement, et dans la poésie de façon très marquée, l'association de termes évoquant des référents très éloignés produit un fort effet de littérarité et de poéticité, la littérature devenant le lieu où le monde se structure, trouve une unité et un sens.

Mais la réception par le lecteur de ce lexique reste aléatoire : les termes techniques ont souvent besoin de notes explicatives sans lesquelles ils sont incompréhensibles : ce sont des ASÉMANTÈMES (c'est-à-dire des signifiants auxquels on n'attribue aucun signifié et aucun référent). Dans ce passage de *A rebours* : «(...) pots pleins de pâte d'aveline, de serkis du harem, d'émulsines du lys de kachemyr», la «compétence lexicale» du lecteur risque de trouver sa limite. Comment celui-ci «reçoit»-il un tel énoncé ? Sans contenu référentiel, l'énoncé bascule dans l'étrange, les termes hermétiques deviennent ce qu'on peut appeler des «opérateurs de poéticité». Les contraires apparents – réalisme et poésie – sont ici conduits à un point de convergence. On rencontre ici un trait quasi-constitutif de l'hyperbole, l'effet de renversement : trop de termes trop techniques métamorphosent le «réaliste» en «poétique».

2) *Les niveaux de langue*

Dans l'étude de la connotation, c'est le point qui pose le plus de questions. Rappelons d'abord les principales distinctions fondées sur l'opposition «neutre» *vs* «marqué». Comme l'écrit H. Bonnard :

> «Le choix d'un code ou d'un autre dépend de la condition sociale du locuteur et dans une large mesure du destinataire, ainsi que de la situation[1]».

On distingue donc quatre niveaux : littéraire ou soutenu, non marqué, familier, populaire. Ainsi le mot *lit* de la langue courante, devient *couche* en langue littéraire ou soutenue, *pageot* ou *plumard* en langue populaire[2]. Pour une même réalité dénotée, on trouve, correspondant respectivement à chaque niveau, les expressions «c'en est fait de moi» / «je suis perdu» / «je suis fichu» / «je suis foutu[3]».

Des marques autres que lexicales sont aussi porteuses de connotation :

– *Morphologiques* : ex. : «Et elle *vous* lui détacha un coup de sabot terrible...» (*La mule du pape*) ; l'emploi du pronom personnel au datif dit «éthique» est un trait de langage familier, surtout dans le midi.

– *Syntaxiques* : l'antéposition de l'adjectif épithète et plus généralement les faits d'inversion sont parfois la marque d'un langage soutenu et connotent conventionnellement la «poéticité» d'un énoncé : «ils goûtaient, absorbés, de *muettes délices*» (Leconte de Lisle), etc.

Cette étude des niveaux est complexe. Nous nous contenterons d'indiquer quelques axes de réflexions, utiles pour une initiation :

a. Il n'y a pas nécessairement des signifiants (lexies) de tous niveaux pour un même signifié. Certains référents ou signifiés, propres à un univers familier, suscitent plus facilement une multiplicité de lexies familières, populaires ou argotiques (*tête/tronche/binette/poire// voiture/bagnole/caisse/tire*).

---

1. H. Bonnard, *Procédés annexes d'expression*, p. 80.
2. Sans parler de l'argot ; c'est un code spécifique et comme tel il a ses propres lois.
3. Cité par Ch. Bally, *Traité de stylistique française*, Klincksieck, Paris, 1951, t. 1, p. 228.

b. La distinction nette des niveaux est parfois difficile :

– *Le populaire et le familier* : «populaire» connote une appartenance sociale et même géographique, le populaire étant souvent identifié au «parisien» ; «familier» renvoie à un type particulier de situation d'énonciation, celui de la conversation : l'emploi de ce terme pose le difficile problème de l'intégration de la langue parlée dans le discours écrit[1]. «Langue parlée» est une expression à l'acception ambiguë, pouvant signifier ou «code oral» ou «langage familier» : c'est en ce dernier sens que pour le discours littéraire, nous l'entendons. «Populaire» et «familier» ont tendance à se confondre – et les hésitations des dictionnaires en font foi : l'évolution de la langue tend à intégrer progressivement au «familier» le «populaire», qui est marqué par la création de métaphores suggestives («il est dans le pétrin», «tu n'y as vu que du bleu») dont l'écart par rapport à la «bienséance» est souvent flagrant.

– On connaît la distinction que faisaient les Anciens entre les styles *simple, tempéré et sublime*, emblématisés par la célèbre roue de Virgile : «à chaque genre correspondent des modes d'expression nécessaires, rigoureusement définis[2]». Rappelons que l'évolution de la langue est marquée dans le discours littéraire, par une perméabilité croissante entre les niveaux, illustrée par le texte emblématique de Hugo : *Réponse à un acte d'accusation* (avant le «89» de la langue, «Les mots, bien ou mal nés, vivaient parqués en castes»). Comment caractériser alors la «poéticité» du mot ? Tout lecteur identifie spontanément comme «poétiques», les mots *urne, ténèbres, firmament*. Mais l'usage de ce lexique de convention de ces mots «à vocation poétique», selon l'expression de C. Kerbrat-Orecchioni, est devenu très marginal. Des mise au point fondamentales ont été faites par J. Molino et J. Gardes-Tamine[3] ; nous ne pourrions que reproduire leurs analyses, dont nous indiquons seulement les principes : il y a une grande diversité de langages poétiques, de la poésie-populaire à la poésie-chant, en passant par la poésie-conversation. Mais le langage poétique est toujours une «langue spéciale» : «lorsque la langue poétique se confond dans un certain domaine avec la langue courante, elle recrée ailleurs sa différence» (p. 110), par l'usage de la

---

1. Cf. Ch. Bally, *op. cit.*, p. 249.
2. Consulter l'ouvrage déjà ancien de P. Guiraud, *La stylistique*, PUF, «Que sais-je ?», Paris, 1955, p. 16 et ss.
3. *Op. cit.*, tome 1, chapitre 3, «La langue de la poésie», p. 90-127.

forme versifiée, mais aussi par les rapprochements inattendus, la création d'une «imagerie aiguë» (R. Desnos).

Ajoutons que la linguistique structurale a mis en évidence le rôle de l'entourage co-textuel (et nous ajouterons contextuel) dans la poétisation du mot ; c'est le moment de rappeler la phrase de M. Riffaterre : «Le mot change de valeur s'il change de structure». Ainsi, il analyse le mot *puisatier* dans le vers de Hugo : «Des *puisatiers* géants creusant au ciel des trous[1]». Ce mot est associé dans le co-texte aux mots «cerveaux», «penseurs» (sème de «connaissance»), et dans le vers à des mots ayant pour sèmes «mouvement vertical» et «grandeur» : le puisatier désigne alors une des figures de la quête métaphysique et non plus l'auteur d'une activité prosaïque.

Pour H. Meschonnic, «tout mot peut être poétique» : cotexte et contexte sont des facteurs d'homogénéité ; dans l'exemple cité, ils transforment le prosaïque au poétique.

c. Pour le langage des personnages de théâtre, on doit à P. Larthomas l'emploi stylistique du terme de PARLURE[2]. Il désigne les niveaux de langue des personnages ; le terme a été parfois utilisé dans un emploi élargi pour caractériser l'idiolecte des personnages, dans le théâtre et aussi dans le roman.

d. Nous n'avons jusqu'ici rien dit de l'attitude de l'émetteur qui, dans le discours littéraire, fait usage d'un niveau de langue marqué. Dans cette perspective, la définition de H. Bonnard citée plus haut mérite quelques retouches : il est certain que dans le discours littéraire, «la condition sociale du locuteur» ne joue que de façon très marginale. Mais le narrateur peut faire «comme si» : dans *Voyage au bout de la nuit*, le langage populaire et argotique du «je-fictionnel» à qui est déléguée la narration est marqué par une fonction subversive : donner la parole aux opprimés, faire dialoguer en les juxtaposant de façon polémique ce langage suggestif et choquant avec les langages conventionnellement littéraires et affirmer sa puissance littéraire et poétique. La notion d'«acte de parole» agissant sur le jugement et le comportement du récepteur, trouve ici sa pleine mesure.

e. Il arrive aussi que l'énoncé soit marqué par l'hétérogénéité et la rupture, c'est-à-dire l'intrusion d'un niveau de langue non

---

1. M. Riffaterre, *Essais de stylistique structurale*, Flammarion, Paris, 1971, p. 218.
2. P. Larthomas, *Le langage dramatique*, A. Colin, Paris, 1972, p. 412-414.

attendu : ici encore, l'acte de parole est facilement repérable.
Nous voulons parler du BURLESQUE qui associe à un contexte
«sérieux» un niveau de langue marqué «vers le bas» – le
théâtre de Giraudoux joue essentiellement de cette tension –, et
de l'HÉROÏ-COMIQUE qui joue de l'opposition inverse. Ainsi
dans le récit d'une triviale bagarre dans un café, Queneau use
d'une comparaison «homérique», dans laquelle il insère un
langage pseudo-scientifique dont l'origine grecque est marquée :
«Tel le coléoptère attaqué par une colonne myrmidonne (...),
Gabriel se secouait, s'ébrouait, s'ébattait (...)». Nous sommes
dans le registre pseudo-épique : l'héroï-comique porte d'ailleurs
en anglais le nom suggestif de «mock-epic».

Il nous faut à présent analyser des types d'emprunts spécifiques dans lesquels la polyphonie énonciative est manifeste et
souvent exhibée.

E. Emprunts et polyphonie énonciative

Nous nous intéressons aux cas où le narrateur veut amener
le lecteur à percevoir que des fragments de l'énoncé n'appartiennent pas au tissu du texte mais qu'ils sont empruntés à une
instance énonciative autre. On a affaire à un discours cité, qu'on
soit en situation de récit ou en situation de discours, et à un
effet de polyphonie.

1) L'autonymie et la connotation autonymique

a. *Autonymie*

Un mot est employé «en usage» (il a un signifié et un référent) ou «en mention». Dans ce dernier cas, le mot se désigne
lui-même, il est dit autonyme. Par exemple : «*ange* est un mot
fréquent chez Balzac». «Par le mot *par* commence donc ce
texte» (F. Ponge) : le premier «par» est employé en usage, le
second en mention. Souvent, mais ce n'est pas obligatoire, les
mots employés comme autonymes sont détachés par des guillemets ou des italiques (voir plus loin).

b. *Connotation autonymique*

Restent les exemples dans lesquels se combinent usage et
mention. Dans la phrase : «il a acheté une "gentilhommière"»,
ce dernier substantif a pour fonction de désigner un type de

maison (sens dénotatif, emploi en usage), mais aussi de se désigner lui-même (emploi en mention) : le lecteur identifie le mot
comme appartenant à l'idiolecte du personnage évoqué (et
perçoit la connotation dévalorisante qui lui est implicitement
associée). Le narrateur cite son personnage et prend ses distances par rapport à lui. C'est la présence d'un emploi du mot en
mention, «valeur ajoutée» à l'emploi en usage, qui est la
marque de sa «connotation autonymique». La présence de
modalisateurs, marques d'une assertion seconde et d'une distance, est nécessaire à l'identification de cette connotation : ici, si
les guillemets n'étaient pas utilisés, seul le sens dénotatif du
mot serait perçu. A l'oral, on peut faire précéder l'ensemble
connoté d'une pause ou l'affecter d'une intonation spéciale.

Les principaux modalisateurs, outre les guillemets et l'italique, sont des commentaires métalinguistiques (faits à propos
de la langue), du type «comme on dit», «comme disait Untel»,
«selon l'expression de», «littéralement», «c'est le mot», «si je
puis dire», etc.[1] Dans la phrase suivante de Flaubert, les
marques de modalisation sont redondantes : «Mlle Rouault,
élevée au couvent, avait reçu, comme on dit, *une belle éducation.*»

En résumé,
autonymie = emploi du mot en mention
connotation autonymique = usage + mention

2) *Les guillemets et les italiques*

Certains écrivains les ont multipliés –Chateaubriand,
Stendhal, Flaubert, Proust, Ponge, Gracq, etc. Ils signalent toujours la présence d'une connotation autonymique mais ils correspondent à deux postures énonciatives opposées :

– Le discours cité est présenté comme «paroles tenues à
distance[2]» : la marque typographique est alors l'équivalent du
«point d'ironie» dont parle Proust. Il semble que traditionnellement, cette fonction soit plutôt dévolue aux guillemets : «Je
mets entre *guillemets* comme pour mettre en *accusation* – c'est
un suspect», écrit Valéry dans ses *Cahiers*. Un autre critique

---

1. Pour une liste plus complète, voir J. Rey-Debove, *Le métalangage*, Robert,
Paris, 1978, p. 254-256.
2. Formule de J. Authier citée par R. Martin, *op. cit.*, p. 96.

parle aussi de «petites digues contre la bêtise[1]». Le narrateur ne prend pas à son compte l'énonciation de ces lexies qu'il délègue à une instance autre. Dans le roman traditionnel, c'est cette visée axiologique qui est la plus fréquente.

– Le narrateur revendique l'énonciation du discours cité. L'instance énonciative première se dédouble. L'italique est généralement utilisé, et signale que toutes les virtualités sémiques sont pleinement actualisées comme par exemple dans l'appel au sens étymologique : «sous un *firmament* (à proprement parler) de nacre, les cieux d'en-dessus s'affaissent sur les cieux d'en dessous» («L'huître», de F. Ponge). Un tel dédoublement est fréquent en poésie et producteur de syllepse ; le mot est à lire «littéralement et dans tous les sens».

Nous allons préciser la notion de *paroles tenues à distance* par l'analyse de séquences où le discours premier est coupé par un discours second.

3) *Fragments de discours rapporté*

L'émetteur premier de ce discours est, non le narrateur mais un personnage ; très généralement, guillemets ou italiques accompagnent la citation :

> «Mme Benzoni s'est vantée d'avoir causé le matin avec un français qui me connaissait *beaucoup* (...). Je ne sais pas comment on me connaît *beaucoup*».
>
> (Chateaubriand, *Mémoires d'Outre-Tombe*)

Le commentaire apporté par la seconde phrase rend explicite la mise à distance impliquée par les italiques.

Mais quand il n'y a aucune marque de modalisation, la distinction entre les voix est beaucoup plus aléatoire. La voix du narrateur semble contaminée par celle du personnage, on a un effet de brouillage. Aragon fait de ce procédé un usage systématique dans *Aurélien*, et cela dès l'incipit :

> «La première fois qu'Aurélien vit Bérénice, il la trouva *franchement laide*. Elle lui déplut, enfin. Il n'aima pas *comment elle était habillée*». (C'est nous qui mettons en italiques).

L'association d'un adverbe d'énonciation («enfin») et d'une parlure familière signale cette contamination. Stendhal pratique lui aussi ces ruptures de niveaux de langue qui sont des signaux de polyphonie.

_____

1. A. Compagnon, *La seconde main*, Seuil, Paris, 1979, p. 41.

4) *Le cliché*

Il emprunte, non pas au discours spécifique d'un individu, mais au «on-dit», au «chœur social»[1], au «déjà dit»[2]. C'est donc un sociolecte particulier. La manière commune de s'exprimer est souvent la marque de la «doxa», d'une manière commune de penser, et donc d'une idéologie. Le cliché se définit comme association de lexies prévisible et conventionnelle, liée à l'usage : on parle aussi de collocation. C'est une «unité linguistique, analogue à un mot composé[3]». On le trouve par exemple dans les adjectifs de caractérisation (ex. «décision ferme et définitive», «répression sanglante», «liaison tapageuse», etc.), dans les images, comparaisons à valeur d'intensité («fort comme un Turc», «rouge comme un coq», etc.) ou métaphores (discours du conseiller dans *Madame Bovary*, sur le roi «qui dirige... le char de l'État parmi les périls incessants d'une mer orageuse...»). Le cliché est un phénomène purement verbal, isolable dans le discours.

Les italiques marquant le cliché ponctuent ainsi le texte de Stendhal, en discours comme en récit et induisent toujours la mise à distance ironique d'un langage (et d'une idéologie) de convention : «Il faisait assez peu de cas de la société qui s'appelle *bonne*». (*Lucien Leuwen*).

Mais certains écrivains réactualisent les clichés surtout métaphoriques et retrouvent le sens premier. Les surréalistes ont ainsi puisé dans le stock des images lexicalisées, devenues cliché («le manteau de la neige», «la ronde des saisons», etc.) et leur ont redonné leur plein pouvoir sémantique. J.P. Richard étudie l'expression «à tombeau ouvert» utilisée avec italiques, dans *Le rivage des Syrtes* et montre que le lecteur «doit prendre le mot au mot» et se représenter un tombeau ouvert, ce qui confère au mot «une plus-value énergétique, un gain de sens[4]». Le langage le plus commun devient l'outil d'une révélation.

---

1. R. Amossy et E. Rosen, *Les discours du cliché*, SEDES-CDU, Paris, 1982, p. 67.
2. A. Compagnon, *op. cit.*, Seuil, 1979, p. 9.
3. M. Riffaterre, «Le cliché dans la prose littéraire», in *Essais de stylistique structurale*, Flammarion, Paris, 1971, p. 162.
4. J.P. Richard, *Microlectures*, Seuil, Paris, 1979, p. 278-279.

5) L'intertextualité

C. Kerbrat-Orecchioni[1] la définit comme «le jeu des renvois allusifs d'un texte à un énoncé antérieur». Cette notion a été très (trop) largement utilisée par certains stylisticiens d'inspiration structuraliste : tout énoncé littéraire tendait à ne plus être que la réécriture de textes antérieurs ; Montaigne disait déjà : «nous ne faisons que nous entregloser». Utilisée avec mesure, la notion est d'une grande utilité.

Nous mettons en évidence ici un seul enjeu de la notion : la manière dont le repérage de la référence à un texte antérieur guide la démarche interprétative. On connaît la fréquence des emprunts dans la poésie d'Aragon :

> «*Nous nous grisons d'alcools amers*
> *O saisons*
> *Du langage, ô conjugaison*
> *des éphémères*
> *(...) Serait-ce la fin de ce vieux monde brumaire*»

On note la référence à Rimbaud («O saisons, ô châteaux»), et surtout à Apollinaire (disposition rappelant les calligrammes ; citation de *Alcools* et de son premier vers, légèrement transposé : «A la fin tu es las de ce monde ancien»). Or, aucune marque explicite n'isole dans le texte ces fragments ou ces détournements de citations. La compétence culturelle du lecteur est fortement sollicitée. Que lui disent ces emprunts non marqués ? Que nous sommes faits de souvenirs culturels, de tout un passé littéraire ; que le travail de création est fondé sur l'imprégnation des modèles et l'assimilation personnelle du sociolecte à l'idiolecte. Dans cet «art poétique» montré en acte, Aragon réactualise la doctrine de l'«innutrition», avec d'autant plus de force que l'intertexte est totalement intégré au «texte» : il en forme le tissu. En revanche dans les textes de Montaigne, Chateaubriand, etc., les citations forment des fragments détachables et ont un autre usage.

F. Le topos (ou «lieu»)

Le sens et l'extension de la notion de topos ont varié au cours des siècles. C'est d'abord un terme propre à la rhétorique. On désigne ainsi des éléments fixes, préfabriqués, qui devien-

---

1. *Op. cit.*, p. 130

nent peu à peu des modèles, «stéréotypes d'organisation de la réflexion[1]». Ils sont répertoriés par les manuels à usage didactique, en particulier pour la production littéraire. On observe encore que le «topos» est toujours associé à une norme : c'est un «axiome normatif [2]». Ce sont des modèles idéologiques, que la sémantique a pour tâche d'identifier. Voyons le topos dans ses deux acceptions :

1) Le topos comme modèle argumentatif

Dans *l'Assommoir*, Zola écrit à propos du grand repas où est servie de la blanquette de veau : «On mastiquait ferme[3]». La portée de cette notation ne se comprend que si l'on voit la référence à la norme socio-culturelle : «on doit manger sans effort apparent», qui fonctionne comme argument implicite probable, menant à la conclusion : «les convives sont vulgaires» ; celle-ci est donc connotée par l'énoncé. La présence implicite de ce topos argumentatif («on doit manger sans effort apparent») montre qu'on a ici la figure appelée ENTHYMÈME, qui est un syllogisme argumentatif toujours incomplet. Dans le discours littéraire, l'étude du regard du narrateur repose en grande partie sur l'étude de ses présupposés idéologiques : nous retrouvons ici la question de la subjectivité (manifeste ou cachée), et les réinterprétations possibles.

2) Le topos comme modèle textuel

On peut le définir comme une marque littéraire conventionnelle.

La référence à la convention signale la relation entre *topos* et *cliché* ; mais les deux termes ne sont pas synonymes : le cliché est une unité linguistique isolable, le topos un modèle d'organisation du discours dont le repérage est plus aléatoire ; il est aussi d'ordre connotatif, le motif sur lequel il repose ayant, outre sa dénotation propre, une valeur ajoutée. Dans le vers «Sous le pont Mirabeau coule la Seine», le motif de l'eau qui coule, au sens dénotatif facilement identifiable, est aussi dans ce poème un topos du lyrisme élégiaque, du «fugit aetas», dont l'existence est liée au seul contexte énonciatif et comme tel plus

---

1. J. Mazaleyrat et G. Molinié, *op. cit.*, art. «Lieu».
2. F. Rastier, *op. cit.*, p. 281.
3. Nous empruntons l'analyse qui suit à F. Rastier, *op. cit.*, p. 159.

difficile à repérer. L'ensemble des «topoi» constitutifs d'un univers porte le nom de «topique». Le topos peut connoter divers ensembles : un genre (cf. exemple cité), un courant littéraire historiquement daté (antithèse et topique baroque), un écrivain (les cheveux blonds comme topos de l'âme féminine de «fabrique fine» chez Stendhal), etc. Le topos peut être une marque lexicale, syntaxique, rhétorique, un «motif», etc.

Signalons que le topos peut être mis polémiquement à distance : qu'on songe à la critique implicite des «méandres lamartiniens» chez Flaubert évoquant «les harpes sur les lacs, tous les chants de cygnes mourants[1]» qu'écoute Emma Bovary.

La compétence culturelle du lecteur est sollicitée lorsqu'il s'agit d'explorer toute forme de topos. Cette approche du texte met en jeu toute la «stylistique historique[2]» : l'énoncé doit être replacé dans son contexte littéraire, social, etc.

ILLUSTRATION

L'étude de l'ouverture de *Au château d'Argol*, de J. Gracq, nous montre l'usage qu'un écrivain peut faire de la notion.

«Quoique la campagne fût chaude encore de tout le soleil de l'après-midi, Albert s'engagea sur la longue route qui conduisait à Argol. Il s'abrita à l'ombre déjà grandie des aubépines et se mit en chemin.

Il voulait se donner une heure encore pour savourer l'angoisse du hasard. Il avait acheté un mois plus tôt le manoir d'Argol, ses bois, ses champs, ses dépendances, sans le visiter, sur les recommandations enthousiastes – mystérieuses plutôt – Albert se rappelait cet accent insolite, guttural de la voix qui l'avait décidé – d'un ami très cher, mais, un peu plus qu'il n'est convenable, amateur de Balzac, d'histoires de la chouannerie et aussi de romans noirs. Et, sans plus délibérer, il avait signé ce recours en grâce insensé à la chance.

Il était le dernier rejeton d'une famille noble et riche, mais peu mondaine et qui, très tard et jalousement, l'avait retenu entre les murs solitaires d'un manoir écarté de la province (...).»

(J. Corti, 1982)

1. Cf. F. Martin-Berthet, «Sur le vocabulaire autonyme dans Madame Bovary : *félicité, passion, ivresse* et quelques autres», in *Mélanges Larthomas* (*op. cit.*, p. 309-332).
2. Cf. G. Molinié, *op. cit.*, p. 31 : «L'impérieuse nécessité de la stylistique historique».

La place de l'extrait est essentielle : l'«INCIPIT» (ouverture) d'un roman est l'endroit où se circonscrit l'«horizon d'attente» du lecteur. Plusieurs pistes, parallèles, lui sont proposées ici, par la mise en œuvre de nombreux «topoi».

– *Topoi du roman initiatique* : marche sur la route ; découverte d'un lieu nouveau ; présentation du héros comme «fils de...», n'ayant donc pas une identité propre ; longues années hors du monde, de la vie (son initiation reste à accomplir), etc.

– *Topoi du récit fantastique* : lieu inconnu («sans le visiter») ; motif du château (cf. roman noir), motif de l'ombre à venir (premier paragraphe) ; ami inconnu défini par des périphrases faisant référence à la littérature fantastique («amateur de Balzac») ; métaphore («il avait signé») faisant de l'achat un pacte avec le mystère ; emploi du mot «manoir» (connotant un univers passé, donc mystérieux ; terme fréquent, dans le roman noir) ; termes «insolite», «mystérieux», «insensé», connotant conventionnellement une atmosphère d'étrangeté inquiétante, etc.

– *Topoi surréalistes* : motif surréaliste de la réalité mystérieuse, lieu de possible révélation.

– *Topoi gracquiens* qu'on retrouvera dans les romans que J. Gracq écrira après cette première œuvre. La manière dont l'écrivain justifie l'usage de ces topoi pose à nouveau la question des rapports entre ce qui est commun à tous (sociolecte, topos) et la création individuelle : «il semble décidément ratifié que l'écrivain ne puisse vaincre que sous ces signes consacrés, mais indéfiniment multipliables». (Avant-propos du *Château d'Argol*).

Conclusion

Dans tous ces emplois, le narrateur joue avec la valeur de vérité de son discours : dans un cas, il montre que les éléments détachés ne font pas partie de son univers de croyance, dans l'autre, il intègre à son univers de croyance, des éléments en principe hétérogènes, et signale au lecteur qu'il a tout pouvoir pour leur donner valeur de vérité et statut littéraire : la vérité du créateur et la seule, c'est donc la littérature (assertion généralement implicite, que Proust a énoncée clairement). Tel est sans doute le sens de la consigne de lecture associée à ces signes distinctifs.

L'étude de l'emprunt peut mener beaucoup plus facilement à une lecture interprétative si elle est fondée sur la reconnaissance de la polyphonie énonciative qui lui est inhérente. Un créateur constitue son idiolecte et son univers à partir des sociolectes et des topoi qu'il peut refuser, assumer sans détours ou de façon plus complexe, intégrer à son langage en imprimant sa trace. «Au-delà» de l'idiolecte, c'est son univers qu'il construit, dans un mouvement dialectique entre l'autre et le même qui est à la base de toute création : «s'approprier, ce serait moins saisir que se ressaisir, moins prendre possession d'autrui que de soi[1]».

Nous avons fondé toute cette partie sur le repérage de marques qui appartiennent à des codes ou des sous-codes identifiables : on peut dire que les connotations sont dans ce cas «obligées» ou du moins très déterminées. Nous allons entrer dans un domaine *a priori* plus mouvant, celui des connotations associatives, notion qui explique sans doute qu'on ait pu dire de la connotation qu'elle était un «attrape-tout». On peut parler dans ce cas de connotations «libres» ; le risque de dérive associative a conduit à définir les «contraintes» qui restreignent les possibilités d'interprétation et qui peuvent amener le lecteur à appréhender sans la falsifier la richesse de l'univers qu'on lui donne à découvrir.

4. Synthèse : les réseaux associatifs

A. *Définition de la notion de connotation associative*

Les connotations libres, non impliquées par un code linguistique, sont identifiables seulement dans l'idiolecte de l'émetteur. Le mot *azur*, par exemple, se charge chez Baudelaire de valeurs ajoutées qui constituent dans l'idiolecte et dans l'univers de ce poète son véritable sens. On peut même se demander si la notion d'idiolecte d'auteur n'est pas équivalente à celle de valeur ajoutée, donc de connotation.

Cette connotation de second niveau, nous dirons de façon provocante qu'elle peut se manifester dans quelque élément linguistique que ce soit, et que son contenu est lui aussi variable avec chaque contexte. Nous voilà en plein domaine énonciatif, en plein acte de parole. Comment la stylistique peut-elle appré-

---

1. A. Compagnon, *op. cit.*, p. 351.

hender des éléments aussi mouvants ? Ce sont les instructions[1] données par le contexte qui permettent de «canaliser» les associations.

La présence d'une *répétition* est une marque essentielle : la reprise d'un mot en plusieurs lieux du texte peut s'expliquer par son rôle référentiel ; mais la répétition est aussi signal de la valeur du mot dans l'univers du créateur. De même le lecteur peut identifier des sèmes connotatifs équivalents dans des mots dénotativement éloignés : cette mise en place d'isotopies sous-jacentes, plus implicites, est une méthode privilégiée de construction du sens. Deux directions peuvent être envisagées :

1) *Pouvoir associatif du mot*

Chacun a en mémoire les pages où le narrateur de *La Recherche* se livre à une rêverie poétique sur les noms de quelques villes : entrent en jeu la symbolique toute personnelle des sonorités (ex. Coutances : «sa diphtongue (*sic*) finale, grasse et jaunissante», etc.), et les associations, en elles-mêmes illimitées, que le signifié du nom propre provoque dans l'imaginaire du narrateur (le nom de «Parme», par exemple, évoque pour lui la «douceur stendhalienne et (le) reflet des violettes»).

Mais la position du «récepteur stylistique» ne peut être la même : il peut avoir l'intuition du pouvoir associatif, de la charge connotative qu'a un mot dans un texte – par exemple, les mots italiens chez Stendhal, ou le mot *fade* chez Verlaine – mais il doit se garder de projeter ses propres associations sur le texte. Il doit donc repérer le marquage stylistique à partir duquel il peut inférer la richesse sémantique d'un mot.

2) *Les réseaux associatifs : les isotopies*

La notion de texte-tissu nous invite à appréhender maintenant le discours littéraire de façon plus synthétique. Un texte est nécessairement un tout homogène ; même si on y observe pluralité ou non-connexion d'isotopies, ce texte est assumé par un émetteur qui, en accomplissant un acte littéraire, transmet *un* univers homogène puisqu'il est le sien, dont lui-même n'a

---

1. Selon le mot de F. Rastier, *op. cit.* Il propose pour ce type de connotation de parler de *sèmes afférents*, par opposition aux *sèmes inhérents*, inscrits dans le code linguistique.

d'ailleurs pas une conscience absolue (*cf.* enjeux de la critique psychanalytique). L'homogénéité n'exclut pas la pluralité ; c'est pour cela que nous avons parlé, plus haut, de pluralité convergente de sens.

C'est le repérage des réseaux d'isotopies qui permettra de saisir l'homogénéité du texte.

La lecture, nécessairement associative, est donc l'acte qui produit une «tresse», pour reprendre la métaphore de R. Barthes, le lecteur étant «la main qui intervient pour rassembler et entremêler les fils inertes[1]». Cette lecture associative, base même de la lecture interprétative, à laquelle la stylistique doit mener, est envisagée d'abord à partir de l'étude du mot puis à partir des isotopies. Les deux méthodes sont d'ailleurs complémentaires.

B. *Le mot et ses pouvoirs associatifs*

C'est le linguiste allemand Leo Spitzer qui a donné ses bases méthodologiques à cette démarche, *a priori* intuitive.

1) *Spitzer et le «cercle herméneutique»*

Rappelons en quelques mots les principes qui doivent, selon Spitzer, guider la lecture : il faut lire et relire l'ouvrage jusqu'à ce qu'apparaisse «un détail de style constant[2]», sur lequel l'attention va se focaliser, puisque ce détail constant «doit correspondre à un élément de l'âme de l'œuvre et de l'écrivain». Le repérage et l'analyse du détail doivent permettre au lecteur d'atteindre par cercles concentriques (*cf.* le «cercle herméneutique») l'«étymon spirituel» de l'œuvre. C'est ainsi qu'il étudie dans Marivaux «la fréquence de termes tels que *cœur* et *âme* employés dans des sens très proches de courage, valeur, vertu, etc.» (*op. cit.*, p. 370) ; il remarque qu'ils sont associés au motif de la «bonne naissance», et conclut à la «croyance marivaudienne au génie inné, triomphant des vicissitudes de la vie» (p. 381). La lecture spitzérienne est un va et vient constant entre le détail et le «centre vital interne» de l'œuvre (d'où la métaphore du cercle).

---

1. *S/Z*, Seuil, Paris, 1970, p. 166.
2. L. Spitzer, *Études de style*, Tel, Gallimard, 1970, p. 370.

Le détail signifiant est d'autant plus facile à repérer qu'il y a écart stylistique par rapport à la norme, donc première connotation. Rimbaud utilise plusieurs fois la construction archaïque *rêver* + cod. Dans chaque occurrence, les compléments d'objet direct ont pour sèmes communs l'inouï, le monstrueux :

> «*Il rêvait la prairie amoureuse...*»
> «*J'ai rêvé la nuit verte aux neiges éblouies*»
> «Et nous existerons... *en rêvant amours monstres et univers fantastiques*».

De plus, dans la deuxième occurrence (« Le Bateau ivre»), la construction de ce verbe est mise en parallèle anaphorique avec *savoir* + cod («*Je sais* les cieux crevant...») et *voir* + cod («*J'ai vu* le soleil bas, taché d'horreurs mystiques»).

Le verbe, dans sa construction transitive directe, évoque la relation immédiate que l'homme établit avec l'inconnu, l'au-delà du réel ; cela définit indirectement l'activité du poète-voyant. Rimbaud réactualise un effet de sens de la construction propre à la langue classique : «créer par l'imagination», – ainsi dans l'expression «rêver un poème» – en le chargeant de connotations personnelles que la répétition et le co-texte («Le Bateau ivre») permettent d'identifier.

Les limites de ce type de recherche sont aisément repérables : même si la répétition du mot offre une garantie «quantitative», la démarche est très intuitive ; Spitzer dit lui-même que les «impressions» de lecture «résultent du talent, de l'expérience et de la foi» (p. 67).

2) Mots thèmes et mots clés

Cette approche est *a priori* plus rigoureuse, puisqu'elle repose sur le repérage de la fréquence de mots dans une œuvre : fréquence absolue, mots thèmes (les mots les plus fréquemment utilisés), fréquence relative, mots clés (les mots du texte dont la fréquence présente un écart maximal avec leur fréquence normale).

La démarche quantitative de la statistique lexicale a été critiquée. Nous reprendrons deux arguments : est-ce le leitmotiv (c'est-à-dire le mot thème) qui est le plus révélateur ? Faut-il dans l'énoncé littéraire ainsi isoler un élément, au risque de méconnaître la corrélation entre niveaux qui est la base même de la lecture stylistique ? La consultation des index d'auteurs guide toutefois la lecture et permet d'éviter bien des bévues.

3) Approche syntagmatique
Le trajet d'un mot

J.P. Richard, dans ses *Microlectures*[1] a, comme Spitzer, privilégié le détail, «ce grain du texte» (p. 7). Mais il a complété l'étude de la répétition en développant l'étude de son corollaire : la variation. On en arrive ainsi à l'étude des corrélations sémantiques par la mise en évidence du pouvoir connotatif de la lexie repérée, constant ou variable suivant le co-texte.

– J.P. Richard étudie dans *Casse-pipe* de Céline, le trajet du mot *casque*, et toutes les modulations sémiques qui accompagnent chaque occurrence[2].

– Cette analyse est en partie fondée sur l'étude de l'entourage du mot : on pourrait pasticher J.P. Richard et parler d'étude micro-syntagmatique.

ILLUSTRATION

Le commentaire de «Au petit jour», un poème de Philippe Jaccottet[3], montrera l'importance du co-texte immédiat[4]. Le premier quatrain de ce poème divisé en trois parties est formé d'une phrase définitoire marquée par l'abstraction :

> I - «La nuit n'est pas ce que l'on croit, revers du *feu*,
> chute du *jour* et négation de la *lumière*,
> mais subterfuge fait pour nous ouvrir les yeux
> sur ce qui reste irrévélé tant qu'on l'éclaire.»

Nous nous intéressons au trajet des trois mots encadrés : *feu, jour, lumière*. Nous retrouvons le mot *feu* dans la deuxième partie :

> II - «(…) Tu es le *feu* naissant sur les froides rivières,
> l'alouette jaillie du champ… je vois en toi
> s'ouvrir et s'entêter la beauté de la terre.»

les autres mots dans la dernière partie :

> III - «Je te parle, mon petit *jour*. Mais tout cela
> ne serait-il qu'un vol de paroles dans l'air ?
> Nomade est la *lumière*. Celle qu'on embrassa
> devient celle qui fut embrassée et se perd. (…)»

---

1. Vol I et II, Seuil, Paris, 1979.
2. *Casque-pipe in Microlectures* (vol. I, p. 239 à 255).
3. In *L'ignorant*, Poésie, Gallimard, 1956.
4. Cf. phrase de M. Riffaterre (déjà citée) : «Le mot change de valeur s'il change de structure».

La partie I repose sur un paradoxe : refusant l'attribution stéréotypée du sème «obscur» à «nuit», le poète formule négativement l'assertion suivante : la traversée de la nuit est nécessaire à la révélation. *Feu, jour* et *lumière* sont dévalorisés (*irrévélé*) ; *nuit* est fortement valorisé (cf. mystiques baroques).

Dans la partie II, le mot *feu* en position d'attribut est complété par le participe *naissant*, et par le second attribut *alouette* : il est sémantiquement associé au motif de la naissance et de l'aube (l'alouette est le premier oiseau du jour, «première ardeur du jour» selon R. Char), et il est ici fortement valorisé : le «tu» qui apparaît peut représenter la femme (topos de poésie lyrique), le tableau peut figurer une union amoureuse et *feu* se charge de connotations érotiques.

Au début de la partie III, les mêmes connotations positives sont associées à l'emploi de *jour* : même présence du *tu*, emploi de l'association *petit + jour* où est dénotativement nommée l'aube à nouveau, et où l'adjectif antéposé se charge de connotations affectives.

Ensuite l'emploi du mot *lumière* marque l'émergence d'une tonalité dysphorique qui envahit la fin du poème : les sèmes de «disparition», de «perte» lui sont en effet attribués.

Le véritable moment de la révélation est le moment indécis où la nuit se métamorphose en jour, moment de présence-absence, entre ténèbres et flamboiement. Dans ce poème construit entre *nuit* et *aurore* (premier et dernier mots), Ph. Jaccottet célèbre l'avènement de l'amour et de la parole poétique (les *paroles dans l'air*). Il exprime aussi son souci d'une parole poétique de petit jour, opposée à toute grandiloquence, ce qu'il résume dans un autre poème par la formule oxymorique et orgueilleuse : «L'effacement soit ma façon de resplendir.»

Voilà quelques exemples d'application de l'approche sémasiologique, pour laquelle les risques de dérive interprétative sont d'autant plus limités que la fréquence des termes est grande. Nous voudrions, à présent, dire quelques mots de connotations associatives reposant sur la dimension symbolique de *référents* privilégiés (quelle que soit la façon dont ils sont nommés) : qu'on pense au réseau connotatif des référents évoqués par les mots *eau, pain, lune, hiver*, etc. Comme l'écrit C. Kerbrat-Orecchioni, ces connotations «ont pour support signifiant l'objet lui-même, indépendamment de toute verbalisation» (*op. cit.*, p. 73).

4) Vers la sémiologie : référents et connotations

Nous sommes ici à la frontière entre stylistique et sémiologie : nous étudions en effet certains référents-signes, ce qui est le propre de la sémiologie ; la signification symbolique de tels référents peut être appréhendée en dehors de tout support linguistique : le philosophe – et philologue – Gaston Bachelard étudie ainsi les grands archétypes de l'imaginaire humain, de ce qu'en termes jungiens, on appelle l'inconscient collectif ; sa réflexion porte essentiellement sur les quatre éléments. Dans une perspective sociologique, on peut identifier les mythes d'une époque à travers certains objets-signes de la modernité. C'est l'entreprise de R. Barthes dans *Mythologies* : réflexions sur le jouet français, le Guide Bleu, le bifteck-frites, etc. ; l'idéologie d'une époque est ainsi détectée. Dans un énoncé littéraire, enfin, on peut repérer certains objets qui ont pour le narrateur ou l'auteur une telle charge affective, esthétique ou autre, qu'ils deviennent des révélateurs : J.P. Richard étudie ces «objets herméneutiques» dans l'œuvre de Proust[1].

Ce type d'étude a pourtant sa place dans la stylistique. Il est en effet nécessaire de montrer comment les objets-signes sont intégrés à l'énoncé littéraire, par quels mots ils sont exprimés, à quels mots ils sont associés, etc. Pour application, nous renvoyons le lecteur au commentaire du texte de G. Perec (fin du chapitre).

C. Réseaux associatifs : les modes de construction des isotopies

1) Les équivalences connotatives

Des «instructions contextuelles» permettent d'identifier de façon non arbitraire les connotations libres. La prise en compte de tout l'entourage du mot est nécessaire, pour limiter et canaliser les associations. Prenons l'ouverture de *Sarrasine* de Balzac[2] :

> «J'étais plongé dans *une de ces rêveries profondes qui saisissent tout le monde*, même un homme frivole, *au sein des fêtes les plus tumultueuses. Minuit* venait de sonner à l'horloge de l'Élysée-Bourbon. Assis dans *l'embrasure d'une fenêtre* et *caché* sous les plis onduleux d'un rideau de moire, je pouvais

---

1. J.P. Richard, *Proust et le monde sensible*, Seuil, Paris, 1974.
2. Étudié par R. Barthes dans *S/Z* (*op. cit.*). Notre démarche est différente de la sienne : là où il voit une «galaxie de menues informations», nous identifions un réseau à la trame serrée.

contempler à mon aise le jardin de l'hôtel où je passais la soirée (...).»

Nous nous contentons d'identifier ici l'équivalence connotative, à notre avis la plus signifiante pour le sens du texte, qui relie des éléments dénotativement éloignés. En effet, de cette pluralité peut être extrait un sème commun : celui du partage du *je*, dès l'ouverture du récit.

→ lieu de partage : *embrasure d'une fenêtre*,
→ moment de partage : *minuit*,
→ posture de partage : *caché + contempler*,
→ état d'esprit «partagé».

La première phrase repose sur l'argument paradoxal[1] que R. Barthes formule ainsi : «à fêtes tumultueuses, rêveries profondes». Les deux derniers éléments repérés (posture, état d'esprit) caractérisent un personnage à la fois présent et absent. La portée symbolique de cette équivalence est grande : portrait implicite d'un être divisé, entre dedans et dehors,présence et absence, donc vie et mort. L'ouverture du texte a valeur symbolique ; elle crée aussi une attente narrative très forte : le lecteur, placé devant une énigme, attend la révélation donnée dans le dénouement. L'une des phrases de la dernière page : «Je suis mort à tout plaisir, à toutes les émotions humaines», affirme dénotativement une vérité qui à l'ouverture, n'est donnée qu'en filigrane, par le biais de la connotation.

Pour le lecteur, identifier un sème récurrent, une équivalence connotative, est une première démarche interprétative ; pour reprendre la métaphore, il a saisi un des fils. Mais l'étude des réseaux lexicaux doit compléter ce premier ensemble, avec lequel il s'articule.

2) *Les réseaux associatifs*

Pour montrer l'extension de la notion de réseau – où s'unifie l'ensemble des modes d'analyses du mot que nous avons définis – nous partons d'un texte, un extrait de *Au bonheur des dames*.

---

1. R. Barthes renvoie ici à l'opinion commune, la doxa. Doxa romantique, peut-être, mais en écart avec l'opinion commune → mise en scène d'un personnage hors du commun.

ILLUSTRATION

«L'écrasement, aux dentelles, croissait de minute en minute. La grande exposition de blanc y triomphait, dans ses blancheurs les plus délicates et les plus chères. C'était la tentation aigüe, le coup de folie du désir, qui détraquait toutes les femmes.»

Quels éléments d'ordre lexical peuvent être mis en relation ?

1. L'univers de référence est dénotativement identifié : un espace social, précisément circonscrit (rayon des dentelles) ; un moment privilégié (la saison du blanc). Comment est-il appréhendé ?

2. L'étude de la pratique langagière (connotations et emprunts) permet cette appréhension.

a. Discrétion, mais présence, du langage du commerce : «aux dentelles» (pour «au rayon des dentelles»), «la grande exposition de blanc» (pour «de linge blanc») ; raccourcis propres à la «parlure» des personnages[1].

b. Présence d'un «topos» de l'écriture artiste : l'emploi de substantifs abstraits, tirés de verbes («écrasement», «exposition», «tentation», «coup de folie») ou d'adjectifs («blancheurs»)[2] ; l'action verbale et la qualité passent au premier plan ; l'objet-support du procès ou de la qualité passe à l'arrière-plan ou disparaît. Cette technique a généralement été qualifiée d'impressionniste.

3. Plusieurs isotopies fondées sur des équivalences connotatives se dégagent.

a. L'isotopie de l'«attraction» (un lieu attirant) : dénotativement contenu dans «tentation» et «désir» (attraction d'ordre sexuel), le sème est associé à l'adjectif «délicat», et plus contextuellement aux substantifs «dentelles» et «blancheurs» («raffinement»).

b. L'isotopie de la «destruction» (un lieu dangereux) : dénotativement contenu dans «écrasement», «coup de folie», «détraquer», le sème est associé à l'adjectif «cher» (argument implicite : dépenser beaucoup d'argent peut mener à la ruine). Si l'on est attentif à la relation textuelle de ces deux sèmes antonymiques, on remarque que le premier est toujours comme «corrigé», réorienté par le second : passage de «délicat» à «cher», association de «tentation» et «désir» à «coup de folie» et surtout à «détraquer», où apparaît le sème «aliénation» ; on peut noter que l'adjectif «aigüe» peut s'employer lui aussi dans un registre pathologique («une crise d'asthme aigüe»).

---

1. Ce sont des métonymies. Cf. chapitre suivant.
2. Ce sont aussi des métonymies.

c. L'isotopie de l'«intensité» (les deux traits caractéristiques du lieu sont portés à leur paroxysme) : les verbes «croître» et «triompher», en gradation ; les mots «aiguë» et «coup de folie», en gradation aussi ; l'adjectif «grand».

Les marques morphologiques associées présentent le même sème d'intensité : article défini constant, adjectif indéfini extensif («toutes»), superlatif («les plus») ; la présence de l'association redondante de dérivés «blanc» et «blancheurs» – figure rhétorique de la DÉRIVATION – va dans le même sens.

Une synthèse de ces faits peut à présent être proposée :

– *Projet esthétique* : construction d'un art nouveau ; description moins figurative qu'impressionniste, et même abstraite.

– *Projet didactique* (*cf. naturalisme*) : montrer l'emprise de certains mécanismes sociaux. Le réseau associatif formé par les isotopies peut être ainsi formulé : le lieu est d'autant plus dangereux qu'il est plus attirant. On peut associer à ce réseau le «topos» de l'écriture artiste ; en effet, par la mise au premier plan de substantifs verbaux abstraits, Zola montre des forces en acte, des mécanismes d'aliénation («écrasement», «tentation», «coup de folie»). Un autre ensemble sémique affleure ici, à peine perceptible, associé à l'isotopie sexuelle : l'isotopie du religieux («tentation»). Il est explicitement développé dans la suite du paragraphe et donne à l'ensemble une portée symbolique : le commerce comme érotisme et religion des temps modernes.

De façon convergente, la construction des phrases vient *surdéterminer* les éléments lexicaux : c'est-à-dire qu'elle est une marque stylistique supplémentaire redondante. Dans les trois phrases, en effet, le même patron syntaxique/sémantique est utilisé : sujet abstrait-verbe d'action, avec variation dans la dernière phrase = cod humain («toutes les femmes»). Ce sont les abstractions qui agissent (position de sujet), la référence au monde humain est d'abord absente ; sa position grammaticale de cod à la fin du passage, connote sa position sociale d'objet soumis et manipulé. L'ensemble de ces faits connote un déterminisme social dénoncé par l'auteur.

Concluons cette étude par une remarque d'ordre méthodologique : nous avons montré comment un élément d'un autre ordre que l'ordre lexical – la construction des phrases – pouvait être mis en corrélation avec celui-ci. Cette corrélation est un des fondements de l'analyse du style : c'est la convergence des marques d'ordre différent, parfois appelée *faisceau*[1].

C'est le regard du narrateur, et «derrière lui», de l'auteur, qui organise, structure, rend homogènes les marques différentes ; dans le texte de Zola, l'investissement axiologique est manifeste : il y a une volonté de dénoncer. Mais la reconnaissance du

---

1. Terme utilisé en particulier par G. Molinié (*op. cit.*, p. 154, 155) et par F. Rastier (*op. cit.*, p. 174).

projet esthétique et de la dérive vers le symbolique (religieux) montre au lecteur que le regard du créateur est aussi un regard «poétisant». Comme l'écrit H. Mitterand, «signifiant idéologique et signifiant poétique (...) ne sont pas séparables ; ils ont même support dans le texte et même cible dans l'imaginaire du lecteur[1]».

D. Les «embrayeurs d'isotopies»

Certains éléments au statut mal défini jouent un rôle important dans la construction de réseaux associatifs ; il s'agit de ces «terme(s)-pivot(s) polysémique(s)[2]», qui signalent au lecteur la présence simultanée de plusieurs isotopies : la lecture polysémique des textes est souvent fondée sur le repérage de ces «embrayeurs», véritables opérateurs d'associativité.

Nous n'évoquons qu'allusivement, parce qu'il a fait l'objet de plusieurs commentaires, l'extrait du *Côté de Guermantes* où le narrateur métamorphose la vision de salle de l'Opéra en vision de grotte marine ; l'opérateur de la métamorphose est le mot «baignoire» et le double sens qui lui est associé ; nous retrouvons d'ailleurs là une trace du pouvoir associatif du mot.

Ce glissement d'une isotopie à l'autre, d'un univers à l'autre, est un facteur important de «poéticité» ; certains courants poétiques (baroque, symbolisme, surréalisme) ont fait grand usage de termes-embrayeurs.

Dans le poème de Cendrars intitulé «Contrastes», l'évocation de l'homme et celle de la ville sont superposées par la mise en facteur commun aux deux univers du verbe *fumer* :

> «*Les hommes sont*
> *Longs,*
> *Noirs,*
> *Tristes,*
> *Et* fument, *cheminées d'usine*».

Le double sens du verbe correspond aussi à un emploi en syllepse. On voit le rôle de l'embrayeur : il réduit l'opposition provoquée par la rupture d'isotopie (que marque le titre du poème : *Contrastes*), et, procédant d'une démarche associative, il tend à substituer à la représentation «linéaire» de deux référents leur image en superposition. Dans les énoncés poétiques

---

1. H. Mitterand, «La dérive des figures dans *Germinal*», in *Le discours du roman*, PUF, Paris, 1980, p. 241.
2. C. Kerbrat-Orecchioni, *op. cit.*, p. 188.

dont l'enjeu est la traduction d'impressions, ce procédé révèle son efficacité.

L'étude de la connotation dépasse le cadre du mot : l'organisation syntaxique et rhétorique doit encore être prise en compte. La lecture interprétative trouve ici un de ses fondements. De plus la spécificité d'un texte littéraire, comme aussi le style d'auteur, ne peuvent être appréhendés sans référence à ce concept. Même si son extension est floue, il reste opératoire et nécessaire. Dans le chapitre qui suit, nous allons, en étudiant les métaphores, trouver à nouveau sur notre chemin, la notion de connotation.

LECTURES CONSEILLÉES

Ph. HAMON
«Un discours contraint», in *Poétique* 16, Seuil, 1973, p. 411-445.

C. KERBRAT-ORECCHIONI
La connotation, PUL, Lyon, 1977.

R. MARTIN
Pour une logique du sens, PUF, Paris, 1983.

J. MOLINO, J. GARDES-TAMINE
Introduction à l'analyse de la poésie, PUF, Paris, 2e éd. 1987.

J.P. RICHARD
Microlectures, Seuil, Paris, 1979.

M. RIFFATERRE
Essais de Stylistique structurale, Flammarion, Paris, 1970.

L. SPITZER
Études de style, Gallimard, Paris, 1970.

J. STAROBINSKI
La relation critique, Gallimard, Paris, 1970.

APPLICATION

1   Ou bien, ils poussaient la porte d'un petit
    restaurant, et, avec une joie presque rituelle,
    ils se laissaient pénétrer par la chaleur am-
    biante, par le cliquetis des fourchettes, le tin-
5   tement des verres, le bruit feutré des voix, les
    promesses des nappes blanches. Ils choisis-
    saient leur vin avec componction, dépliaient
    leur serviette, et il leur semblait alors, bien
    au chaud, en tête à tête, fumant une ciga-
10 rette qu'ils allaient écraser un instant plus
    tard, à peine entamée, lorsque arriveraient
    les hors-d'œuvre, que leur vie ne serait que
    l'inépuisable somme de ces moments propices
    et qu'ils seraient toujours heureux, parce qu'ils
15 méritaient de l'être, parce qu'ils savaient
    rester disponibles, parce que le bonheur était
    en eux. Ils étaient assis l'un en face de l'autre,
    ils allaient manger après avoir eu faim, et
    toutes ces choses – la nappe blanche de
20 grosse toile, la tache bleue d'un paquet de
    gitanes, les assiettes de faïence, les couverts
    un peu lourds, les verres à pied, la corbeille
    d'osier pleine de pain frais – composaient
    le cadre toujours neuf d'un plaisir presque
25 viscéral, à la limite de l'engourdissement :
    l'impression, presque exactement contraire et
    presque exactement semblable à celle que
    procure la vitesse, d'une formidable stabilité,
    d'une formidable plénitude. A partir de cette
30 table servie, ils avaient l'impression d'une
    synchronie parfaite : ils étaient à l'unisson du
    monde, ils y baignaient, ils y étaient à l'aise,
    ils n'avaient rien à en craindre.

G. Perec, *Les Choses*, R. Julliard, Paris, 1965.

En 1957, R. Barthes publie *Mythologies*, où il analyse et dénonce
«quelques mythes de la vie quotidienne française». Huit ans plus tard,
un sociologue devenu romancier publie un roman où il porte aussi un
regard critique sur la modernité et ses signes. Par sa démarche romanesque, G. Perec dans *Les Choses*, donne cohérence et épaisseur à
l'univers du «sémiologue».

Notre extrait se présente comme une scène où se combinent narration, description et analyse. Pour en définir la portée, nous étudierons
d'abord l'univers de référence des personnages dont la représentation
est suscitée par les isotopies dénotatives. Nous verrons ensuite les
marques du regard subjectif du narrateur, qui sont surtout liées à la
présence de connotations.

I. Le parti pris des choses

L'univers de référence des personnages est marqué par une très grande homogénéité. A l'intérieur de la plupart des phrases, deux ensembles isotopiques peuvent être identifiés : le monde des choses / le monde intérieur des personnages.

1. Le monde des choses

Le caractère concret d'une grande partie du lexique est d'autant plus marqué que ce lexique est intégré à deux ensembles énumératifs qui présentent des points de ressemblance et des variations (l. 3 à 6, l. 19 à 23).

A. Homogénéité lexicale

1) Substantifs

Deux pantonymes définissent l'extension des énumérations : le mot *restaurant* (l.2) précède la première énumération, la lexie *table servie* (l. 30) suit la seconde. Des reprises sémantiques (*verres*, l. 5 et 22), *(nappe(s) blanche(s)*, l. 6 et 19) et lexicales *(fourchettes*, l. 4 et *couverts*, l. 21) accentuent l'homogénéité. Dès la première énumération, le champ lexical des «choses de la table» est dominant.

2) Verbes

Remarquons ici la forte présence de verbes dénotant des actions concrètes, qu'ils soient employés intransitivement (*être assis*, l. 17, *manger*, l. 18) ou transitivement (*pousser la porte*, l. 1, *choisir leur vin*, *déplier leur serviette*, l. 7-8, *fumer une cigarette*, l. 10). Les quatre verbes transitifs sont construits de la même façon et ce sont des verbes perfectifs (leur sémantisme implique l'achèvement de leur déroulement). L'imparfait d'aspect tensif crée un effet de ralenti et de grossissement. Une étude de la phrase montrerait la présence de structures constamment parallèles (*Ils* + verbe à l'imparfait itératif).

B. Variations lexicales

1) Disparitions

La référence au monde humain, qu'on trouve dans la première énumération (*voix*, l. 4), disparaît ensuite ; ne subsiste que la référence au monde des choses,seuls éléments dont les personnages enregistrent la présence.

2) Substitutions

Dans la première énumération, la sensation auditive domine (*cliquetis*, etc.) ; on a ensuite, par les caractérisants, une dominante visuelle (*blanc, en osier*, etc.) ; c'est dire qu'on passe d'une appréhension synthétique de la réalité à une appréhension analytique, la sensation visuelle isolant des objets.

C. Variations syntaxiques

Le mode de présentation des choses n'est pas le même. Au début du texte, c'est la sensation qui est mise au premier plan, tandis que le substantif référant à la chose occupe la position de complément déterminatif (*cliquetis des fourchettes*, etc.).

Ensuite, la chose s'impose généralement : la mention de l'hyperonyme *choses* précède l'énumération de substantifs hyponymes. Chaque substantif est suivi d'éléments caractérisants ; chaque objet est donc affecté d'une qualité spécifique : la vision est précise, minutieuse. On détachera le passage du pluriel généralisant *nappes blanches* (l. 6) au singulier (l. 19). Ces transformations miment le trajet des personnages, la manière dont eux-mêmes saisissent progressivement les éléments du lieu. L'effet de grossissement est manifeste. La technique narrative relativement simple, vise d'abord à l'efficacité. On peut parler d'un hyperréalisme du texte.

2. Le monde des personnages

La description est prolongée dans presque toutes les phrases par une analyse de la manière d'être des personnages. Deux champs lexicaux sont représentés, ayant pour foyer thématique les mots de *bonheur* (l. 16) et *plaisir* (l. 24). Ils sont d'abord présentés de façon distincte : sentiment (*joie*, l. 2, *heureux*, l. 14, *bonheur*, l. 16) puis sensation (*plaisir presque viscéral* et *engourdissement*, l. 25). Mais progressivement, ils se superposent, le bonheur devenant inséparable de la sensation (les termes de *stabilité*, l. 28 ou *plénitude*, l. 29, les métaphores concrétisantes, *être à l'unisson du monde*, l. 31 et surtout *y baigner*, l. 32).

Les ensembles lexicaux sont nettement structurés, faciles à distinguer. Ce découpage de la réalité participe d'une stratégie narrative dont nous allons étudier les formes. Nous abordons l'analyse des connotations, qu'on peut synthétiser par cette question : comment caractériser le regard porté par le narrateur sur ce monde ?

II. Stratégies narratives

Deux grandes catégories de marqueurs connotatifs peuvent être isolés : le jeu des modalisateurs de vérité par lequel le narrateur délègue la vision à ses personnages, la polyphonie énonciative, par laquelle il leur délègue l'énonciation. Ces deux ensembles de marqueurs sont le signe d'une prise de distance et d'un regard critique.

1. La modalisation

On a dit que dans les phrases, la description amenait l'analyse. Or, ces deux moments narratifs sont assumés par des regards différents.

A. *Le psycho-récit*

Il est assumé par un narrateur omniscient, ce que montre la présence de notations analytiques comme *avec une joie presque rituelle* (l. 2) ou *avec componction* (l. 7), au début du paragraphe.

B. *Le jugement délégué*

Dans les trois phases qui suivent, les modalisateurs (*il leur semblait*, l. 8, *l'impression*, l. 26, *ils avaient l'impression*, l. 30), signes de délégation de regard, montrent de façon explicite et répétitive que l'énoncé qui suit est affecté d'une possibilité de fausseté ; la manière dont les personnages analysent leur rapport au monde est suspecte[1].

La délégation de regard s'accompagne d'une délégation de parole, moins explicite, mais dont on peut présumer l'existence.

2. Polyphonie énonciative

A. *L'idiolecte des personnages*

Un certain nombre de lexies d'un niveau de langue familier semblent empruntées à l'idiolecte des personnages, jeunes sociologues : *baigner* et *être à l'aise* (l. 32) ou l'adjectif *formidable* (l. 28-29). Il y a au moins contamination du langage du narrateur. De la même façon, les associations proches du cliché *chaleur ambiante, cliquetis des fourchettes, tintement des verres* et *bruit feutré des voix* (l. 3 à 5), si elle n'appartiennent pas directement à l'idiolecte des personnages, connotent au moins un univers stéréotypé.

Dans les développements analytiques, une figure est récurrente : l'hyperbole, pour laquelle on peut aussi hésiter entre délégation de paroles et contamination personnages-narrateur.

B. *Expression hyperbolique*

Elle se repère dans des marques lexicales (*inépuisable*, l. 13, *toujours*, l. 14 et 24, *formidable*, l. 28 et 29, *parfaite*, l. 31), et aussi dans

---

1. La modalisation à caractère épistémique est introduite dans le texte : ce qui est probable pour les personnages est improbable pour le narrateur.

certains arrangements phrastiques :
- répétitions sémantiques (*parce que*, l. 15 et suiv., *formidable*, l. 28-29),
- relation de paraphrase entre syntagmes de même rang : les trois subordonnées causales, l. 15 et suiv., les syntagmes *formidable stabilité / formidable plénitude*, l. 28-29, les quatre propositions de fin de texte.

N.B. – L'analyse de la construction des quatre phrases du texte et du rapport qu'elles entretiennent entre elles montrerait la présence, à un niveau global, du même schéma paraphrastique. Le paragraphe entier est bâti sur cette «figure d'amplification, qui consiste à développer, dans un même discours, la même information sous plusieurs formes lexico-syntaxiques différentes[1]», qu'on appelle expolition. On peut résumer ainsi le propos unique développé : décrire un monde aliéné par son rapport aux choses.

L'auteur met en scène des personnages qui évaluent en permanence leurs états d'âme, d'une façon exagérément euphorique. L'hyperbole est ici marqueur d'ironie. De même, un certain nombre de raisonnements pseudo-logiques ne peuvent être attribués qu'aux personnages.

3. Une argumentation biaisée

A. *La motivation pseudo-objective*

Les subordonnées causales (l. 14 à 17) qui développent «l'argumentation du bonheur», introduisent un argument d'ordre moral (*parce qu'ils méritaient de l'être*) non pertinent, et même une tautologie (*parce que le bonheur était en eux*).

B. *De la description à l'analyse :*
écart concret-abstrait

Le dévoilement du trajet de la pensée des personnages est quelque peu ironiquement connoté : l'association de *cigarette* ou *hors d'œuvre* avec *être toujours heureux* (l. 9 à 14) celle de *table servie* avec *synchronie parfaite*, sont marquées par un écart, signe linguistique de l'aliénation et de l'illusion. On peut parler «d'attente trompée».

Toute cette vision est orchestrée par le narrateur dont le discours est en permanence connoté. Le choix des référents qui définissent le cadre des personnages est lui aussi signifiant.

---

1. J. Mazaleyrat et G. Molinié, *op. cit.*, article «expolition».

III. L'empire des signes

Nous abordons là un autre domaine de la connotation puisque nous envisageons les connotations attachées à des référents, et non à des signes linguistiques. Nous retrouvons la démarche du sociologue-sémiologue signalée dans l'introduction. G. Perec évoque des objets qui sont autant de stéréotypes de la modernité. Il présente des personnages immergés dans un monde de signes par lesquels ils sont aveuglés et dont ils ne voient pas la signification.

1. Des signes sociaux

A. Le vin

Dans le chapitre «le vin et le lait», R. Barthes[1] décrit le vin comme un signe de sociabilité. Boire du vin, fumer une cigarette, c'est participer à un rituel social. La notation «avec componction» (l. 7) marque l'énoncé d'une connotation explicitement péjorative.

B. Le naturel

La recherche du naturel, c'est-à-dire de «signes qui n'aient pas l'air de signes» (R. Barthes) est aussi dénoncée, dans *Mythologies*, comme symbolisant la modernité. Dans la seconde énumération du passage (l. 19 à 23), la recherche de naturel et de simplicité se voit dans les choix des caractérisants *grosse toile* (et non «coton fin»), *gitanes* (et non «américaines»), etc. Le texte associe cette recherche de naturel et l'état de «plaisir viscéral» (l. 24), d'«engourdissement» (l. 25), d'immersion *(ils y baignaient*, l. 32). Ce restaurant devient la représentation d'un lieu originel, d'un lieu mythique, empli de choses dont on va voir qu'elles sont, de plus, sacralisées.

2. Des signes sacralisés

Cette sacralisation s'exprime dans deux faits de style :

– L'utilisation d'un lexique religieux à l'ouverture du paragraphe (*joie et rituel* (l. 2), *promesses* (l. 6) – cf. Terre promise –, *componction* (l. 7)). Ces lexies forment les clausules de phrases ou de groupes rythmiques et syntaxiques.

– La présence des signes de la Communion : *nappe blanche, pain* et *vin*. Ces signes, au lieu d'être des médiateurs, sont les objets sacralisés de la quête des personnages. Ce qui pourrait être explicitement et banalement formulé («la modernité sacralise les choses») est ici simplement suggéré, par le biais des connotations.

---

1. R. Barthes, *Mythologies*, Seuil, Paris, 1957, p. 83.

Ce texte a bien sûr une portée idéologique. Mais la tension entre représentation hyperréaliste et symbolisation, la présence de connotations constantes, donc de vérités «suggérées plutôt qu'assertées», et dans l'organisation de la phrase, l'usage constant de la répétition à valeur rythmique, donnent à notre extrait une dimension poétique. Ce texte semble annoncer un texte écrit par G. Perec bien des années plus tard, dont le caractère poétique est plus nettement marqué : le texte-litanie des *Je me souviens*.

Chapitre 4
Les détournements de sens :
le sens figuré

Introduction

Quand on étudie les figures, quelle que soit la terminologie adoptée, quels que soient les critères d'identification retenus, on distingue quatre catégories :

– Les figures portant sur le signifiant – la forme du mot : allitération, assonance, paronomase, etc.

– Les figures portant sur des combinaisons syntaxiques particulières, ou figures de construction : un certain nombre d'entre elles sera analysé dans le chapitre sur la phrase.

– Les figures portant sur le sens de certains mots, dites figures de sens ou tropes : ces figures sont fondées sur un écart entre le signifié et le référent visés par un mot en langue et ceux du discours étudié ; ainsi : «*l'aiguillon* du laboureur (sens propre) / de la faim (sens figuré)».

– Les figures portant sur le sens global d'un énoncé, dites figures de pensée : il y a écart entre le sens global apparent d'un énoncé, celui qui est le plus communément reçu en langue, et son sens implicite, le seul recevable dans le contexte ; ex. : «bravo» dit au gagnant d'une course/à un enfant qui vient de casser un carreau.

Ce sont les deux dernières catégories, fondées sur des détournements de sens, que nous nous proposons d'étudier.

Une première question s'impose, à propos du sens figuré[1] : pourquoi ne parle-t-on pas toujours littéralement et sans détour ? La présence d'une figure provoque en effet une rupture dans la

---

1. Voir C. Kerbrat-Orecchioni, *La Connotation*, p. 8.

cohésion de l'énoncé, ce que confirme la définition que G. Molinié en donne : «quantité langagière différentielle entre le contenu informatif et les moyens lexicaux et syntaxiques mis en œuvre[1]». Le détournement introduit dans le discours une duplicité qui peut nuire à la communication ; Valéry parle d'un «abus du langage» à propos de la métaphore, et R. Martin d'une «contradiction logique[2]» ; on se rappelle aussi la phrase de Pascal : «Figure porte absence et présence, plaisir et déplaisir». Nous nous interrogerons donc sur la portée, la fonction du sens figuré dans des perspectives qui peuvent être synthétisées de façon elliptique par la formule de G. Bachelard : «signifier autre chose et faire rêver autrement».

La tradition rhétorique a analysé les figures en termes sémantiques : passage d'un sens propre à un sens figuré.

---

1. *Op. cit.*, p. 83.
2. *Op. cit.*, p. 184.

I. Figures de sens ou tropes
Figure associée :
la comparaison

1. Repérage des tropes

Qu'est-ce qu'un trope ? Ce détour de sens repose sur l'opposition sens propre - sens figuré. On peut représenter ainsi le mécanisme des détournements de sens :

Sa → Sé 1 : sens propre
→ Sé 2 : sens figuré

C'est le mécanisme sémantique qui est à la base du passage de Sé1 à Sé2, qui définit les diverses catégories de tropes. Quand il y a trope, il y a double déviation : «une dénomination déviante du dénoté» et «une signification déviante par rapport à un sens considéré comme plus "propre"[1]». Cette conception du sens figuré comme transfert et substitution de sens est celle de la rhétorique classique. Nous serons amenés à affiner ces analyses, qu'une partie des linguistes et stylisticiens contemporains a réfutées. Comme l'écrit Paul Ricœur, le sens figuré «n'est pas un sens dévié des mots, mais le sens d'un énoncé entier[2]». Sans entrer dans le détail des figures associées, nous distinguerons trois catégories :

---

1. C. Kerbrat-Orecchioni, *L'énonciation... (op. cit.)*, p. 64.
2. P. Ricœur, *La métaphore vive*, Seuil, Paris, 1975, p. 124.

– La MÉTONYMIE : elle repose sur un transfert d'ordre logique, qu'on nomme association par *contiguïté* entre Sé1 et Sé2 ; par exemple : «je vous dis que vous êtes une *perfection*» (Proust). Au lieu d'un concret animé désignant un être, on a affaire à un abstrait : l'être incarne ainsi la qualité. Il n'y a pas, dans la métonymie, rupture d'isotopie.

– La SYNECDOQUE : parfois considérée comme un sousensemble de la métonymie, elle repose sur un rapport d'*inclusion* entre Sé1 et Sé2 ; par exemple : «Quand *la feuille* des bois tombe dans *la prairie*» (Lamartine). Par l'emploi de l'article défini générique, le regard est focalisé sur l'objet représentant la classe. Dans la synecdoque, il n'y a pas non plus rupture d'isotopie.

– La MÉTAPHORE : c'est le trope de loin le plus étudié, parce qu'il est un des faits de style les plus représentatifs du discours littéraire : si dans les tropes précédents, le rapport entre Sé1 et Sé2 est d'ordre *logique*, dans la métaphore, le rapport entre les deux est d'ordre *analogique*, et met en jeu beaucoup plus nettement la subjectivité de l'énonciateur. Il y a introduction d'une isotopie étrangère au discours : «Tu es *le feu* jailli sur les froides rivières» (Ph. Jaccottet). Nous commencerons par étudier ce trope qui a la portée stylistique la plus grande.

Avant d'aborder la métaphore, nous dirons quelques mots de la comparaison, dont la métaphore a souvent été rapprochée ; Quintilien dit, par exemple, que «la métaphore est en général une comparaison abrégée». En effet, on voit les ressemblances entre «Je suis comme le pain que tu rompras» (Y. Bonnefoy) et «Vous êtes un beau ciel d'automne clair et rose» (Baudelaire) : mise en relation d'un comparé et d'un comparant, création d'une image verbale par association d'isotopies différentes. Mais les différences doivent aussi être notées : la comparaison pose un rapport explicite entre un comparé (Cé) et un comparant (Ca) qui restent distincts, la métaphore crée un lien immédiat entre un Cé et un Ca dont les référents sont assimilés l'un à l'autre, par transfert de signification. La comparaison est analytique et présuppose en principe une volonté de clarté. La métaphore est synthétique et donne une densité accrue à la représentation.

La description de la comparaison va nous montrer que sa dimension rationnelle peut être fortement subvertie.

2. Figure associée : la comparaison

On peut la définir comme un «rapport de ressemblance entre deux objets dont l'un sert à évoquer l'autre[1]». Elle n'est pas un trope puisqu'il n'y a aucun détournement de sens. On l'a parfois assimilée à une figure de construction, parfois à une figure de pensée. Divers éléments sont à prendre en considération dans sa description qui est un premier palier de l'étude stylistique.

A. *Approche descriptive*

1) *Les outils comparatifs*

On considère qu'il y a figure quand il y a rupture d'isotopie. Dans la phrase «il est grand comme son frère», il n'y a pas expression figurée. On parle, pour la véritable figure, de comparaison *qualitative* ou *figurative*, ou encore de *similitude*. L'outil essentiel est le mot «comme», qui peut être relayé par «ainsi que», à connotation plus didactique, ou par «tel (que)», d'un niveau de langue plus élevé, fréquent dans l'épopée ; on peut citer aussi les outils du comparatif ; ainsi : «Il fut *plus* triomphant *que* la gerbe des blés» (V. Hugo), où la pesée évaluative est explicite.

On a parfois reconnu une figure intermédiaire entre comparaison et métaphore dans les constructions où l'outil semble introduire plutôt une identification modalisée : on parle d'«identification atténuée[2]» ; les principaux modalisateurs sont «avoir l'air de», «faire l'effet de», «sembler», etc. Ainsi : «La lune se leva derrière la ville, et *elle avait l'air d'*un phare énorme et divin» (Maupassant), ou : «Cléopâtre, debout en la splendeur du soir, *Semble* un grand oiseau d'or qui guette au loin sa proie» (Hérédia), ou encore : «La barque mélodieuse se mit à fuir (...) ; mais nous nous élançâmes sur son sillage. *On eût dit* d'une troupe de pétrels se disputant à qui saisirait le premier une dorade» (G. Sand). Comparé et comparant restent distincts mais la subjectivité énonciative s'affirme ici. Cette vision subjective explicitement revendiquée, rapproche l'identification atténuée de la métaphore.

---

1. H. Morier, *Dictionnaire de poétique et de rhétorique*, Paris, PUF, 1975.
2. Voir D. Bouverot, «Comparaison et métaphore», *in Le Français Moderne*, 1969, n° 2, 3, 4.

2) *Présence ou absence du motif*

On appelle motif la qualité commune qui unit comparé et comparant[1] La présence du motif – comparaison dite canonique – limite la portée de l'association («Ils me disent, tes yeux, clairs comme le cristal» (Baudelaire), et exclut plus nettement que la métaphore, les autres sèmes du comparant. La présence du motif est donc en principe la marque d'une volonté de clarté. En revanche, quand la comparaison n'est pas motivée, ce qui est beaucoup plus rare, tous les sèmes du comparant sont implicitement convoqués. La comparaison est moins claire et se rapproche de l'identification atténuée : même subjectivité affirmée, même tension vers l'identification ; ainsi «Je suis comme le roi d'un pays pluvieux» (Baudelaire), ou «Des champs comme la mer, l'odeur rauque des herbes» (L.P. Fargue). L'association Cé-Ca peut même être énigmatique, quand le motif n'est pas dénotativement identifiable : «Elle marchait comme on rit» (Aragon). L'introduction postérieure d'un ou plusieurs motifs tend à rendre plus rationnel un discours jusque là perçu comme intuitif.

> *«Je suis comme le roi d'un pays pluvieux,*
> *Riche mais impuissant, jeune et pourtant très vieux (...)»*
>
> (Baudelaire)

ou encore :

> *«Je suis né comme le rocher, avec mes blessures».*
>
> (René Char)

Quand le motif est exprimé, son analyse est un élément important pour déterminer la fonction de la figure ; quand il est saisi dans une acception purement *dénotative*, et qu'il est pertinent au comparé et au comparant, la comparaison ne produit pas effet de surprise ; c'est le cas dans ce vers de Leconte de Lisle : «Comme des troncs pesants flottaient les crocodiles», ou dans ce passage de *La peau de chagrin,* où Raphaël fait le portrait de son père : «taquin comme une vieille fille, méticuleux comme un chef de bureau». La comparaison est classique, le motif vient renforcer et éclairer les liens Cé-Ca. En dehors de ce type de relation, la comparaison peut s'enrichir, grâce au motif, d'une singularité que certaines écoles littéraires ont érigée en principe. Il n'est pas rare que le motif soit *métaphorique* ; la comparaison intervient alors comme un élément d'ex-

---

1. M. Le Guern parle d'«attribut dominant» *in Sémantique de la métaphore et de la métonymie*, Larousse, Paris, 1973, p. 62.

plication, surtout quand la métaphore introduite par le motif se
développe en tableau :

> «*(La tempête)* ramasse *son cœur comme un papier de rue.*
> *Elle le* froisse, *le* chiffonne, *le* roule, *le* réduit.
> *Et Poil de Carotte n'a bientôt plus qu'une* boulette de cœur.»
>
> (J. Renard)

Chaque phrase constitue un paragraphe, disposition qui rend
plus expressif encore le procédé. On peut aussi remarquer la
métamorphose de la comparaison en métaphore («boulette de
cœur»), autre fait marqueur d'intensité.

Dans la comparaison classique, le motif objective et renforce le lien comparé-comparant ; mais il existe des comparaisons
où le motif est *non-pertinent* au comparé, au comparant ou aux
deux, et n'est pas «traduisible» en terme de métaphore. Cela
relève d'une esthétique de la surprise et de l'étrangeté, plus
marquée encore que dans la métaphore, parce que la comparaison semble toujours amenée par une pensée rationnelle et analytique ; que ce soit dans le vers d'Eluard : «Le ciel est *sournois*
comme un trou» ou dans ceux de R. Char :

> «Fermée *comme un volet de buis,*
> *Une extrême chance compacte*
> *Est notre chaîne de montagnes (...)»*,

la comparaison est énigmatique et ne peut être éclairée que par
le jeu des connotations associatives. Les courants littéraires,
surtout poétiques, qui comme le surréalisme, privilégient les
constructions par associations, ont usé de telles comparaisons.

3) *Rapport comparé-comparant*

Cette étude a des liens étroits avec l'étude du motif, à travers
laquelle nous avons vu comment étaient produits des effets de
rapprochement ou de rupture. De toute façon, la comparaison
repose sur une rupture d'isotopie. Mais celle-ci est, suivant les
époques et les choix esthétiques, plus ou moins accentuée : le
goût classique impose des images dans lesquelles Cé et Ca – et
il vaudrait mieux dire les univers de référence qu'ils suscitent –
ne sont pas trop éloignés[1]. Un des «trajets» essentiels de la
comparaison (et de la métaphore) mène du monde humain au
monde de la nature ; on voit cela dans les comparaisons lexicalisées, du type «blond comme les blés», «beau comme un

---

1. Cf. G. Genette, *Figures*, Seuil, Paris, 1966, «Hyperboles», p. 245-252.

astre», «solide comme un roc», mais aussi dans le discours littéraire : «Mon cœur, *comme un oiseau*, voltigeait tout joyeux»
(Baudelaire) ou encore : O nuit désastreuse ! ô nuit effroyable,
où retentit tout à coup, *comme un éclat de tonnerre*, cette éton-
nante nouvelle : Madame se meurt, Madame est morte[1] !». La
comparaison joue dans tous ces exemples, son rôle de marqueur hyperbolique, mais elle n'est pas fondée sur la recherche
d'un écart. Cette conception très classique est déjà en partie
remise en cause au début du XIXᵉ siècle, par Fontanier quand il
demande pour la comparaison des rapports Cé-Ca «imprévus et
frappants, en même temps que sensibles et aisés à apercevoir[2]».
L'association d'univers de référence hétérogènes est la marque
d'esthétiques aussi éloignées dans le temps que les esthétiques
baroque ou surréaliste[3] ; plus largement, on peut dire que la
«modernité» privilégie ce type d'associations : «Le corps de la
femme est aussi bosselé que mon crâne» de Blaise Cendrars, «le
cœur humain, beau comme un sismographe» d'André Breton, etc.

Le même effet d'hétérogénéité est produit par le procédé de
l'*IKON*[4], cher aux baroques : «Une série d'images successives,
une «pyramide» de comparaisons analogues, reprennent la
même idée» (A. Moret, *Le lyrisme baroque en Allemagne*,
Lille, Bibliothèque universitaire, 1936, p. 155). C'est ainsi
qu'Yves Bonnefoy écrit :

> *«Je suis comme le pain que tu rompras,*
> *Comme le feu que tu feras, comme l'eau pure*
> *Qui t'accompagnera sur la terre des morts.*
> *Comme l'écume*
> *Qui a mûri pour toi la lumière et le port (...)»*

La multiplicité de comparants différents produit un discours
éclaté, qui est ici la marque de la richesse inépuisable du sentiment.

Il est certain que des comparaisons aussi variées dans leurs
outils, et dans les liens qu'elles tissent entre des univers différents ne peuvent dans le discours littéraire, avoir des fonctions
identiques. Nous voudrions à présent indiquer de façon sché-
matique, les principes que doit emprunter le commentaire pour
rendre compte de ces mises en relation.

---

1. C'est l'entourage de la comparaison qui lui redonne une forte expressivité.
Cf. J.L. de Boissieu, A.M. Garagnon, *op. cit.*, p. 78-79.
2. P. Fontanier, *Les figures du discours*, Flammarion, Paris, 1968, p. 379.
3. G. Genette, *Figures*, p. 250.
4. J. Molino et J. Gardes-Tamine, *op. cit.*, t. II, p. 133. Nous leur empruntons
la citation d'A. Moret.

B. Principales fonctions de la comparaison

Nous avons vu que suivant les époques, les esthétiques – et aussi les genres – les comparaisons étaient marquées par des procédés différents. A quels enjeux ces marques correspondent-elles ? Nous indiquons des dominantes, étant bien entendu que ces catégories ne sont pas imperméables.

1) Fonction ornementale

Elle est toujours mise en avant par la rhétorique classique : «La comparaison peut contribuer infiniment à la beauté du discours, et en être un des ornements les plus magnifiques[1]». Elle est conventionnellement associée à un discours poétique plutôt descriptif, elle est généralement motivée, l'écart entre Cé et Ca est réduit ; d'essence *figurative,* elle impose la vision statique de deux mondes distincts, comme dans cet extrait du poème «Le Cygne» de S. Prudhomme :

> *«L'oiseau, dans le lac sombre où sous lui se reflète*
> *La splendeur d'une nuit lactée et violette,*
> Comme un vase d'argent parmi les diamants,
> *Dort la tête sous l'aile, entre deux firmaments.»*

L'isotopie développée par le comparant marque la volonté d'embellissement du référent qui est, de plus, fixé en un tableau statique. C'est en particulier le cas dans la poésie épique ou dans la poésie descriptive où le comparant peut être amplifié et prendre les dimensions d'un tableau-fresque.

Quand l'habitant de Saturne, pour parler de la nature à *Micromégas,* compare celle-ci avec un parterre, une galerie de peinture, etc., Micromégas l'interrompt en disant : «Je ne veux point qu'on me plaise, je veux qu'on m'instruise». Voltaire se moque de la comparaison ornementale, que dans les règles rhétoriques traditionnelles, on rattache au «placere». Il demande un discours pédagogique, tourné vers le «docere». Une telle fonction peut aussi être celle de la comparaison, dont Fontanier dit que dans certains discours, elle est une «manière d'éclaircissement et de preuve» (p. 378).

2) Fonction didactique

Dans le «raisonnement par comparaison», le comparant est

---

1. P. Fontanier, *op. cit.*, p. 379.

là, non pour donner à voir, mais pour donner à comprendre ; il sert en quelque sorte de preuve ; ce type de comparaison fait d'ailleurs partie des lieux rhétoriques. La comparaison n'a donc pas valeur figurative, elle est *argumentative* ; elle est presque toujours motivée, l'écart Cé-Ca est limité ; le Ca doit être plus connu que le Cé et il a souvent une portée généralisante, typifiante ; les marques de sa portée sont surtout données par le déterminant, article défini ou indéfini à valeur générique, et parfois par le temps du verbe. Dans la phrase suivante, tirée de *Micromégas* : «il allait de globe en globe, lui et les siens, *comme un oiseau voltige de branche en branche*», le Ca généralisant n'a pas valeur figurative ; il apporte sur le mode plaisant une preuve de la relativité (des distances et des valeurs). La comparaison vise surtout à convaincre de la valeur de vérité de la proposition énoncée dans le comparé.

Ces deux fonctions de la comparaison ne rendent pas pleinement compte de la richesse du mécanisme associatif.

3) Fonction cognitive : expansion de l'imaginaire

Nous voulons parler de la comparaison où s'exprime avant tout la subjectivité du créateur, et qui peut être la voie d'accès à un monde imaginaire mis en parallèle avec le monde de la réalité.

a. Elle est souvent porteuse de connotations affectives ou axiologiques. En effet, en substituant l'image à l'analyse, le narrateur remplace un savoir abstrait par une connaissance sensible. Dans le passage des *Mémoires d'Outre-Tombe* où est décrite la rencontre avec la petite hotteuse, l'épisode s'achève ainsi : «(...) elle est entrée dans une chaumière *comme un petit chat sauvage se glisse dans une grange parmi les herbes*» : le point d'orgue affectif apporté par la comparaison finale suggère l'empreinte laissée dans le souvenir par cette rencontre pourtant fugitive. De même, les comparaisons qu'on trouve chez Flaubert (même s'il dit les traquer) sont un foyer d'ironie important, car elles sont fondées sur une pseudo-valorisation du comparé : «(Emma croyait) qu'elle possédait enfin cette passion merveilleuse qui jusqu'alors s'était tenue *comme un grand oiseau au plumage rose planant dans la splendeur des ciels poétiques.*»

b. La comparaison n'est plus ornement ou preuve ; elle donne à voir un monde autre, elle devient outil d'exploration et de connaissance sensible et permet le dévoilement de l'obscur. Là où l'analyse intellectuelle et abstraite serait inopérante, la comparaison permet une connaissance d'ordre poétique. On peut parler de son pouvoir herméneutique. On sait que chez Proust, elle permet – avec la métaphore – de déchiffrer les hiéroglyphes que présente le monde à la conscience. Ce patient travail de décryptage – que G. Deleuze appelle «l'apprentissage temporel des signes» – se traduit parfois par des comparaisons hypertrophiées d'une longueur bien supérieure au comparé, auquel elles sont, de plus, couramment antéposées. Dans la phrase qui suit, la comparaison forme un véritable tableau autonome, l'apparition en fin de phrase d'un comparé laconique et brutal traduisant le retour déceptif à la réalité. Seule la construction d'un monde imaginaire permet la connaissance et procure du plaisir ; plaisir de la connaissance, plaisir poétique, plaisir de l'humour, ne font qu'un :

> «*Tel* un gourmet de littérature, allant au théâtre voir une nouveauté d'un des maîtres de la scène, témoigne sa certitude de ne pas passer une mauvaise soirée en ayant déjà, tandis qu'il remet ses affaires à l'ouvreuse, sa lèvre ajustée pour un sourire sagace, son regard avivé pour une approbation malicieuse ; *ainsi* c'était dès son arrivée que la duchesse allumait [i.e. «faisait briller ses yeux»] pour toute la soirée.»

Toutefois la comparaison affirme le caractère irréductible des deux mondes qu'elle a reliés ; l'essence de la réalité ne peut être, quand elle est utilisée, qu'approchée.

Chez les surréalistes enfin, la comparaison à valeur herméneutique est nécessairement énigmatique ; seule la «(rupture du) fil de la pensée discursive» (A. Breton) et l'association des réalités les plus éloignées permettent l'exploration, ou la révélation fulgurante, de la surréalité[1]. Certains surréalistes – comme Reverdy – repoussent l'usage de la comparaison, figure d'une pensée analytique et discursive, mais quelqu'un comme A. Breton, au moins dans *Signe ascendant*, en 1947, n'établit pas de hiérarchie entre comparaison et métaphore : «Le mot le plus exaltant dont nous disposions est le mot COMME, que ce mot soit prononcé ou *tu*.» L'image verbale chez les surréalistes tire sa force poétique du paradoxe sur lequel elle est fondée : elle ne permet la connaissance que dans la mesure où elle est énigmatique.

---

1. Pour une introduction plus précise au rôle de l'image verbale chez les surréalistes, voir C. Abastado, *Introduction au surréalisme*, Bordas, Paris, 1971, p. 81-87.

Les analyses qui précèdent montrent la différence entre la comparaison pédagogique et la comparaison à valeur cognitive. L'écart est le même que celui qui sépare le désir de *convaincre* et celui de *persuader* ; la démarche est dans le premier cas intellectuelle et fait intervenir «l'esprit de géométrie», dans le second cas, ce sont «l'esprit de finesse» et la sensibilité qui s'expriment[1]. L'image verbale présuppose donc une hiérarchie entre les deux modes d'appréhension d'un référent.

La comparaison et la métaphore reposent sur des mécanismes associatifs différents, nous l'avons dit. Pourtant des écarts du même ordre vont se retrouver dans le trope, que nous allons à présent étudier.

3. La métaphore

Nous le rappelons, elle repose sur la perception (ou la création) d'une analogie entre deux référents, en termes linguistiques le comparé et le comparant. Le premier peut être dit référent actuel, l'autre étant le référent virtuel. Comme pour la comparaison, deux axes d'étude peuvent être tracés : d'abord un axe descriptif, où est prise en compte la forme linguistique de la métaphore. Les mécanismes étant plus complexes que dans la comparaison, nous distinguerons une approche *syntaxique* (quels sont les modes de construction de la métaphore ?) et une approche *sémantique* (sur quels «transferts de signification[2]» est-elle fondée ?). Le second axe d'étude porte sur la nature et la fonction des divers types de métaphore. De façon simple, on peut dire qu'elles apportent un enrichissement sémantique en créant des associations nouvelles ; on parle parfois à propos de la métaphore, d'«image associée[3]» ; elles sont la marque de l'expansion de l'imaginaire.

---

1. Pour l'opposition «convaincre-persuader», voir C. Perelman et L. Olbrechts-Tyteca, *Traité de l'argumentation*, Éditions de l'Université de Bruxelles, Bruxelles, 1988, p. 39-40.
2. Cf. P. Ricœur, *La métaphore vive*, Seuil, Paris, 1975.
3. M. Le Guern, *Sémantique de la métaphore et de la métonymie*, Larousse, Paris, 1973., Seuil, Paris, 1975.

A. *Approche syntaxique : constructions de la métaphore*

1) *Métaphores in PRAESENTIA/in ABSENTIA*

– *La métaphore in praesentia* est fondée sur une relation contextuelle entre un comparé et un comparant :

«Vers le nord, le troupeau des nuages qui passe,
Poursuivi par le vent, chien hurlant de l'espace...»

(V. Hugo)

Elle ne peut porter que sur un substantif (ou son équivalent verbal, l'infinitif).

– *La métaphore in absentia* est fondée sur une relation de substitution : le point de départ de la construction imaginaire, c'est-à-dire la comparé, n'est pas exprimé ; le lecteur ne saisit que le comparant. Prenons cet extrait de *Pierres* de R. Caillois : «Dans ma main resplendit un *soleil* minuscule». La vision métamorphosante propre à la métaphore a pleinement abouti puisqu'une vision autre de l'objet (la pierre) est donnée. La vision s'impose d'autant plus facilement que le co-texte ne permet pas une identification immédiate du comparé. Le terme métaphorique conserve donc quelque chose de son sens propre, même si le lecteur perçoit une anomalie sémantique, et la portée de la métaphore est accrue.

Cette construction substitutive participe parfois d'une stratégie de l'énigme quand le dévoilement du comparé et du référent actuel est différé :

«Ce toit tranquille où marchent les colombes
Entre les pins palpite, entre les tombes.»

(Valéry)

Le titre (*Le cimetière marin*) et la suite du poème amènent le lecteur à associer «mer» et «navires» à «toit» et «colombes» : une double vision (paysage terrestre/paysage maritime) est ainsi créée.

Le déroulement linéaire du discours métaphorique ne doit pas être négligé ; il peut y avoir une mise en scène du Ca qui participe d'une stratégie poétique ou narrative à identifier. Dans tel poème de R. Char, un syntagme substantif, centre de phrase nominale, devient comparant par l'ajout en hyperbate d'un comparé :

«Martinet aux ailes trop larges, qui vire et crie sa joie autour de la maison. Tel est le cœur.»

Dans l'extrait suivant de *Pierre et Jean*, l'image verbale prend la forme d'une comparaison canonique qui se transforme en métaphore *in absentia* :

«Et on voyait d'autres navires (...) accourant (...) vers la jetée courte et blanche *qui les avalait comme une bouche* l'un après l'autre. Et les barques de pêche et les grands voiliers (...) arrivaient tous, vite ou lentement, vers *cet ogre dévorant* qui, de temps en temps, semblait *repu*, et *rejetait* vers la pleine mer une autre flotte (...)».

La métamorphose progressive du paysage (achevée par l'introduction de la métaphore *in absentia*) associée à l'isotopie du comparant, apporte à la description une touche de fantastique.

On peut aussi considérer comme *in absentia* les métaphores qui portent sur d'autres catégories que le substantif, c'est-à-dire sur le verbe et l'adjectif. Dans ce cas, c'est le comparant qui n'est pas exprimé ; la métaphore n'affecte pas le comparé mais certains de ses prédicats. On ne peut parler de vision métamorphosante ; la métaphore suggère sans imposer, elle crée des impressions plus ou moins floues. Dans «les épais nuages *battaient des ailes* à ras de terre», ou «moi, mon âme est *fêlée*», le comparant reste implicite. A noter que la métaphore est parfois rendue explicite par l'ajout d'une comparaison : «cette pensée avait sauté en même temps (que Swann dans la voiture) et s'installait sur ses genoux *comme une bête aimée*» (Proust)[1]. Tension entre implicite et explicite, entre mystère et dévoilement : le discours métaphorique est régi par des stratégies complexes.

Les constructions de la métaphore substantive *in praesentia* sont multiples. Un certain nombre de stylisticiens se sont intéressés à la spécificité syntaxique des métaphores[2] ; nous retiendrons quelques éléments d'analyse.

1. C'est ce qu'I. Tamba-Mecz, *Le sens figuré*, PUF, Paris, 1981, appelle le «renforcement authentifiant du comparant».
2. Cf. I. Tamba-Mecz, *op. cit.*, J. Gardes-Tamine, «Métaphore et syntaxe», *in Langages* n° 54, juin 1979, p. 65-81.

2) *Fonctions syntaxiques de la métaphore in praesentia*[1]

a. *La relation attributive*

C'est elle qu'ont étudiée la plupart des linguistes, elle est en effet perçue comme la construction la plus canonique de la métaphore. Cé et Ca sont reliés par un «*est* d'équivalence» : «Mais la mort n'*est* pour moi qu'un matelas d'aiguilles» (Baudelaire). Elle donne du comparé une «définition métamorphosante» (I. Tamba-Mecz) et apparaît souvent dans des énoncés didactiques.

b. *L'apostrophe*

«Ange *plein de gaieté, connaissez-vous l'angoisse ?*»
(Baudelaire)

c. *L'apposition*

Liée par des liens syntaxiques lâches avec le reste de la phrase, elle semble être un ajout accidentel, une retouche, alors qu'elle est le fondement d'une représentation nouvelle de l'objet ; sa mobilité dans la phrase permet des variations dans l'ordre de présentation des éléments, comme dans cet extrait de *Belle du Seigneur* d'A. Cohen :

«Le premier délégué de Suède s'inclinait tristement, *haute grue mécanique* (...). *Haut cheval surplombant,* Fridtjof Nansen approuvait l'envoyé spécial du Times...»

A noter que c'est parfois le comparé qui est mis en apposition : «Et nous tenons ce sceptre en nos pattes, *l'effroi*». La souplesse de la construction appositive permet donc des effets variés.

d. *La construction substantif + substantif*

C'est la plus complexe, celle où les associations ont les formes et les effets de sens les plus nombreux mais aussi les plus flous : Ca + Cé : «le verre ardent des regrets» (Maeterlinck), ou les «métaphores-maximum» de Hugo : «pâtre promontoire», «fossoyeur oubli» ; motif + Cé : «(des cristaux) d'un blanc absorbant de neige ou de porcelaine» (R. Caillois) ; motif + Ca + Cé : «Le déhanchement maugréant de bête réveillée du navire» (J. Gracq), etc.

---

1. Pour plus de précisions sur cette construction, voir J. Molino et J. Gardes-Tamine, *op. cit.*, t. 1, p. 166-171.

«L'énigmatique préposition *de*[1]», pouvant marquer des relations très différentes est créatrice d'images qui restent hermétiques quand on ne peut identifier le mode de relation : «cette page d'où tu prenais élan pour te soustraire à la géante torpeur *d'épine* du Monstre» (R. Char). Les surréalistes ont souvent usé de cette construction.

On l'entrevoit à travers les analyses précédentes, s'interroger sur le mode de construction des métaphores permet une première approche de leur rôle. Un dernier élément de leur construction reste à étudier : le motif.

3) Métaphores motivées/non motivées

Comme dans la comparaison, le motif peut être exprimé ou rester implicite. Il ne s'applique dénotativement qu'au comparant et il est attribué au comparé par glissement connotatif [2] et par hyperbole. Sa présence limite en principe l'extension de l'analogie puisqu'il réduit les sèmes communs Cé-Ca ; il permet parfois d'éclairer le sens de la relation :

«*Les souvenirs sont cors de chasse*
Dont meurt le bruit parmi le vent»

(Apollinaire)

On perçoit dans l'analyse du motif, le mécanisme d'hyperbole qui est à la base de la métaphore : «La métaphore extrapole, elle se base sur une identité réelle manifestée par l'intersection de deux termes (i.e. le motif) pour affirmer l'identité des termes entiers[3]». Quand le lecteur perçoit un seul sème commun («cet homme est un lion»), l'image reste abstraite. Quand, au contraire, plusieurs sèmes communs sont identifiés, la force évocatrice de la métaphore s'accroît : «mon cœur au chaud, ce lapin, derrière sa petite grille de côtes, agité, blotti, stupide» (Céline).

L'approche syntaxique montre la variété et la souplesse des constructions métaphoriques. Mais elle ne constitue qu'un préliminaire à l'étude des mécanismes sémantiques, des transferts de signification.

---

1. J. Molino, J. Gardes-Tamine, *op. cit.*, p. 171.
2. G. Molinié le définit comme une «qualité connotative».
3. Groupe µ, *Rhétorique générale*, Larousse, Paris, 1970, p. 107.

B. *Approche sémantique : transferts de significations*

Nous retrouvons des analyses plus traditionnelles[1] qu'on peut mener en termes de décomposition sémique, comme dans l'étude de la dénotation. Disons dès à présent que la métaphore repose sur une rupture d'isotopie : l'association de sèmes génériques ou de sèmes spécifiques en principe incompatibles abolit les catégories logiques et impose une recatégorisation, une redistribution subjective où se manifeste une vision personnelle et imaginaire du monde. Quelques grands axes interprétatifs peuvent être proposés, le reste étant affaire de contexte.

1) *Transferts de sèmes génériques*

a. *Concrétisation de l'abstrait*

C'est l'un des mécanismes les plus fréquents de la métaphore ; une expérience intellectuelle est transformée en expérience sensible : «Mes rêveuses pensées pieds nus vont en soirée» (Apollinaire). Le pouvoir concrétisant de la métaphore est à la base de sa fonction imageante.

b. *Du non-humain à l'humain : personnification/anthropomorphisme*

Chez certains écrivains, la représentation de la nature s'exprime en métaphores qui impliquent une vision animiste ou panthéiste du monde. On pense à J. Giono, par exemple, dans sa description du hêtre :

> «Et à l'automne, avec ses longs poils cramoisis, ses mille bras entrelacés de serpents verts, ses cent mille mains de feuillages d'or jouant avec des pompons de plumes (...), il n'était pas vraiment un arbre.»

c. *De l'inanimé à l'animal*

En dehors de métaphores marquées par le pittoresque affectif («le tramway, un genre de girafe obèse» (Céline[2])), la métaphore implique une même vision animiste du monde que celle qui a été étudiée plus haut :

---

1. Cf. S. Ullmann, «L'image littéraire, quelques questions de méthode», *in Langue et littérature.* Actes du 8e Congrès de la Fédération internationale des langues et littératures modernes, Les Belles Lettres, Paris, 1961, p. 41-60.
2. Exemple emprunté à I. Tamba-Mecz, *op. cit.*

> *«Le crépuscule étend sur les longs sillons gris*
> *Ses ailes de fantôme et de chauve-souris»*
>
> (V. Hugo)

Ces éléments d'animation peuvent introduire dans le texte une touche de fantastique.

d. De l'humain au non-humain (animal/inanimé)

Nous analyserons ici un emploi particulier, mais largement représenté, de ces associations : la vision caricaturale à portée parfois satirique d'un individu, dont un caractère est isolé et hyperbolisé par la métaphore :

> «(Ce n'était plus la fillette blonde et fade...). C'était une mère (...), une grosse mère banale, la *pondeuse*, la *poulinière humaine*, la *machine de chair* qui procrée sans autre préoccupation dans l'âme que ses enfants et son livre de cuisine.»
>
> (Maupassant)

L'article défini à valeur généralisante est un autre marqueur hyperbolique : il donne à l'individu le statut d'un type.

Dans ces transferts de classèmes, l'effet de transgression est fortement marqué. D'autres transgressions de catégories sont à la base de la métaphore : elles affectent les sèmes spécifiques.

2) Transferts de sèmes spécifiques

a. *Les synesthésies* : elles reposent sur des associations de sensations différentes. Divers sens sont convoqués simultanément pour appréhender une réalité difficile à saisir et complexe ; les synesthésies présupposent une unité de l'être sensoriel ou du monde perçu (cf. les correspondances baudelairiennes). La métaphore proustienne exprime souvent cette appréhension à la fois fragmentée et synthétique de l'objet ; dans l'extrait qui suit, le narrateur évoque la manière dont Swann «entend» la petite phrase de la sonate de Vinteuil par des métaphores empruntées à des sens autres que l'ouïe : «Et tandis qu'elle passait, légère, apaisante, et murmurée comme un parfum (...)». C'est le «clavier incommensurable» des sens qui donne de la réalité la représentation qui est la plus juste, parce qu'elle est métaphorique et donc associative.

b. *Les transmutations de règnes ou d'éléments* : la rêverie matérielle s'incarne là dans des métaphores où semble apparaître une nouvelle cosmogonie ; la vision métamorphosante propre à ce trope efface les frontières entre les catégories les plus fondamentales ; on en voit un exemple dans l'évocation que fait Giono de la venue du printemps :

«Le printemps arriva. Vous savez comment il est : saison grise, pâtures en *poils de renard*, neige en *coquille d'œuf* sur les sapinières, des coups de soleil fous *couleur d'huile*, des vents *en tôle de fer blanc* (...)».

Les métaphores construisent des relations inédites ; le lecteur découvre la vision d'un monde nouveau et irréductible créé par l'auteur. Chaque métaphore met en relation deux univers hétérogènes ; de cette combinaison émerge un troisième univers, à la limite du merveilleux.

Enfin, il faut noter que tous les domaines lexicaux peuvent être associés par la métaphore.

Nous avons étudié les métaphores de façon isolée. Nous voudrions à présent analyser quelques modes de construction des réseaux métaphoriques qui peuvent couvrir jusqu'à l'ensemble d'une œuvre.

C. Relations entre métaphores

1) Approche syntagmatique/verticale : la métaphore filée

On peut la définir comme «une série de métaphores reliées les unes aux autres par la syntaxe et par le sens[1]». Dans la métaphore filée, il y a donc récurrence des sèmes du comparant, qui forme une isotopie. Il est intéressant d'étudier les cas où le développement métaphorique se prolonge ; prenons ce passage de *Du côté de chez Swann* :

«Il montait en voiture mais il sentait que *cette pensée* (i.e. la pensée d'Odette) y *avait sauté* en même temps et *s'installait sur ses genoux comme une bête aimée* qu'on *emmène* partout et qu'il *garderait* avec lui à table, à l'insu des convives. Il la *caressait, se réchauffait à elle* et, éprouvant une sorte de langueur, se laissait aller à un léger frémissement (...), tout en fixant à sa boutonnière le bouquet d'ancolies.»

L'association pensée-bête aimée est explicitement marquée

1. M. Riffaterre «La métaphore filée dans la poésie surréaliste» *in La production du texte*, Seuil, Paris, 1979, p. 217-234.

par une comparaison. Mais cette comparaison est précédée et surtout suivie de métaphores : celles-ci développent une seconde isotopie, celle du comparant qui prend une extension et une importance plus grandes que celle du comparé («cette pensée») qui n'est nommé qu'au tout début. La métaphore, hypertrophiée, forme un tableau autonome et glisse subtilement vers la métaphore «in absentia» : dans «il *la* caressait», quel est l'antécédent du pronom *la* ? *Pensée* ou *bête aimée* ? La métaphore filée qui accentue le pouvoir métamorphosant de la simple métaphore est ici l'expression stylistique de la puissance pathologique d'un fantasme à ce point matérialisé qu'il suscite une manifestation corporelle. De plus, dans la dernière phrase, imprégnée de sensualité, la bête aimée devient un substitut d'Odette, le pronom *la* pouvant aussi renvoyer par syllepse au nom de la femme aimée.

Le marquage hyperbolique de la métaphore filée explique qu'elle ait été condamnée par le goût classique. Un autre mode de relations entre métaphores va être envisagé.

2) *Approche paradigmatique/horizontale : les réseaux métaphoriques*

Leur étude est particulièrement productive quand elle est menée dans une œuvre entière. Lucienne Frappier-Mazur, identifiant l'ensemble des champs lexicaux couverts par les métaphores dans *La Comédie Humaine* (théâtre, jeu, patriarcat, corps-maladie, agression, etc.), montre comment celles-ci contribuent à la construction de personnages vus comme lieux d'un échange d'énergie ou d'un conflit.

Dans l'étude d'un extrait d'œuvre, ou d'un poème, l'exploration des réseaux métaphoriques et de leurs relations est un élément essentiel de l'analyse interprétative. Il arrive que plusieurs lectures se superposent : une lecture non-métaphorique et une ou plusieurs lectures métaphoriques. C'est ainsi que dans le poème *Salut* de Mallarmé, F. Rastier[1] propose, une fois posée l'isotopie de la navigation, une isotopie métaphorique, celle du banquet et du toast («naviguer» = dîner, «poupe» = haut de la table, etc.), et une seconde isotopie métaphorique, celle de la littérature («naviguer» = écrire, «hivers» = stérilité, etc.).

Par la création de réseaux métaphoriques structurés, l'écrivain construit un univers imaginaire personnel. Le degré d'ori-

---

1. *Sens et Textualité*, p. 225-244.

ginalité des métaphores doit aussi être pris en compte pour que l'enjeu de sa démarche puisse être compris.

D. Métaphore et invention

Pour que les métaphores apportent l'enrichissement sémantique dont nous avons parlé, il faut que le lecteur identifie le passage d'un sens propre à un sens figuré. Plusieurs cas sont à distinguer :

1) La métaphore usée

a. La CATACHRÈSE est à peine identifiable comme trope puisque le référent visé n'a qu'une expression métaphorique : «le pied de la lampe», «le bras du fauteuil», etc.

b. La métaphore peut être totalement LEXICALISÉE quand elle ne fait plus image, ne laissant qu'un «résidu affectif[1]» : «le malade *baisse*», «la nuit/la chaleur *tombe*», etc. On est souvent en présence de clichés, collocations imposées par l'usage : «le manteau de la neige», «une voix d'or», etc. Ces métaphores-clichés peuvent avoir un rôle connotatif, par exemple comme marqueurs d'un code poétique de convention.

2) La métaphore classique

Elle doit être compatible, dans les sèmes qu'elle introduit et dans son niveau de langue, avec le contexte. Pour être «juste», elle doit être, non arbitraire, mais transparente. C'est dire qu'elle est généralement empruntée au fonds commun des «topoi». Citons la métaphore antithétique ancienne de la tempête et du port, surabondante dans la poésie de Malherbe :

> *«Enfin après les tempestes*
> *Nous voicy rendus au port.»*

«Cette antithèse entre l'agitation et le calme symbolise (...) l'antithèse entre le mal et le souverain bien[2]».

---

1. Ch. Bally, *Traité de stylistique française.*
2. R. Fromilhague, *Malherbe, technique et création poétique*, A. Colin, Paris, 1954, p. 53.

3) *La métaphore d'invention*

Elle crée des associations nouvelles et constitue donc un «construit énonciatif» (I. Tamba-Mecz). Elle apporte un enrichissement sémantique au discours par l'introduction d'une isotopie parfois peu prévisible ; celle-ci constituant une «valeur ajoutée», est saisissable en termes de connotations. Nous avons identifié quelques-unes de ces valeurs sémantiques additionnelles, dans l'analyse des transferts de signification. La métaphore d'invention peut «défie(r) l'analyse sémique[1]», quand la lecture ne peut associer Ca et Cé : «Je suis le poète, *meneur de puits tari* que tes lointains, ô mon amour, approvisionnent» (R. Char). C'est la mise en évidence d'équivalences connotatives qui peut seule résorber l'incompatibilité, en maintenant le caractère irréductible de la vision.

Un type de métaphore peut être détaché, dans cette étude des tropes d'invention : c'est celui qui est fondé sur la DÉLEXICALISATION de collocations qui ne font plus image. Nous citions plus haut : «La chaleur tombe». Voici le texte produit par la métaphore rendue à la vie, resémantisée par Proust dans la description du restaurant de Rivebelle :

> «(…) La chaleur du jour *tombait, se déposait,* comme au fond d'un vase le long des parois duquel la *gelée* transparente et sombre de l'air semblait si *consistante* qu'un grand *rosier* (…) avait l'air de l'arborisation qu'on voit au fond d'une *pierre d'onyx.*»

Toute une rêverie matérialisante et «solidifiante» prend corps dans l'emploi qu'on peut dire en SYLLEPSE du verbe «tomber».

Nous avons mis en évidence la complexité des processus métaphoriques. Nous allons retrouver dans les fonctions qui leur sont associées, la diversité déjà repérée dans l'étude des comparaisons.

E. Fonction des métaphores

1) *Fonction ornementale*

La métaphore qui a cette seule fonction a généralement partie liée avec les «topoi» ou les clichés. Comme la comparai-

---

1. P. Ricœur, *op. cit.*, p. 216.

son, elle vise à orner le discours et à embellir le référent ; toutefois, comme le remarque M. Le Guern, la comparaison garde mieux son épaisseur concrète au Ca[1]. La métaphore a donc une moins grande force figurative. Des métaphores comme «le printemps de la vie» ou «la neige, blanc linceul», n'ont d'autre rôle que cette esthétisation.

2) Fonction didactique/explicative

Nous voulons parler des métaphores argumentatives, fondées sur un raisonnement par analogie[2]. La différence avec les comparaisons du même type n'est pas nettement marquée. On trouve ces tropes dans les énoncés à visée morale, philosophique, spirituelle, etc. ; le comparant est généralement emprunté au domaine sensible. Dans ce mode de raisonnement, les connotations (valorisantes ou dévalorisantes) du comparant sont transférées au comparé ; ce sont des connotations qui servent d'argument :

> «*N'espérons plus mon âme aux promesses du monde ;*
> *Sa lumière est un* verre *et sa faveur une* onde»
>
> (Malherbe)

Les connotations du comparant sont stables, le choix du terme étant souvent fait au sein d'une topique marquée, comme dans les vers cités. Malgré la stabilité des connotations, le terme métaphorique a un sens relativement flou. Aussi certains philosophes rejettent-ils comme incertaine cette manière d'argumenter, plus proche de la persuasion (affective) que de la conviction (logique). Certains courants littéraires, et notamment l'esthétique baroque, ont néanmoins privilégié ce type d'approche.

Reste à voir la catégorie des métaphores où se manifeste le plus nettement l'invention : les métaphores à valeur cognitive, où connaissance et sensibilité, – et même émotion –, sont indissociables.

3) Fonction cognitive

a. *Dimension affective*

Elle a été traditionnellement privilégiée dans l'étude de la

---

1. M. Le Guern, *op. cit.*, p. 73.
2. Pour des analyses développées, cf. C. Perelman et L. Olbrechts-Tyteca, «Le raisonnement par analogie», *op. cit.*, p. 499-549.

métaphore. Il est vrai que, présupposant une démarche autre
que logique, la métaphore fait de la connaissance un acte affectivement marqué. Sa formulation donne en effet au lecteur des
«directives émotionnelles[1]» : les connotations affectives mais
aussi axiologiques (on sait que les deux ensembles sont souvent
étroitement associés) entrent ici en jeu. Dans Saint-Simon, par
exemple, on trouve «un vaste réseau d'analogies maritimes
(...), où la vie à la cour ressemble à une traversée d'océan,
l'emploi de courtisan à une navigation périlleuse[2]». L'image
hyperbolique de la navigation atteint la sensibilité du lecteur, à
la différence d'une formulation abstraite.

b. *Connaissance et sensibilité*

La métaphore, en établissant des liens nouveaux, «modifi(e)
notre connaissance du monde» : «La métaphore unit à la fois ce
qui est semblable et dissemblable : elle est la forme même de la
connaissance créatrice qui fait la synthèse du divers et unit
semblables et contraires dans une totalité organique et
vivante[3]».

Ainsi, elle nous permet de découvrir un nouvel aspect de la
réalité, ou un aspect qui sans elle serait resté obscur. On pense
au pouvoir éclairant des images dans les analyses psycholo-
giques faites par les romanciers contemporains : les zones obs-
cures de l'âme peuvent être intuitivement tirées au jour par ce
qu'un critique appelle la «psycho-analogie[4]». Citons Proust,
F. Mauriac, N. Sarraute, etc.

M. Le Guern écrit que la métaphore cognitive a une fonction capitale dans le langage amoureux, le langage religieux et
la poésie[5]. Dans les trois domaines, le locuteur tente de
connaître par le cœur, et d'exprimer l'ineffable. Dans la poésie,
c'est à partir des romantiques que la dimension cognitive a été
privilégiée. La métaphore devient alors le procédé stylistique
essentiel de la démarche herméneutique, de la quête des «correspondances», des «identités secrètes» (Mallarmé). A la
phrase de Baudelaire : «Au commencement du monde étaient
l'analogie et la métaphore», répond la proclamation de

---

1. Formule citée par Ph. Hamon, *Texte et idéologie*, p. 54.
2. J.L. de Boissieu et A.M. Garagnon, *op. cit.*, p. 165.
3. *Langages* n° 54 («La métaphore»), p. 23 et 16.
4. D. Cohn, *op. cit.*, p. 55-63.
5. M. Le Guern, *op. cit.*, p. 72.

Mallarmé : «Je raye le mot *comme* du dictionnaire». La poésie symboliste affirme le pouvoir totalisant de la métaphore. Proust, lui aussi, fera de ce trope la figure emblématique de sa démarche, celle qui permet de donner «l'équivalent spirituel» de tout élément matériel. On comprend ce qui sépare dans cette démarche métaphore et comparaison. Celle-ci associe deux référents et impose la vision double d'éléments rapprochés mais distincts ; celle-là correspond à une recherche d'unité. Peut-être est-il permis de penser que la comparaison conserve à la démarche cognitive une dimension spatiale et temporelle, alors que la métaphore tente d'abolir l'espace et le temps.

F. Figures voisines

Disons quelques mots de figures qu'on peut considérer comme des variantes de la métaphore.

1) L'allégorie

Des approches relativement différentes de cette figure ont été proposées. Dans la première définition, l'allégorie est repérable linguistiquement, elle est une figure de sens ; dans la seconde acception, l'allégorie ne peut être saisie que par une réinterprétation globale de l'énoncé : elle est une figure de pensée.

a. *Figure de sens*

«L'allégorie est une métaphore filée qui personnifie une idée abstraite[1]». Elle prend donc les dimensions d'un tableau. Citons cette phrase d'André Breton :

> «*La rêverie* (...), une jeune femme merveilleuse, tendre, énigmatique, provocante, à qui je ne demande jamais compte de ses fugues».

b. *Figure de pensée*

«Métaphore généralisée, dans laquelle le sens dénotatif est indéterminable[2]». Dans l'allégorie, deux isotopies au moins sont superposées : la structure du texte propose une première

---

1. A. Henry, *Métonymie et métaphore*, Klincksieck, Paris, 1971, p. 122.
2. C. Kerbrat-Orecchioni, *op. cit.*, p. 245.

lecture doublée d'un sens abstrait que le lecteur peut ne pas voir. Le poème de Mallarmé, «Les fenêtres», peut être lu comme la représentation allégorique de la tension vers un idéal inaccessible.

2) *La prosopopée*

Elle repose sur la matérialisation et l'actualisation d'un concept ou d'un être absent, qui s'expriment dans un discours ou à qui l'on s'adresse : prosopopée de la Nature dans «La maison du Berger», prosopopée de la Beauté chez Baudelaire : «Je suis belle, ô mortels, comme un rêve de pierre...»

3) *L'exemple*

Il est une des figures du raisonnement par analogie. Dans l'exemple, le comparant et le comparé sont simplement juxtaposés, mis en relation de parataxe. L'élément qui sert d'argument semble d'abord introduit pour lui-même ; ce n'est qu'*a posteriori* qu'il apparaît comme un des chaînons d'un raisonnement. Dans le sonnet de Baudelaire, «La cloche fêlée», les deux quatrains brossent une description de «la cloche au gosier vigoureux». C'est le sizain final, introduit par «Moi, mon âme est fêlée», qui montre les deux étapes du raisonnement.

Les deux figures centrales que nous avons étudiées sont donc la comparaison et la métaphore. Elles entretiennent des rapports complexes : leur syntaxe est différente mais toutes deux introduisent des ruptures d'isotopie, et elles sont généralement concrétisantes. Certes, il y a des courants esthétiques qui ont prononcé, vis-à-vis de l'une ou de l'autre, des exclusives. Mais leur étude dans les textes amène à penser qu'il n'est pas possible d'établir entre elles une ligne de démarcation nette. Fonctionnellement, elles peuvent se rencontrer ou s'opposer. L'étude précise de leurs mécanismes, la prise en compte de l'entourage (textuel et situationnel) permettent seules d'évaluer leur relation et de caractériser l'univers du créateur chez qui on les trouve.

Métonymie et synecdoque, en revanche, sont très différentes des deux figures étudiées. Nous allons à présent analyser leurs caractères spécifiques.

4. Les autres tropes : synecdoque et métonymie

Nous le rappelons, la synecdoque repose sur un rapport d'inclusion entre sens propre et sens figuré, la métonymie sur un rapport de contiguïté. Ces tropes sont beaucoup moins productifs que la métaphore dans le discours littéraire : ils sont plus nettement codifiés, et surtout n'introduisent pas de rupture d'isotopie, ils n'apportent pas l'enrichissement sémantique de la métaphore. Les détournements de sens qui fondent leur existence sont d'ordre purement logique : «La contiguïté (et l'inclusion) se fonde(nt) sur la constatation de ce que l'expérience du monde impose», constatation «qui s'inscrit dans la réalité elle-même[1]».

A. *La synecdoque*[2]

Dans la synecdoque, «je prends le plus pour le moins, ou le moins pour le plus» (Du Marsais).

1) *Le moins pour le plus*

On isole un élément ou un détail caractéristique, par un mouvement de focalisation et de concentration de la vision.

– La partie pour le tout :

> «*Et les bruits du* foyer *que l'aube fait renaître*
> (…) *Montaient avec le jour*»
>
> (Lamartine)

– Le singulier pour le pluriel (article générique) :

> «*Quand* la *feuille des bois tombe dans* la *prairie*»
>
> (Lamartine)

– Un caractère isolé pour désigner un objet :

> «*La Belle avait un père homme prudent et sage.*
> *Il laissa le torrent couler.*
>
> (La Fontaine)

---

1. R. Martin, «Notes sur la logique de la métonymie», *in Mélanges Larthomas*, p. 295.
2. Voir H. Morier, *Dictionnaire de poétique et de rhétorique*.

2) *Le plus pour le moins*

C'est surtout l'emploi d'hyperonymes au lieu d'hyponymes qui est ici visé, c'est-à-dire la désignation du nom de l'espèce par celui du genre :

«*Du* reptile *tranché les deux tronçons se tordent*»

(Valéry)

Dans l'étude de la fonction stylistique d'une telle figure, nous détachons surtout les connotations valorisantes ou dévalorisantes qui lui sont associées ; c'est ce jeu connotatif qui est à la base d'un certain nombre de synecdoques. Dans l'emploi d'hyperonymes par exemple, la connotation est souvent marquée : «astre» vs «soleil» ou encore : «*L'arbre* tient bon, le roseau plie». La dilatation de la référence s'accompagne d'un mouvement laudatif.

La métonymie, d'un mécanisme plus complexe, a des fonctions stylistiques plus diversifiées.

B. *La métonymie*

1) *Description*

Le glissement logique qui est à la base de la métonymie ne produit pas, nous l'avons dit, rupture d'isotopie. Il y a pourtant un déplacement partiel des sèmes, une distorsion qui fait de la métonymie un discours «oblique[1]».

Plusieurs types de métonymie peuvent être identifiés ; nous nous intéresserons ici à ceux qui ne sont pas lexicalisés.

2) *Mécanismes et rôle fonctionnel*

Deux ensembles de glissements logiques sont au centre de la figure :

a. *Le concret pour l'abstrait*

(La démarche a des rapports étroits avec une recherche d'emblématisation).

---

1. Cf. M. Bonhomme, *Linguistique de la métonymie* (Peter Lang, Berne, 1987). Il propose d'appeler «cotopie» la relation sémique qui unit sens propre et sens figuré.

– L'ANTONOMASE[1] : au lieu de nommer une qualité, on fait surgir la figure du personnage exemplaire qui l'incarne culturellement : un Harpagon, un Tartuffe, «ce *Turcaret* de M. Deltocq» (Barbey d'Aurevilly).

– Désignation de l'effet par la cause, ou de la cause par l'effet : «lever le pied» / «ralentir», «trembler» / «avoir peur» ; cette figure génère des variations d'intensité dans l'évocation (estompage ou soulignement).

– La métonymie du signe : une réalité abstraite est identifiée par référence à un «élément qui lui est logiquement contigu» : «Le Rouge et le Noir», «Le lys dans la vallée», «Le sabre et le goupillon», «*La chaire de Saint-Pierre* a accouché d'une encyclique[2]».

– L'usage de cette notion a été étendu aux associations métonymiques narratives, de caractère plus librement connotatif. C'est ainsi que dans des analyses de description ou de narration, on parle d'«indices métonymiques» ayant valeur d'appel connotatif ; les descriptions chez Balzac ou chez Flaubert sont presque uniquement conçues comme des métonymies qui évoquent implicitement (obliquement) une certaine réalité : la description de la pension Vauquer dans *Le Père Goriot,* en est l'exemple le plus célèbre.

Les détournements métonymiques peuvent aussi reposer sur un mouvement inverse, une tension vers l'abstraction.

b. *L'abstrait pour le concret*

– Le lieu pour le personnage :

«*Ce que n'a jamais pu* Aragon *ni* Grenade»
(Corneille)

La vision se focalise sur l'élément le plus fortement connoté.

– La «synecdoque (sic) d'abstraction relative». Elle impose un effacement de l'objet de référence qui n'est plus désigné que par un substantif abstrait, qui fait sortir la représentation de l'anecdotique, de l'événementiel. Suivant les époques, les genres, les esthétiques, l'abstraction a une portée différente :

• L'objet peut être effacé au profit de la qualité dans une esthétique de type impressionniste, à tendance non-figurative.

---

1. Voir J.F. Guéraud, «L'antonomase en question», dans *L'information grammaticale*, Paris, n° 45, mars 1990, p. 14 et ss.
2. Exemple d'U. Eco cité par C. Kerbrat-Orecchioni, *op. cit.*, p. 155.

Dans le passage du *Paysan de Paris* où Aragon évoque la figure de Nana, il semble pasticher la prose de Zola par ce procédé : «Alors la charmante *blondeur* se pencha vers moi...». La métonymie n'est pas ici sans rapport avec l'hypallage (cf. explication des poèmes de Verlaine : «l'agilité des poulains»).

• L'abstraction peut avoir valeur collective et correspondre à la mise en évidence de principes, de lois. Ce type de métonymie est fréquent dans la tragédie classique :

> *«Je ne sais de tout temps quelle injuste puissance*
> *Laisse le* crime *en paix et poursuit l'*innocence*»*
>   (Racine)

On le retrouve aussi chez les moralistes, chez Marivaux[1] ou encore dans certaines phrases des *Mémoires d'Outre-Tombe* où Chateaubriand se présente comme un homme qui incarne des principes fondamentaux :

> «(J'irai) présenter les lettres par lesquelles *le courage* et *le malheur* m'accréditent auprès de *l'innocence* et de *la vertu*».

L'homme est perçu comme un lieu où s'affrontent des forces multiples. Toute une conception de la psychologie classique est impliquée par cet usage de la métonymie : l'enjeu est non de décrire une existence mais de caractériser une essence. De même, au XIXe siècle, Balzac crée des personnages qui représentent des (arché)types ; il fait grand usage de la métonymie : «Cet homme présentait la pâle image de la passion... C'était le jeu incarné». Une sorte de réticence devant la brutalité du raccourci qu'impose la métonymie conduit Balzac à modaliser son propos («image de», «incarné»), mais la portée de l'évocation reste la même.

3) Un cas particulier de métonymie : l'énallage

«Elle ne peut consister en français que dans l'échange d'un temps, d'un nombre ou d'une personne, contre un autre temps, un autre nombre ou une autre personne»[2].

On reconnaît là en particulier les emplois dits stylistiques des temps de l'indicatif, comme le présent de narration, le futur des historiens, l'imparfait d'atténuation, etc. On peut penser aussi aux transferts de personne, comme le *il* des *Commentaires* de César, le *nous* dit de majesté, etc. Les méca-

---

1. Nous empruntons ces analyses à la thèse de F. Deloffre, déjà citée.
2. P. Fontanier, *op. cit.*, p. 293.

nismes énonciatifs liés à ces déplacements sont de deux ordres : effet d'estompage, ou au contraire effet de relief. Nous avons plusieurs fois parlé d'«image verbale». Si nous avons introduit l'adjectif «verbal», c'est pour marquer, de façon implicite, la spécificité du terme «image» dans l'analyse stylistique, où il n'a pas son sens courant. En effet, comparaison et métaphore n'entraînent pas nécessairement représentation figurative, vision : les images didactiques par exemple, donnent à comprendre plutôt qu'à voir ; les métaphores cognitives qui, dans l'esthétique moderne en particulier, cherchent à appréhender l'au-delà du visible, n'ont pas non plus d'enjeu figuratif. C'est la comparaison qui, imposant la présence d'un monde second, parallèle au monde actuel, a le plus grand pouvoir de représentation visuelle, et sans doute aussi les comparaisons et métaphores filées et même hypertrophiées qui prennent les dimensions d'un tableau. Pour une définition de l'image que nous préférons appeler dans tous les cas «verbale», nous nous rattacherons à ce qu'écrit M. Le Guern : «On peut définir l'image du point de vue de la réalité linguistique par l'emploi d'un lexème étranger à l'isotopie du contexte immédiat[1]». Nous ajouterons que, même si elles ont un pouvoir concrétisant, elles n'ont de portée figurative que dans certains cas. Métonymie et synecdoque, qui n'introduisent pas rupture d'isotopie, ne peuvent être comptées au rang des images. Ce sont des signes, ou des signaux, d'une attitude énonciative particulière, mais ces tropes qui jouent sur des détournements d'ordre logique restent essentiellement abstraits. Les antinomies figuratif-non figuratif, abstrait-concret ne sont pas réduites par l'utilisation des tropes ; chaque créateur apporte sa réponse : son style en dépend.

---

1. *Op. cit.*, p. 53.

II. Figures de pensée

Les figures de sens que nous venons d'étudier sont d'un abord relativement simple : isolables dans la chaîne du discours, elles peuvent être repérées par tout lecteur attentif. Il est en revanche une catégorie de détournements de sens dont les contours sont beaucoup plus flous, qui ne sont pas associés à des marques linguistiquement définissables – même si certains «signaux» les accompagnent parfois – et dont la visée est essentiellement pragmatique : ce sont les figures de pensée.

P. Fontanier les définit comme des figures «qui ne consistent que dans un certain tour d'esprit et d'imagination et, comme le dit Dumarsais, que dans une manière particulière de penser ou de sentir», et cela, «sans égard à la forme qu'elles peuvent emprunter dans le langage[1]». Peu saisissables, elles peuvent être repérées dans l'étude de tous les postes de l'énoncé ; elles correspondent donc toujours à une attitude énonciative marquée, et sont nettement orientées vers un récepteur. L'une d'entre elles a fait l'objet d'approches multiples dans les dernières années : il s'agit de l'ironie.

1. L'ironie

Elle peut être définie par une prise en compte de l'énoncé, ou de l'attitude énonciative. Dans la prise en compte de l'énon-

---

1. P. Fontanier, *op. cit.*, p. 403.

cé, on définit l'ironie comme antiphrase : on dit «le contraire de ce qu'on pense ou de ce qu'on veut faire penser[1]». La linguistique de l'énonciation a affiné cette définition ; on rappelle brièvement la relation établie par O. Ducrot entre l'ironie et la polyphonie énonciative : dans le discours ironique, le locuteur L ne prend pas à son compte les propos qu'il est en train de tenir ; il fait mention de la pensée d'un énonciateur E, dont il se déclare implicitement non solidaire : «parler de façon ironique, cela revient, pour un locuteur L, à présenter l'énonciation comme exprimant la position d'un énonciateur E, position dont on sait par ailleurs que le locuteur L n'en prend pas la responsabilité et, bien plus, qu'il la tient pour absurde[2]». Ce dédoublement de l'instance énonciative est apparent dans le théâtre :

«Et je vais à Madame annoncer par avance
La part que vous prenez à sa convalescence.»

Dans ces vers de *Tartuffe*, Dorine semble adopter la position d'Orgon.

Dans le récit à la troisième personne le narrateur semble adopter un point de vue et un discours auxquels l'auteur refuse d'adhérer.

Pour définir en quelques mots la fonction de l'ironie, il est manifeste que «ironiser», c'est se moquer d'une «cible[3]». Mais dans les textes où l'adresse à un récepteur (réel ou virtuel) est évidente, l'ironie a une efficacité argumentative : elle vise à dévaloriser ceux dont on feint d'adopter la pensée. On peut citer ici le texte de Montesquieu sur l'esclavage des nègres. La force persuasive de l'adresse au récepteur est sans doute d'autant plus grande qu'elle est indirecte, et qu'elle semble laisser à celui-ci une marge d'interprétation. C'est d'ailleurs là que réside la difficulté de l'ironie : le sens du discours ironique étant par définition ambigü, son décodage est aléatoire et la réinterprétation risque de ne pas être faite par le récepteur. Le texte de Montesquieu dont nous avons parlé a été parfois mal compris. Toutefois, la prise de distance du locuteur peut être marquée dans l'énoncé : c'est le rôle des guillemets, des italiques, qui, nous l'avons dit dans le chapitre précédent, sont parfois des marqueurs d'ironie. Dans le discours oral, l'intonation peut jouer le même rôle. La connotation autonymique est ici en jeu.

---

1. P. Fontanier, *op. cit.*, p. 145.
2. O. Ducrot, *Le dire et le dit*, Éd. Minuit, Paris, 1984, p. 211. Tous ces points de vue sont rappelés dans l'ouvrage de D. Maingueneau, *op. cit.*, p. 78 à 82.
3. C. Kerbrat-Orecchioni, *L'énonciation*, p. 199.

Le caractère ambigü de l'énoncé fonde une relative liberté du récepteur qui peut à son tour feindre de ne pas percevoir la visée ironique du propos. Mais l'ironie peut être aussi du côté du locuteur, la même part de liberté étant pour lui associée à cette parole indirecte. En effet, sa véritable pensée n'est pas explicitement développée ; l'ironie participe de tout un jeu de masques ; J. Starobinski a ainsi pu la définir, dans une étude sur Stendhal, comme «la quintessence spirituelle du masque[1]». Proust parle aussi de «dandysme langagier». Les analyses proposées par un linguiste contemporain vont dans le même sens, puisqu'il voit dans l'ironie «une ruse permettant de déjouer l'assujettissement des énonciateurs aux règles de la rationalité», d'où la dernière phrase de son ouvrage : «(l'ironie) peut apparaître, dans l'ordre de la parole, comme le dernier refuge de la liberté individuelle[2]». Toute une problématique de la feintise est donc soulevée par l'ironie.

2. L'hyperbole

C'est une figure de pensée dans laquelle, comme l'écrit P. Fontanier, «on augmente ou diminue les choses avec excès». Selon lui, l'hyperbole ne doit pas dépasser la mesure et doit être utilisée avec un désir de persuader. On peut ainsi expliquer l'usage de l'hyperbole dans la présentation du héros classique ; qu'on songe à l'usage des caractérisants hyperboliques dans la *Princesse de Clèves*. Les marques de l'hyperbole sont multiples ; un exemple nous le montrera :

> «Imaginez un horrible petit avorton, si petit que c'en était ridicule ; avec cela, disgracieux, sale, mal peigné, mal vêtu, sentant le ruisseau et, pour que rien ne lui manquât, affreusement bancal.
>
> Jamais pareil élève, s'il est permis toutefois de donner à ça, le nom d'élève, ne figura sur les feuilles d'inscription de l'Université. C'était à déshonorer un collège.»
>
> A. Daudet, *Le petit chose*

On peut identifier des moyens morphologiques (*ça*), des moyens lexicaux (*horrible, affreusement*), des moyens syntaxiques (consécutive en *si... que*, énumération, infinitif consécutif *c'était à déshonorer*), etc.

---

1. J. Starobinski, «Stendhal pseudonyme», *op. cit.*, p. 209.
2. A. Berrendonner, *Éléments de pragmatique linguistique*, Éd. Minuit, Paris, 1981, p. 239.

La convergence des marques est en elle-même facteur d'expression hyperbolique. L'hyperbolie a généralement une valeur argumentative, à étudier contextuellement.

3. La litote

Si on la considère dans une extension restreinte, on peut dire que la litote, «au lieu d'affirmer positivement une chose, nie absolument la chose contraire». Elle est dans ce cas associée à l'emploi d'axiologiques ou d'appréciatifs («Ce que tu as dit n'est pas malin»). On peut aussi voir une litote quand on «restreint un degré qui, dans la réalité, se trouve placée au plus haut[1]» ; exemple : «X est un homme à l'abri du besoin»» (en parlant d'un milliardaire). Cette figure a une grande force pragmatique et relève de tout un art de la feinte, puisqu'elle est «une diminution pratiquée en vue de produire une amplification[2]». Même si elle repose sur un processus qui est l'inverse de celui de l'hyperbole, elle est aussi figure d'intensité et doit être étudiée comme telle.

L'euphémisme, grâce auquel la référence à une réalité défavorablement marquée est évitée, peut aussi être rattaché à cet ensemble de figures de pensée.

On le voit, dans l'étude des figures de sens, nous avons privilégié la dimension sémantique et rhétorique, alors que les détournements de sens liés à des détournements de pensée donnent plutôt lieu à des développements d'ordre pragmatique : le sens de l'énoncé est, avec les figures de pensée, toujours patent, et le travestissement opéré par le locuteur[3] est la marque d'un genre, d'une esthétique, d'un style d'auteur, que le lecteur doit identifier.

---

1. L. Marquèze-Pouey, «Va, je ne te hais point» *in Grammatica*, Université de Toulouse, 1973, p. 7.
2. *Id ibid.*, p. 6.
3. C. Kerbrat-Orecchioni parle de «trope illocutoire».

LECTURES CONSEILLÉES

1. Ouvrages de rhétorique

B. DUPRIEZ
Gradus, 10/18, Paris, 1980.

P. FONTANIER
Les figures du discours, Flammarion, Paris, 1968.

GROUPE μ
Rhétorique générale, Larousse, Paris, 1970.

J. MAZALEYRAT, G. MOLINIÉ
Vocabulaire de la stylistique, PUF, Paris, 1989.

H. MORIER
Dictionnaire de poétique et de rhétorique, PUF, Paris, 1975.

2. Les détournements de sens

M. BONHOMME
Linguistique de la métonymie, Éd. Peter Lang, Berne, 1987.

D. BOUVEROT
«Comparaison et métaphore», *in Le Français moderne*, 1969, n° 2, 3, 4.

O. DUCROT
Le dire et le dit, Éd. de Minuit, Paris, 1984.

G. GENETTE
Figures, Seuil, Paris, 1966.
Figures III, Seuil, Paris, 1972.

A. HENRY
Métonymie et métaphore, Klincksieck, Paris, 1971.

M. LE GUERN
Sémantique de la métaphore et de la métonymie, Larousse, Paris, 1973.

F. MOREAU
L'image littéraire, Paris, SEDES, 1982.

C. PERELMAN, L. OLBRECHTS-TYTECA
Traité de l'argumentation, Éd. de l'Université de Bruxelles, Bruxelles, 5e édition, 1988.

P. RICŒUR
La métaphore vive, Seuil, Paris, 1975.

I. TAMBA-MECZ
Le sens figuré, PUF, Paris, 1981.

Ouvrage collectif
L'ironie, P.U.L., Lyon, 1978.

Revue
Langages n° 54, «La métaphore», juin 1979.

APPLICATION

Après trois ans

Ayant poussé la porte étroite qui chancelle,
Je me suis promené dans le petit jardin
Qu'éclairait doucement le soleil du matin,
4 *Pailletant chaque fleur d'une humide étincelle.*

Rien n'a changé. J'ai tout revu : l'humble tonnelle
De vigne folle avec les chaises de rotin...
Le jet d'eau fait toujours son murmure argentin
8 *Et le vieux tremble sa plainte sempiternelle.*

Les roses comme avant palpitent ; comme avant,
Les grands lys orgueilleux se balancent au vent.
11 *Chaque alouette qui va et vient m'est connue.*

Même j'ai retrouvé debout la Velléda
Dont le plâtre s'écaille au bout de l'avenue,
14 *Grêle, parmi l'odeur fade du réséda.*

Verlaine, *Poèmes Saturniens* (1865)

1 *L'échelonnement des haies*
Moutonne à l'infini, mer
Claire dans le brouillard clair
Qui sent bon les jeunes baies.

5 *Des arbres et des moulins*
Sont légers sur le vert tendre
Où vient s'ébattre et s'étendre
L'agilité des poulains.

9 *Dans ce vague d'un Dimanche*
Voit se jouer aussi
De grandes brebis aussi
Douces que leur laine blanche.

13 *Tout à l'heure déferlait*
L'onde, roulée en volutes,
De cloches comme des flûtes
Dans le ciel comme du lait.

Verlaine, *Sagesse* (1875)

Étude comparée de deux poèmes de Verlaine : les images

Les deux poèmes, écrits à dix ans d'intervalle, sont bâtis sur une isotopie commune, la nature : nature domestiquée et intimiste dans le premier, nature bucolique dans le second ; il serait possible de mettre face à face les actants des deux univers : «la porte» / «les haies», «le petit jardin» / «l'échelonnement... à l'infini», «chaque alouette» / «les poulains» et «les grandes brebis», etc. Notre propos est de mettre en évidence la différence de traitement de l'objet évoqué, à travers les figures, tropes essentiellement.

Les figures ont en effet une fonction très différente d'un poème à l'autre :
• elles sont ornementales et affectives dans le sonnet *Après trois ans*. Le lyrisme intimiste de cette poésie du souvenir s'inscrit dans un ensemble de facture traditionnelle ; le recueil auquel elle appartient est le premier qu'ait publié Verlaine ; il relève d'une esthétique classique.
• dans le second poème, les images sont le fait de style fondamental qui structure l'ensemble. Elles imposent une vision autre de l'objet, et sont la marque d'une esthétique nouvelle, proche de l'impressionnisme.

I. Les images dans *Après trois ans*

Ce sont des métaphores, qui sont concentrées dans les onze premiers vers, surtout dans la partie centrale du sonnet. Nous faisons précéder l'étude du rôle sémantique des métaphores de remarques sur leur construction.

1. La construction des métaphores

– Elles ne présentent qu'une occurrence substantive, *humide étincelle* au vers 4 ; c'est une métaphore «in absentia», sans expression du comparé ; la représentation métamorphosée, poétisée, du comparé «goutte de rosée» s'impose seule. L'adjectif *humide* a, outre sa valeur descriptive, une fonction «désambiguïsante» ; il permet en effet d'identifier le comparé du mot *étincelle* qui perd de son relatif hermétisme. La métaphore «in absentia» ne peut ici être associée à une recherche d'étrangeté : elle est en effet fondée sur le sème spécifique (humide) qui permet d'identifier le comparé. Elle vise à l'embellissement du comparé.

– Dans les autres métaphores, le comparé est exprimé ; nous trouvons des métaphores verbales – *pailletant* v. 4, *fait son murmure/sa plainte* v. 7-8, *palpitent* v. 9, et de façon moins marquée, *va et vient* v. 11 –, des métaphores adjectives – *humble* v. 7, *argentin* v. 7, *orgueilleux* v. 10 et *fade* v. 14, qui est une CATACHRÈSE, puisqu'il n'existe pas de formulation non métaphorique de la notion –, une métaphore adverbiale – *doucement* v. 3. Ces métaphores, autres que substantives portent non sur l'objet lui-même, mais sur les procès et les qualités qui lui sont associés ; elles ne donnent donc pas de l'objet une vision métamorphosante, elles suggèrent seulement des associations, elles enrichissent la représentation du référent et sont porteuses de connotations.

2. Les isotopies métaphoriques :
le topos du «locus amoenus»

On peut définir le «locus amoenus» comme un «paysage agréable et paisible qui selon la tradition est propice aux idylles et élégies».

L'ensemble des métaphores donne du lieu décrit une représentation esthétique et affective.

A. *Connotation méliorative : un discours orné*

1) Métaphores adjectives et clichés poétiques

Les associations *humble tonnelle* v. 5, *murmure argentin* v. 7, *grands lys orgueilleux* v. 10, forment des associations métaphoriques prévisibles, proches de la collocation[1]. L'antéposition des épithètes qui deviennent de véritables épithètes de nature, est une autre marque conventionnelle du discours poétique : *humble tonnelle* et aussi *humide étincelle*. La présence d'associations fortement codées donne de la réalité une vision qui est certes enrichie par les métaphores mais qui est aussi une mise en tableau statique, relevant d'une esthétique classique.

2) Métaphore «in absentia»

La périphrase métaphorique (*humide étincelle*, v. 4) est dans la poésie classique un ornement du discours ; d'une forme proche de l'oxymore − alliance du feu et de l'eau, éléments incompatibles − elle apporte une légère touche baroque à l'énoncé, qui est une marque supplémentaire de poétisation.

3) Métaphore et synesthésies

Les images *humide étincelle* v. 4 et *murmure argentin* v. 7 associent des sensations différentes ; l'enrichissement de la représentation − l'objet est appréhendé simultanément par des sens différents − provoque l'idéalisation du référent décrit.

4) Double isotopie

Le participe *pailletant* s'inscrit dans une double isotopie : celle de la réfraction de la lumière (*humide étincelle*) et celle du métal précieux (*argentin*).
Cette esthétisation de la nature n'est pas le véritable enjeu des métaphores. L'évocation du lieu se charge en effet de connotations affectives, repérables elles aussi dans les isotopies métaphoriques.

B. *Discours affectif :*
une nature discrètement humanisée

1) Isotopies des métaphores (des comparants)

Cette humanisation de la nature trouve son expression dans la métaphore filée la plus importante du poème, puisqu'elle se développe dans les onze premiers vers : *doucement* v. 3, *humble* v. 5, *fait son*

---

1. Voir chapitre *Connotation*.

murmure/sa plainte v. 7-8, *palpitent* v. 9, *orgueilleux* v. 10, *va et vient* v. 11. Plusieurs traits sémiques sont inhérents à ces métaphores humanisantes.

a. *Présence d'un verbe emblématique* : *palpiter* v. 9 ; il est le verbe le plus immédiatement associé à la vie et à l'émotion, évoquant allusivement le cœur.

b. *Emploi de verbes essentiellement dynamiques* ; certains d'entre eux impliquent un sujet animé par une volonté : *pailletant* v. 4, *fait son murmure/sa plainte* v. 7-8 – le choix d'une locution verbale introduisant le verbe «faire» peut s'expliquer ainsi – *va et vient* v. 11.

c. *Notations morales* : *humble* v. 5 et *orgueilleux* v. 10, reliés par une antithèse. Ces deux adjectifs apportent certes une nouvelle touche humanisante. Mais ils font surtout partie d'un code poétique, et sont des marqueurs de genre/de ton. Le discours lyrique prend des inflexions différentes ; d'abord simple (*humble* rappelant le «humilis stylus» des anciens), le poéme est ensuite marqué par des accents plus solennels.

d. *Notations affectives* : elles traduisent la présence d'une émotion plus que d'un sentiment (*doucement, murmure, plainte, palpitent*). Le paysage devient porteur de l'affectivité du locuteur, Verlaine s'inspirant en cela d'un modèle romantique conventionnel (autre topos).

2) Isotopies des comparés

Le choix des comparés, termes qui désignent un référent actuel est marqué par une progression : dans les huit premiers vers, les termes *tonnelle* v. 5, *chaises de rotin* v. 6, *jet d'eau* v. 7, composent le cadre d'une nature organisée par l'homme à sa mesure ; les adjectifs caractérisants, dans les deux quatrains, apportent une touche intimiste et sont affectivement connotés, qu'ils soient ou non métaphoriques (*étroite* v. 1, *petit* v. 2, *humble* v. 5, *vieux* v. 8). Tous les éléments repérés convergent vers la reconnaissance d'une veine lyrique, mais le chant s'exprime ici «mezzo voce».

Dans les trois vers suivants, en revanche, les trois actants, *roses* v. 9, *lys* v. 10 et *alouette* v. 11, sont les marques topiques d'une rhétorique amoureuse conventionnelle, d'un style élevé ; l'antithèse *humble* vs *orgueilleux*, doublée par l'antithèse *petit* vs *grand*, marque aussi la progression du poème. Si le *je* est d'abord sensible au cadre intimiste, propice aux sentiments, il met ensuite en évidence le caractère impassible et «superbe» de la nature qui devient le révélateur d'un passé amoureux révolu. La tonalité élégiaque s'impose au fil du poème.

Dans l'étude de la fonction des tropes, la progression du discours (l'axe syntagmatique) doit donc être prise en compte puisque la tonalité du poème n'est pas dès l'abord révélée. Le «locus amoenus» décrit n'est pas le cadre d'une idylle, il est celui d'une élégie. Certes, le titre est caractéristique d'une poésie des regrets (cf. *Trois ans après* de Hugo). Mais, et c'est là le fait le plus remarquable de ce sonnet, l'opposition entre le passé idyllique et le présent des regrets n'est jamais explicite. Elle est implicitement associée aux connotations des comparés et des comparants ; elle est de plus, allusivement évoquée par l'ellipse narrative du v. 6 : la seule marque d'un au-delà du texte, ce sont les points de suspension, marques connotatives d'une rêverie diffuse (que s'est-il passé sous cette tonnelle ?). Enfin, le sonnet s'achève sur une rupture déceptive : trois vers non métaphoriques dont les termes se chargent de connotations dysphoriques dans lesquelles s'exprime sans doute la conscience douloureuse d'un présent dégradé.

Dans ce poème de jeunesse, d'une esthétique encore conventionnelle, le style verlainien se révèle par cette pratique de l'estompage, du non-dit, de l'allusif, qui marque la distance déjà prise avec l'esthétique de ses devanciers. Le second poème introduit une rupture.

II. Les images dans le second poème

Une première remarque s'impose : le *je* lyrique a disparu, laissant la place à l'impression pure. La poésie de l'objet a remplacé la poésie du sujet. Les images déterminent ici des visions successives du même objet.

1. Construction : le pouvoir métamorphosant de la vision métaphorique

Les métaphores ne sont pas très nombreuses. Elles sont pourtant la matière même du poème, qui n'a de sens que par elles.

A. *Première strophe* (v. 1-4)

La métaphore verbale *moutonne* (v. 2) suggère l'image de la mer sans que le comparé *haies* soit métamorphosé. Mais la métaphore appositive «in praesentia» *mer* (v. 2), dont la force est accentuée par la position du mot en contre-rejet externe, confirme ce qui n'était que suggéré : la double vision d'un paysage à la fois terrestre et marin, aux contours estompés. L'opposition entre la vision d'un paysage géométriquement structuré (*échelonnement* v. 1) et la vision d'un élément amorphe (*mer* v. 2), surdétermine le caractère dynamique d'une vision changeante, sans stabilité.

B. *Quatrième strophe* (v. 13-16)

Le réseau métaphorique est complexe et oblige à une double lecture.

1) V. 13-14

L'isotopie marine (*onde, déferlait*) semble renvoyer à un référent actuel ; mais le cadre marin est à son tour métamorphosé. La métaphore appositive *roulée en volutes* (v. 14) renvoyant au comparant *fumée*, tend à dématérialiser le référent d'abord nommé, ici associé à un objet impalpable, sans consistance.

2) *La métaphore auditive*

C'est surtout la lecture des vers 15 et 16 qui montre le pouvoir métamorphosant de la métaphore ; la construction *l'onde de cloches* transforme *onde* en un objet métaphorique ; *onde* devient le comparant d'une métaphore auditive («l'onde sonore»).

Le mécanisme de la construction métaphorique est analogue à celui du début : il repose en effet sur une représentation dynamique perçue dans son évolution, sur un même effet de dématérialisation de l'objet premier *onde* (cf. *haies*) et sur une représentation assurée par la syllepse de *onde* (représentation visuelle, puis représentation auditive).

Le brouillage progressif des contours a pour fondement stylistique l'usage de métaphores substantives «in praesentia» qui vont toutes dans le sens d'une superposition de visions, et d'une dématérialisation, d'abord du terrestre (*haies*) converti en maritime plus loin du marin (*onde*) converti en fumée puis en son. Une étude plus précise des réseaux associatifs va mettre en évidence les incertitudes et les modifications des sensations-impressions.

2. Métaphores et réseaux associatifs

Le verbe *moutonner* (v. 2) est «embrayeur d'isotopie[1]». Ce verbe métaphorique semble par associations successives engendrer un grand nombre des isotopies du poème.

A. *L'isotopie marine*

Elle est impliquée par l'usage du comparant (v. 2), par le terme lu d'abord comme non métaphorique de *onde* (v. 14), et par le jeu de mots en syllepse de l'adjectif substantivé *ce vague* (v. 9).

B. *L'isotopie terrestre et animale*

Par une sorte de contiguïté spatiale à valeur métonymique, l'association *haies* + *moutonne* (v. 1-2) semble provoquer l'apparition dans le texte des *brebis* à la *laine blanche* (v. 11-12). Le sème de «blancheur», motif implicite de la métaphore «moutonner» est pour finir exprimé.

C. *L'isotopie aérienne*

On sait que les «moutons» désignent aussi un type de nuages. Le complément du verbe *moutonne (à l'infini*, v. 2), l'image des *volutes*

---

1. Voir chapitre *Connotation*.

(v. 14) peuvent aussi exprimer une «impression de ciel», d'autant plus que c'est sur cet élément que se referme le poème.

Toutes les images générées par le verbe *moutonne* démultiplient la vision ; dans ce paysage en anamorphose, la distinction entre référent actuel (le comparé) et référent virtuel (le comparant) tend à s'estomper ; restent des impressions successives, associatives plus que discursives, dont la prolifération est assurée, mais aussi conjurée par le terme-pivot de *moutonner.*

3. Rôle des figures voisines : les comparaisons

– Nous avons vu que la comparaison, laissant distincts comparant et comparé ne supposait pas une démarche anti-logique. Or ici les comparaisons frappent par leur caractère atypique et leur étrangeté.

– V. 11-12 : la proximité sémantique du Ca et du Cé donne à la comparaison un caractère de «maladresse», d'impropriété connotant une recherche de simplicité/naïveté renforcée par la répétition de l'adverbe *aussi* à la rime. L'adjectif *blanche,* dénotativement inutile et même non pertinent (la laine *blanche* n'est pas plus douce qu'une autre) se charge par association d'une connotation de douceur qui imprègne les mots comportant un sème identique ou analogue (*clair,* v. 3, *lait,* v. 16). La même démarche impressive se retrouve ici.

– V. 15 et v. 16 : ces deux comparaisons directement reliées (sans verbe, sans motifs) aux comparés donnent à la phrase une structure condensée, elliptique, proche de l'«incorrection», de l'impropriété syntaxique.

L'absence de motif (ou qualité commune) ouvre la voie à la lecture plurielle :
- *cloches, flûtes* – le son ? la ressemblance visuelle ?
- *ciel, lait* – la couleur ? l'apparence matérielle (*lait* réintroduit l'isotopie liquide).

La comparaison, en suggérant une association entre la substance du Cé et celle du Ca, impose la vision de deux objets aux relations peu explicites dans ce poème, ce qui participe de cette même recherche de l'indécis.

4. Métonymies, hypallage : vers le non-figuratif

A. *Topique bucolique et pastorale*

Dans les diverses strophes, sont employés des substantifs propres à la topique bucolique et pastorale : *haies* v. 1, *moulins* v. 5, *poulains* v. 8 (tous ces mots sont mis en relation à la rime) *brebis* v. 11, ainsi que *flûtes* v. 15 et *lait* v. 16 (à la rime également).

Nous avons vu comment, par le jeu des métaphores, le paysage terrestre tend à se dissoudre ou du moins à se brouiller. De plus, le poème est travaillé par des figures qui font dériver l'évocation vers le non-figuratif, proche de l'abstraction impressionniste.

B. *La métonymie*

Celle du vers 6 (*le vert tendre*) ne laisse subsister de l'objet que la couleur.

C. *L'hypallage*

Toute une série d'hypallages fait passer l'objet évoqué au second plan, la qualité, l'impression produites étant premières : *dans ce vague d'un Dimanche* v. 9 (et nous avons vu le poids sémantique de *vague*) et surtout *l'échelonnement des haies moutonne* v. 1-2 et *Où vient... l'agilité des poulains* v. 7-8 : c'est un substantif abstrait qui devient le sujet des verbes de mouvement. Dans cette construction, parfois appelée «caractérisation impressionniste», l'objet n'est plus que le support d'un mouvement. De plus, le choix de verbes de mouvement (sème présent aussi dans le pronominal *se jouer* v. 10, et *déferler* v. 13), crée un tableau mobile, aux contours peu stables et donc flous.

On pourrait ajouter que la forte proportion d'articles indéfinis est une marque redondante d'indétermination et d'imprécision, que la construction *voici se jouer* (v. 10) crée un effet de mise à distance et d'estompage du procès, de même que l'apparition d'un imparfait, noyau verbal de la dernière strophe (*déferlait* v. 13), qui relègue le procès dans un passé indéterminé dont il ne reste qu'une trace mémorielle.

Conclusion

S'il est vrai que certaines isotopies (jeunesse, douceur) sont porteuses de connotations affectives (euphoriques) tout s'exprime dans l'impression pure (c'est-à-dire sans sujet explicite).

Cette recherche de transcription de l'impression est fondée sur deux directions poétiques : recherche de l'estompage des contours de l'objet, recherche de l'impropriété des associations perçues comme purement impressives. Sans véritables modèles, cette poésie, où se voit l'aboutissement des recherches esthétiques de Verlaine, est surtout fondée sur des connexions métaphoriques qui déréalisent l'évocation. L'ensemble des figures vise à ce décentrage de la représentation. Le choix d'un mètre atypique (heptasyllabe = octosyllabe tronqué) et l'effacement des distinctions typographiques entre strophes contribuent aussi à la construction d'un univers fluctuant, difficile à appréhender, sinon par association.

Chapitre 5
La phrase

Introduction

Dans les dix dernières années, la stylistique s'est relativement peu intéressée à l'étude de la phrase. Certes, la pragmatique a étudié les relations logiques entre syntagmes dans son approche de l'argumentation mais les perspectives stylistiques liées en particulier à l'organisation syntaxique ont été peu renouvelées. Montrer comment la forme et l'enchaînement des structures syntaxiques permet l'élaboration du sens, suppose à un moment ou à un autre une démarche métaphorique, la phrase étant le reflet de la manière dont le créateur regarde le monde. Dans son étude du style de M. Proust, le linguiste Léo Spitzer parle d'«onomatopée syntaxique[1]». Pour être rigoureuse, l'étude de la phrase doit donc très généralement prendre en compte le matériel lexical[2]. Nous verrons une application de cette relation dans le texte étudié à la fin du chapitre.

L'analyse explore des perspectives diverses et convergentes dans la mesure où de multiples facteurs interviennent dans la construction phrastique et se conjuguent pour produire l'effet de sens.

On peut évoquer ici simplement ces axes fondamentaux avant de guider leur exploration. Décrire la phrase en relation avec le projet qu'elle met en œuvre implique que soient examinés :

---

1. L. Spitzer, *Le style de M. Proust,* in *Études de style,* Gallimard, Paris, 1970, p. 410.
2. Cf. article de M.H. Prat, *Remarques sur l'étude stylistique de la phrase : rythme, sens et mélodie* in *Mélanges P. Larthomas,* Collection de l'ENSJF, Paris, 1985, p. 387-396.

– L'architecture générale, c'est-à-dire le cadre syntaxique dans lequel elle se développe. Le texte montre-t-il une prédominance de phrases nominales, de phrases simples, de phrases complexes ? Combine-t-il, et à quelles fins, ces différents modèles ?

– Le traitement des éléments parallèles de la phrase.

– L'ordre des mots et ses variations éventuelles à l'intérieur de chaque phrase ou de chaque proposition.

– Les figures de construction qui relèvent soit d'écarts ou de ruptures par rapport aux normes du français courant soit du principe de soulignement (répétition).

– Le rythme ou la manière dont sont disposées les masses sonores. Une attention particulière sera portée au mode de l'insertion de la phrase dans une structure métrique et aux effets qui en résultent.

I. L'architecture générale

1. La syntaxe simple

A. *Le monorhème*[1]

L'énoncé minimal est constitué par un mot ou un groupe de mots non intégré dans une structure verbale grammaticalement liée. Si l'on reprend la traditionnelle distinction thème et prédicat, on perçoit que certains énoncés peuvent présenter le thème seul :

«Ma voiture !»

ou le prédicat seul :

«Volée ?!»

On observe que la modalité ne peut être assertive. Le monorhème dans son sens le plus strict, correspond à l'expression spontanée, non médiatisée, marquée par l'affectivité du locuteur.

B. *Le dirhème*[2]

Il associe dans le même cadre énonciatif thème et prédicat, l'ordre étant commutable :

---

1. Voir analyse de F. Deloffre, dans *La phrase française*, Sedes, Paris, 1969, p. 17-18.
2. *Id., ibid.*

«Sa fille ? un amour !» (séquence progressive, ordre thème/prédicat).
«Intéressant, ce film !» (séquence régressive, ordre prédicat/thème).

Ce type de phrase restitue la perception immédiate qui se transmet sans élaboration du discours. On le retrouve fréquemment dans toutes les structures du monologue intérieur ou en discours direct dans les énoncés à caractère injonctif, interrogatif ou exclamatif.

C. La phrase nominale

En structure assertive, elle énonce le simple constat de réalité, hors actualisation temporelle :

> «Amples housses de chintz aux teintes passées. Pois de senteur dans les vieux vases. Des charbons rougeoient.»
>
>   (N. Sarraute)

On est ici en présence d'un style dit de «notation» (événements, impressions, «être-là» de l'objet).

D. La phrase à verbe de sémantisme vide

Le noyau verbal pose seulement l'existence de la réalité évoquée. La phrase s'engage à partir de *c'est, il y a* ou *voici*. Le procès ou l'état dépeint se fixe dans l'imagination du lecteur. «L'écriture artiste» de la seconde moitié du XIXe siècle fait un usage courant de ces tours dont on a souligné la valeur picturale. Un exemple remarquable en est fourni lorsque Flaubert présente Mme Arnoux. Le tour constitue à lui seul un paragraphe : «Ce fut comme une apparition». On est là en présence de ce qu'on appelle parfois le style substantif.

E. La phrase simple

Elle est constituée d'une seule proposition et vise souvent à rendre compte de la réalité immédiate, non altérée ou mise en forme par le regard du récitant. Dans ce poème de V. Hugo, l'appréhension naïve et spontanée du monde est bien rendue par cette facture simple de la première strophe qui approche la vision enfantine :

> *«Je ne songeais pas à Rose ;*
> *Rose au bois vint avec moi ;*
> *Nous parlions de quelque chose,*
> *Mais je ne sais plus de quoi»*
>
> (V. Hugo)

2. La syntaxe complexe

Il ne peut être envisagé ici la description des divers tracés de la phrase complète. La thèse de J. Hellegouarc'h sur *la phrase dans les caractères de La Bruyère* donne une juste idée de ses sinuosités. Léo Spitzer a présenté de brillantes analyses sur la complexité des formes de phrase utilisées par M. Proust[1]. Il en sera reparlé. On se bornera à reconnaître deux grands moules spécifiques : la structure télescopique avec une variante de structure dite «en escalier» et la structure d'emboîtement.

A. La structure complexe dite télescopique. Une variante : la structure dite «en escalier»

Dans ce type de phrase liée à un enchaînement continu, chaque proposition découle de la précédente et la phrase progresse méthodiquement. Le modèle se prête tout spécialement à l'analyse des faits, situations ou personnages ; la phrase rend compte d'une exploration logique, naturelle, menée sans heurt. Ainsi est décrite la fascination exercée sur Swann par la célèbre «petite phrase de Vinteuil».

> «Et elle était si particulière, elle avait un charme si individuel et qu'aucun autre n'aurait pu remplacer que ce fut pour Swann comme s'il eût rencontré dans un salon ami une personne qu'il avait admirée dans la rue et désespérait de jamais rencontrer».
>
> (M. Proust)

Dans la phrase en escalier l'effet produit est différent car la phrase semble rebondir alors même qu'on s'attend à sa conclusion :

---

1. L. Spitzer, *op. cit.*, p. 397-473.

«Alors commença entre eux une correspondance qui n'a fini qu'à la mort des deux femmes// qui s'étaient penchées l'une vers l'autre,// comme deux fleurs de même nature prêtes à se faner.»

(Chateaubriand)

Le récepteur suit la chronologie d'une pensée dynamique et parfois imprévue.

B. L'adjonction parenthétique

La structure complexe procède par *adjonction parenthétique* ou par emboîtement d'éléments subordonnés (propositions ou syntagmes de différente nature).

– La progression du sens n'est plus régulière, la phrase procède par adjonction de structures dépendantes qui s'emboîtent les unes dans les autres pour nuancer et enrichir l'analyse. Ainsi chez Proust :

«Cette année-là
　　quand
　　　　　un peu plus tôt que d'habitude
　　　　mes parents eurent fixé le jour de rentrée à Paris
　　le matin de mon départ
　　　　comme on m'avait fait friser pour être photographié (…)
　　après m'avoir cherché partout, ma mère me trouva en larmes (…)»

– L'adjonction des syntagmes adventices caractérise la démarche de celui qui a le souci d'intégrer dans un cadre syntaxique unitaire des précisions analytiques, des informations, secondaires peut-être, mais nécessaires à la saisie d'un ensemble identifié par les relations entre ses parties.

– La parenthèse produit un effet différent. Prenant souvent la forme d'une proposition syntaxiquement non reliée au reste de la phrase, elle souligne des perspectives d'arrière-plan ; elle peut aussi, parce qu'elle est le lieu de l'intrusion du narrateur, être ce que L. Spitzer appelle «l'équivalent linguistique de la coulisse[1]». Ainsi dans cette phrase de Flaubert : «Emma était accoudée à sa fenêtre (elle s'y mettait souvent : la fenêtre, en province, remplace les théâtres et la promenade)».

---

1. L. Spitzer, *op. cit.*, p. 411-417.

C. Un cas particulier : la période

La période ne peut être définie comme une phrase longue et complexe. Elle se présente comme un système organique d'éléments hiérarchisés, c'est-à-dire que plusieurs constantes de nature différente aident à la reconnaître.

– La structure syntaxique est complexe : plusieurs propositions subordonnées emboîtées l'une dans l'autre et/ou découlant l'une de l'autre interviennent dans sa composition.

– La cadence, l'effet rythmique est nettement marqué[1]. La protase (partie ascendante de la phrase) se distingue nettement de l'apodose (partie descendante) d'autant plus que fréquemment la période est bâtie sur une anticipation des subordonnées (dans la protase) par rapport à la principale (dans l'apodose).

– Une concordance peut s'établir entre le patron syntaxique et le mouvement rythmique : l'effet d'attente et de clôture peuvent correspondre respectivement à la montée et à la descente de la phrase.

Rythme et syntaxe peuvent se conjuguer au sein de la période et permettre de reconnaître des *isocolons* ou membres de phrase égaux, soulignés par les concordances rythmiques.

– Le dernier membre de la période peut être mis en valeur avec l'effet de clausule que l'on peut gloser en français moderne comme procédant de l'équilibre relatif du nombre des syllabes, «de leur soulignement accentuel[2]» allant de pair avec des enrichissements phoniques.

On reconnaîtra ces caractères dans cette période de Chateaubriand :

> «Quand le hennissement de nos chevaux se fera entendre dans la campagne, quand l'étoile du matin annoncera l'aube, // le berger de Frascatti descendra avec ses chèvres, et moi, je cesserai de te bercer de ma chanson à demi-soupirée.»

La structure syntaxique complexe et le patron rythmique coïncident : l'acmé (ou sommet de la phrase) se situe au terme des deux propositions temporelles. On peut mettre en évidence des isocolons : pauses rythmiques et syntaxiques déterminent

---

1. Les notions utilisées pour l'étude du rythme de la phrase sont exposées p. 198.
2. Voir J. Mazaleyrat, G. Molinié, *Vocabulaire de la stylistique*, PUF, Paris, 1989, article «clausule».

au sein des propositions des groupes d'égales longueurs. On observe encore l'expansion progressive et régulière de ces séquences au centre de la période, ce que montre le schéma suivant :

Protase   6 + 4 (10)/ 5 + 4 (9) / 7 + 5 (12) //
Apodose   7 + 7 (14) / 2 + 4 + 4 (10) / 4 + 6 (10)

L'effet de clausule est sensible grâce à la postposition d'un ample caractérisant dont les voyelles finales prolongent les sonorités.

Nous avons tenté ici une description générale des grands cadres syntaxiques dans lesquels vient s'inscrire tout énoncé. Seuls ont été considérés les points essentiels d'articulation. L'organisation particulière des séquences, leur éventuel regroupement doit être à présent envisagé.

II. Le traitement
des éléments parallèles :
de la phrase au texte

On peut parler d'éléments parallèles ou éléments de même rang lorsqu'il y a «redoublement d'un ou plusieurs poste(s) syntaxique(s)[1]».

1. Les modes de liaison

Les syntagmes nominaux ou verbaux qui se trouvent sur le même plan syntaxique peuvent se trouver liés de diverses manières, dans la phrase ou entre phrases. On distinguera trois catégories :

A. *La parataxe asyndétique*

Aucune liaison n'est matérialisée entre les éléments. Dans le portrait ou la description, ce mode d'écriture produit un effet analogue à celui que donne la technique pointilliste en peinture : foisonnement, vivacité. Ainsi : «Sa fille Cunégonde, âgée de dix-sept ans, était haute en couleur, fraîche, grasse, appétissante.»

---

1. J. Mazaleyrat et G. Molinié, *op. cit.*, article «parallélisme».

L'énumération est ici ouverte, comme pour indiquer que le peintre n'a pas épuisé son sujet et que le lecteur peut étendre la matière. On peut distinguer la parataxe asyndétique et l'asyndète : celle-ci est stylistiquement marquée et produit un effet expressif, le lien logique (d'ailleurs implicitement perçu par le lecteur) a fait l'objet d'une suppression (il ne s'agit pas d'une simple absence). L'asyndète s'observe soit à l'intérieur de la phrase : «Il interrompt, il redresse ceux qui ont la parole : on ne l'interrompt pas, on l'écoute aussi longtemps qu'il veut parler...» (La Bruyère), soit entre phrases : «Six heures sonnèrent. Binet entra.» (Flaubert), «Candide tombe à ses pieds. Cunégonde tombe sur le canapé.» (Voltaire).

Ce mode de relation entre syntagmes et entre phrases, est privilégié par certains écrivains au point d'apparaître comme un trait d'écriture (La Bruyère, J. Renard, Le Clézio, etc.), caractérisant une approche pseudo-objective, sans hiérarchisation ni relation explicite entre les éléments de la réalité évoquée par des notations successives et fragmentaires : la valeur connotative et le pouvoir implicite de telles phrases sont fortement marqués.

B. La parataxe syndétique

Le groupement des syntagmes peut se présenter sous deux formes :

– L'auteur *clôt* la séquence par une conjonction de coordination ; le système apparaît fermé ; on parle pour la conjonction *et*, de «*et* de clôture» :

> «Il concluait qu'après le bonheur d'être né baron de Thunder-ten-tronck, le second degré du bonheur était d'être (...) mademoiselle Cunégonde ; le troisième, de la voir tous les jours ; *et* le quatrième, d'entendre maître Pangloss, le plus grand philosophe de la province, *et* par conséquent de toute la terre.»
>
> (Voltaire)

La structure paragraphique accuse ce que met en valeur la construction : un terme net est fixé à la réflexion ; la vision du monde apparaît de ce fait bornée avec naïveté et certitude.

– L'auteur multiplie les points de coordination (polysyndète) et paradoxalement le système énumératif reste ouvert. L'effet d'accumulation est immédiatement sensible et donne une dynamique à l'énoncé. Ainsi :

«Et la terre, et le fleuve, et leur flotte, et le port,
Sont des champs de carnage où triomphe la mort.»

(Corneille)

C. Les «succédanés coordinatifs»[1]

Sont évoqués ici les principaux modes de liaison.

• *Les connecteurs argumentatifs* auxquels la pragmatique consacre aujourd'hui de larges développements (*en effet, c'est pourquoi, à savoir, du moins, cependant, même*)[2].

• *L'anaphore*

«C'est l'extase langoureuse,
C'est la fatigue amoureuse...»

(Verlaine)

• *L'épiphore* (répétition du même terme en fin de syntagme) :

«Il ne savait rien, ne souhaitait rien, n'enseignait rien .

(Flaubert).

• *L'élément synthétique* (il équivaut au pantonyme lexical) :

«Femmes, moine, vieillards, tout *était descendu.»*

(La Fontaine).

• *La liaison thématique* (par mention des coordonnées spatiales notamment : *en haut, en bas, à droite, à gauche*, etc.).

2. Les combinaisons numériques

Les syntagmes nominaux ou verbaux peuvent se combiner de manière à former une configuration particulière. Peuvent être notés ainsi, soit le parallélisme plus ou moins symétrique de deux éléments (groupement binaire), soit l'association de trois éléments complémentaires (groupement ternaire), soit la pure énumération. Analyser toutes les formes que revêtent ces groupements types, et surtout les effets qu'ils engendrent n'est

---

1. Nous empruntons cette expression à G. Antoine, dans *La coordination en français*, D'Artrey, Paris, 1958, t. 2, p. 1298.
2. Voir D. Maingueneau, *Éléments de linguistique pour le texte littéraire*, Bordas, Paris, 1986, p. 131 et suivantes, *Pragmatique pour le discours litté-raire*, Bordas, Paris, 1990, p. 53 et suivantes.

pas possible dans le cadre de cette présentation[1]. De plus, il est difficile de définir en langue des connotations intrinsèquement associées au binaire, au ternaire, etc. Il faut toujours prendre en compte le co-texte et/ou la situation d'énonciation.

A. Les groupements binaires

Ils présentent souvent le développement de l'alternative ; la réalité est perçue comme bipolaire. C'est le cadre privilégié de l'antithèse. Ainsi :

> «Succès *ou* revers de l'une *ou* de l'autre armée, quelle serait la conséquence de l'événement pour les peuples. Liberté *ou* esclavage ?»

(Chateaubriand)

B. Les groupements ternaires

On a pu noter le caractère lyrique du système ternaire[2]. La dissymétrie de la structure impaire rendrait compte d'une tonalité plus affective que réflexive, ainsi dans ces vers de La Fontaine :

> «*Soyez-vous l'un à l'autre un monde toujours beau,*
> *Toujours divers, toujours nouveau*»

Qu'elles soient ouvertes ou fermées, les séquences énumératives qui offrent ce profil particulier sont toujours utilisées à des fins expressives qu'il convient de dégager précisément. Leur repérage constitue un moyen précieux pour l'approche stylistique.

C. La séquence énumérative

Par ce terme, il faut entendre que sont mis en parallèle et comme montés en séries des syntagmes verbaux aussi bien que

---

1. Dans son ouvrage *Le génie d'un style : Chateaubriand : rythme et sonorités dans Les Mémoires d'outre-tombe*, A. Colin, Paris, 1969, J. Mourot analyse avec précision ces modes de groupements en séquences énumératives et la variation des effets qu'ils mettent en œuvre. Voir spécialement p. 89 et suivantes : «L'analyse de la triade en séquences énumératives».
2. F. Deloffre, *Stylistique et poétique française*, SEDES, Paris, 1974, p. 92.

nominaux, des adverbes, etc. C'est l'identité de la fonction grammaticale, généralement associée à l'identité formelle, qui permet le montage de la séquence énumérative. On la reconnaît dans les exemples suivants : «(...) Lalla traverse la région des parfums, des cosmétiques, des perruques, des savonnettes» (J.M. Le Clézio). Beaucoup des portraits de La Bruyère sont bâtis sur de telles structures, par exemple celui d'Arfure : «Elle n'arrive à l'église que dans un char ; on lui porte une lourde queue ; l'orateur s'interrompt pendant qu'elle se place ; elle le voit de front, n'en perd pas une seule parole ni le moindre geste.» Très souvent les mises en parallèle sont chez cet auteur, associées à la parataxe asyndétique et l'effet en est amplifié par des redoublements intra -syntagmatiques (cf. dernier syntagme).

Les effets produits par ce type de groupement sont à l'évidence fort divers : la séquence énumérative est la structure type du descriptif (Le Clézio), elle peut rendre compte d'un effort de «creusement», sans mise en perspective explicite de l'objet ou de l'être présenté (La Bruyère), mais elle peut aussi faire saillir les contrastes voire les contradictions. Voltaire a tiré grand parti de ce mode de relation : «Candide fut prêché, fessé, absous et béni». Remarquons qu'ici, les rythmes (disyllabes) servis par la récurrence du son *e* dans les deux premiers termes, concourent à souligner l'effet créé par l'énumération (aspect mécanique d'un mouvement bien réglé dont la signification profonde échappe aux exécutants).

III. L'ordre des mots : l'organisation interne de la phrase
(*ordre intra-syntagmatique*[1])

L'ampleur du sujet nous contraint à en circonscrire étroitement les données.

Il faut partir du principe que la progression naturelle du sens en français s'effectue selon l'ordre dit «logique», c'est-à-dire qui va du déterminé au déterminant[2]. La parlure est dite liée. A partir de cette donnée seront dégagés tous les effets stylistiques[3] afférents à l'ordre des mots à l'intérieur du syntagme verbal ou nominal. On examinera spécialement :

– La structure du syntagme verbal : sujet-verbe, du groupe verbe-complément d'objet, du groupe verbe-adverbe ou complément circonstanciel,

– La structure du noyau verbal : place de la négation, décalage auxiliaire-participe ou auxiliaire-infinitif,

1. Voir G. Molinié, *Éléments de stylistique française*, PUF, Paris, 1986, p. 54-58.
2. F. Deloffre, *La phrase française*, 3e édition, SEDES, p. 29 et suivantes. On se reportera avec grand profit au chapitre intitulé «L'ordre des mots» qui fait la part entre contraintes grammaticales (dans le cas de l'interrogation, par exemple) et choix stylistiques.
3. A l'évidence, il n'est pas parlé ici des cas des modifications à l'ordre des mots provoqués par des contraintes grammaticales (interrogations, incises, etc.).

– La structure du syntagme nominal : place de l'adjectif par rapport au nom ou de l'adverbe par rapport à l'adjectif.

1. Les cas d'inversion

Un phénomène remarquable est présenté par les cas *d'inversion de l'ordre sujet-verbe* (séquence régressive) : elle favorise le développement du groupe sujet avec élargissement de la description ou amplification de l'analyse. L'approche nuancée de l'état de conscience est ainsi mise en valeur dans ce texte de M. Proust :

> «Aux parois obscures de cette chambre qui s'ouvre sur les rêves, et où *travaille* sans cesse *cet oubli* des chagrins amoureux duquel *est* parfois *interrompue et défaite* par un cauchemar plein de réminiscences *la tâche vite* recommencée, *pendent*, même après qu'on est réveillé, *les souvenirs* des songes, mais si enténébrés...»

Cet ordre peut également correspondre à une volonté de dramatisation par effet d'attente. Dans la phrase qui suit, l'ordre des mots semble «mimer» la chronologie de la perception et de la découverte :

> «Seuls, s'élevant du niveau de la plaine, et comme perdus en rase campagne, *montaient* vers le ciel les *deux clochers* de Martinville.»
>
> (M. Proust)

L'antéposition des syntagmes apposés accentue l'effet de la séquence régressive.

2. La phrase morcelée

Un autre phénomène de rupture dans l'ordre canonique procède de la disjonction, créée ou non par la construction segmentée. La phrase est dite *morcelée*.

• Un premier cas est représenté dans l'exemple suivant par la disjonction de l'ordre verbe-C.O.D., amplifiée et donc, marquée stylistiquement, par la reprise du C.O.D. (morcellement de la phrase par insertion d'éléments adventices) :

> «Je venais *d'apercevoir*, dans ma mémoire, penché sur ma fatigue, *le visage* tendre, préoccupé et déçu de ma grand-mère, telle qu'elle avait été ce premier soir d'arrivée ; *le visage* de ma grand-mère...»
>
> (M. Proust)

• La construction segmentée est le procédé de disjonction le plus fréquent : le terme que l'on veut mettre en valeur est détaché en avant ou en arrière avec reprise ou annonce par un pronom (anaphorique ou cataphorique).

– Détachement avant le verbe et reprise :

«Elle ne se demandait pas à quoi l'entraînait qu'il l'aimât (...), si *cet amour*, elle avait le droit de l'encourager, le droit de l'accepter.»

(Aragon)

– Détachement après le verbe et annonce :

«*Il* garda pour moi secrète sa menace, *ce village*, mais toutefois, pas entièrement.»

(Céline)

Seul le contexte énonciatif permet d'apprécier la valeur de cette construction. Dans les exemples cités, on reconnaît les marques de l'oralité dans son approche spontanée du réel : celui-ci peut être immédiatement nommé, sans qu'il soit tenu compte de l'ordre logique, l'intégration se fait alors par la reprise ; à l'inverse l'être ou la notion immédiatement approchés peuvent faire l'objet d'une désignation postérieure (phénomène d'annonce).

Mais il peut se faire que la phrase segmentée soit la marque d'une élaboration analytique :

«*L'être* qui venait à mon secours, qui me sauvait de la sécheresse de l'âme, *c'*était lui qui plusieurs années auparavant dans un moment de détresse et de solitude identiques, dans un moment où je n'avais plus rien de moi, était entré...»

(M. Proust)

On observe encore que l'écart sujet-verbe dans la relative (*qui plusieurs années...*), est une marque supplémentaire de la démarche analytique.

Doivent donc être repérés et analysés tous les faits de construction qui viennent rompre l'ordre dit naturel par détachement, anticipation ou déplacement. Mais les procédés de mise en relief peuvent tenir de ruptures plus profondes dans la construction de la phrase. Les principales figures qui en résultant peuvent être rappelées ici[1].

---

1. Il ne peut être question de présenter ici toutes les figures de construction. On se reportera aux deux principaux ouvrages cités dans notre bibliographie (ouvrages de Fontanier et de Dupriez).

IV. Les grandes figures de construction

1. Figures qui procèdent par rupture ou déplacement

• *L'anacoluthe*

Elle se définit généralement comme rupture de construction, que celle-ci s'effectue entre deux termes ou entre deux propositions. La phrase s'engage et la construction qui s'élabore est interrompue. Ainsi :

> «Et je suis comme la jeune fille à la fenêtre du beau château blanc, dans le clair de lune,
> Qui entend, le cœur bondissant, ce bienheureux sifflement sous les arbres et le bruit de deux chevaux qui s'agitent,
> *Et elle ne regrette point* la maison...»

> (P. Claudel, *Cinq grandes odes*)

La figure sert ici d'une façon remarquable l'intention portée par le texte : elle rend compte de la violence du sentiment et du désordre qu'il produit.

– Le zeugma syntaxique apporte une variation à cette figure. Il se définit comme «l'infraction à la règle d'harmonie des termes coordonnés[1]». Ainsi : «Cela ne *l*'avait pas frappé tout d'abord. *Ni que* cette femme lui avait plu, à lui, Aurélien.»

_____
1. Voir H. Bonnard, *Procédés annexes d'expression*, Magnard, p. 129.

(Aragon). Dans cet autre exemple, la figure illustre par sa nature même ce qu'elle décrit :

> «(...) comme si les hommes étaient juchés sur de vivantes échasses, *grandissant* sans cesse, parfois *plus hautes* que des clochers, *finissant* par leur rendre la marche difficile et périlleuse, *et d'où tout d'un coup ils tombaient*»
>
> (M. Proust)

On parle aussi de zeugme quand il y a attelage d'éléments sémantiquement peu cohérents :

> «Il admirait l'exaltation de son âme et les dentelles de sa jupe.»
>
> (Flaubert)

• *L'hyperbate*

Elle place hors du groupe syntaxique un terme qui venait normalement s'y inscrire, d'où une évidente mise en relief.

> «Elle le regardait. Celui qui avait si bien, si joliment tout dévasté. Eux deux. L'amour. La vie.»
>
> (Aragon)

• *L'hypallage*

L'hypallage procède par transfert de caractérisant. Ce dernier ne s'applique pas au terme attendu mais à un autre qui lui est contigu. C'est une des figures qui permet d'estomper les frontières de la perception commune. Elle est privilégiée par les écrivains «impressionnistes» :

> «Les fleurs de paulownias, d'un mauve *pluvieux* du ciel parisien.»
>
> (Colette)

Toutes ces figures doivent être relevées comme autant de formes d'expression qui contribuent à la mise en œuvre du projet porté par le texte.

D'autres formes de mise en relief ou de soulignement méritent encore d'être ici analysées. Elles ne procèdent pas de ruptures ou de déplacements dans l'organisation du discours ; la seule disposition ou reprise des mots est évocatrice. On peut analyser les parallélismes et les antithèses puis les figures de répétition.

2. Les symétries : parallélismes et oppositions

– La symétrie permet une représentation nette de la pensée puisqu'elle établit en effet des correspondances de terme à terme ou de proposition à proposition :

> «Nous haïssons la vérité, on nous la cache, nous voulons être flattés, on nous flatte, nous aimons à être trompés, on nous trompe.»
>
> (Pascal)

– La symétrie peut se développer en antithèse qui apparaît comme «le procédé le plus commode pour définir la pensée qui se cherche et balance les contraires[1]». Elle permet de présenter les deux manières d'envisager une même réalité et comme tel, d'en suggérer les diverses implications. Des exemples remarquables se trouvent dans les descriptions que Pascal donne de l'homme :

> «Juge de toutes choses, imbécile vers de terre ; dépositaire du vrai, cloaque d'incertitude et d'erreur, gloire et rebut de l'univers.»

– Quand les éléments antithétiques sont unis par des liens syntaxiques étroits, on a un *oxymore* (ou alliance des contraires). Ainsi :

> «... Le cerf-volant vibrait comme une peau de tambour (...) fixé dans une *trépidante immobilité*...»
>
> (M. Tournier)

3. Les figures de répétition

Le roman moderne en fait un large usage quand il s'agit de restituer le discours intérieur d'un personnage. La répétition des mots essentiels peut en scander la progression. On se bornera à évoquer ici les formes essentielles que peut prendre la répétition :

• *L'anadiplose*

Répétition au début de la phrase du mot qui ferme la phrase précédente :

---

1. R. Lathuillère, *Aspects précieux du style d'Honoré d'Urfé*, in *Bulletin de la Diana*, n° spécial 1970, p. 111.

«Pour la première fois, *il vient de sentir son absence. Il vient de sentir son absence* dans ses bras.»

(Aragon)

• *L'épanalepse*

Répétition au début de la phrase d'un terme qui ouvrait aussi la phrase précédente :

«Je me suis gardé pour Bérénice. Je me suis confusément gardé pour elle.»

(Aragon)

• *L'épanode*

Répétition au commencement et au milieu ou au milieu et à la fin, du même terme ou de la même expression :

«*Combien de temps, Seigneur, combien de temps encore,*
Verrons-nous contre toi les méchants s'élever ?»

(Racine)

• *L'anaphore*

Reprise d'un même terme en tête de la structure métrique. On se souvient de l'exploitation que fait Corneille de la figure dans les imprécations de Camille :

«*Rome, l'unique objet de mon ressentiment,*
Rome, à qui vient ton bras d'immoler mon amant,
Rome qui t'a vu naître...»

• *Le polyptote*

C'est l'utilisation dans une unité syntaxique d'une même forme grammaticale que l'on fait varier (syntagme verbal) ou dont on modifie la détermination (syntagme nominal). Correspond au premier modèle, l'exemple suivant :

«Il avait dû profondément savoir qu'un jour Bérénice viendrait... et elle est venue»

(Aragon)

L'expressivité peut aussi être soulignée par le procédé voisin de la dérivation : les mots sont différents mais de base commune. Ainsi :

«Enfin pour se donner quelque calme, elle pensa qu'il n'était point encore nécessaire qu'elle se fît la violence de prendre des *résolutions* ; la bienséance lui donnait un temps considérable à se déterminer ; mais elle *résolut* de demeurer ferme à n'avoir aucun commerce avec M. de Nemours.»

(Madame de La Fayette)

A l'inverse, la suppression d'éléments que le lecteur ou l'auditeur saura spontanément replacer est un autre procédé pour donner du relief à l'évocation et accroître sa densité.

4. Les figures qui procèdent par suppression

On évoque ici principalement l'ellipse et la brachylogie, la seconde présentant un cas particulier de la première.

• *L'ellipse*

Elle conduit à la suppression d'un ou plusieurs mots qui ne sont pas indispensables pour l'intelligence de la phrase :

> «*Que vouliez-vous qu'il fît contre trois ?*
> Qu'il mourût !*»

• *La brachylogie*

Elle procède par effacement d'un élément de construction dans un des membres parallèles :

> «*Pouvons-nous étouffer le vieux, le long remords*
> *Qui vit, s'agite et se tortille*
> *Et se nourrit de nous comme* le vers des morts,
> *Comme* du chêne la chenille...*»

> (Baudelaire)

Au terme de cette présentation sommaire des grandes figures de construction, reste à montrer comment la disposition des groupes en tant que pures masses sonores revêt une importance considérable dans l'effet de mise en relief. L'étude sera élargie à la notation des effets de rythme spécifiques engendrés par la disposition des structures syntaxiques dans l'organisation métrique.

V. Le rythme

On se bornera ici à rappeler les principes élémentaires auxquels il est fait couramment appel lorsqu'il s'agit de rendre compte du rythme de la phrase.

1. Cadence de la phrase

A) Protase. Acmé. Apodose

Il faut d'abord considérer qu'une pause majeure dans la voix intervient au terme du premier groupe syntaxique complet. Dans une phrase de structure simple, cette pause peut séparer le syntagme nominal du syntagme verbal ou détacher un groupe mis en apposition. Dans la phrase de structure complexe, la place de cette pause peut être plus délicate à déterminer (mécanisme de la subordination avec présence éventuelle de structures emboîtées). Mais dans tous les cas, la pause majeure coïncide avec un arrêt momentané du sens.

On observe donc, s'agissant de décrire le rythme de la phrase en prose, que l'organisation rythmique générale répond au schéma suivant :

– montée de la phrase : la séquence ascendante est nommée *protase* ;

– point où culmine la phrase ou *acmé*. Ce point est parfois difficile à déterminer, car il ne correspond pas toujours avec la

première structure syntaxique complète (syntagme nominal, verbal ou proposition toute entière) (cf. p. 200) ;
– descente de la phrase qui arrive à son terme ou *apodose*.

B) *Cadences*

– Si la protase et l'apodose s'équilibrent, on parlera de *cadence équilibrée*. L'absence de tension forte entre les deux moments de la phrase est significative. Peut être ainsi suggérée, l'impression d'ordre, de naturel, d'harmonie. Ainsi rythme et effets de sens se combinent-ils dans cette séquence des *Mémoires* de Voltaire :

> «Nous ne cherchions qu'à nous instruire dans cette délicieuse retraite // sans nous informer de ce qui se passait dans le reste du monde. (...) Elle (Mme du Châtelet) ne chercha point à parer cette philosophie d'ornements étrangers // ; cette affèterie n'entrait point dans son caractère.»

Mais il est vrai aussi que les deux versants de la phrase peuvent rendre compte de perspectives ou d'univers contradictoires. Ainsi :

> «Il y avait en Westphalie, dans le château de Monsieur le baron de Thunder-ten-tronck // un jeune garçon à qui la nature avait donné les mœurs les plus douces.»

Quand le regard se pose sur le seul personnage dont l'auteur veut signifier la douceur et la transparence, c'est encore la cadence équilibrée qui souligne l'effet de sens :

> «Il avait le jugement assez droit, avec l'esprit le plus simple ; // c'est, je crois, pour cette raison qu'on le nommait Candide.»

– Si la protase est plus courte que l'apodose, on reconnaîtra la *cadence majeure*. On considère que celle-ci est la plus fréquente en français qui dispose les éléments constitutifs de la phrase par masses croissantes[1]. Elle est apte à rendre compte du prolongement de la sensation ou de l'expansion de l'analyse. Les effets de sens qu'elle souligne sont bien évidemment fort variables. Dans les phrases qui suivent, ils sont remarquables pour rendre compte du caractère subtil de l'exploration.

> «Quand par les soirs d'été le ciel harmonieux gronde comme une bête fauve et que chacun boude l'orage // c'est au côté de

---

1. Voir H. Bonnard, *Procédés annexes d'expression*, p. 131.

Méséglise que je dois de rester seul en extase à respirer, à travers le bruit de la pluie qui tombe, l'odeur d'invisibles et persistants lilas»

(M. Proust)

«Et elle était si particulière, elle avait un charme si individuel et qu'aucun autre n'aurait pu remplacer // que ce fut pour Swann comme s'il eût rencontré dans un salon ami une personne qu'il avait admirée dans la rue et désespérait de jamais retrouver»

(M. Proust)

— Si la protase est plus longue que l'apodose, on reconnaît la *cadence mineure*, propre à souligner par la chute abrupte la conclusion inattendue ou rapide du mouvement engagé :

«Je m'épuisai en protestations d'étonnement et de reconnaissance sur les marques liquides des bontés de Sa Majesté, substituées aux solides dont elle m'avait flatté //, et je partageai le quartaud (de vin) avec Camas»

(Voltaire)

ou le seul effet de surprise ou de découverte :

«Or, quelques minutes à peine après que le petit pianiste avait commencé de jouer chez Madame Verdurin, tout d'un coup, après une note haute longuement tenue pendant deux mesures, il vit s'approcher, s'échappant de sous cette sonorité prolongée et tendue comme un rideau sonore pour cacher le mystère de son incubation, il reconnut, secrète, bruissante et divisée // la phrase aérienne et odorante qu'il aimait»

(M. Proust)

L'exemple est intéressant à un double titre. Il met en évidence l'effet de sens souligné par la cadence mineure, mais il témoigne aussi des difficultés à situer l'acmé, car si le choix effectué privilégie le long mouvement de tension de la phrase qui mime l'attente de la note, il reste que c'est là une interprétation et que la pause rythmique fondamentale aurait pu intervenir par exemple après *deux mesures* : on aurait alors une cadence majeure avec une apodose en deux temps. L'effet d'approche, l'abord délicat et mystérieux de la phrase musicale serait ainsi souligné[1].

La prudence s'impose donc en plus d'un cas lorsqu'il s'agit de lire rythmiquement la phrase littéraire. Mais c'est aussi le propre de toute œuvre d'art que de suggérer différentes perspectives de lecture et de vision.

---

1. Des remarques identiques sont formulées par M.H. Prat, *op. cit.*, p. 392.

2. Cas particulier : la structure syntaxique dans ses rapports avec la structure métrique

Le mètre – alexandrin, décasyllabe, octosyllabe – impose un cadre dans lequel vient se mouler la structure phrastique. Les effets les plus divers peuvent être marqués par la coïncidence ou au contraire la discordance entre la structure syntaxique et la structure métrique. Ces effets sont clairement analysés dans l'ouvrage fondamental de J. Mazaleyrat : *Éléments de métrique française*. On se bornera à rappeler ici les principaux cas de discordance :

• Cas de débordement de la phrase par rapport au cadre métrique sans effet de mise en relief d'un élément précis (enjambement) :

> «*Ces bons soirs de septembre où je sentais des* gouttes
> De rosée à mon front, *comme un vin de vigueur...*»
>
> (Rimbaud)

Le phénomène se retrouve à l'intérieur du vers lorsque ne peut être marquée la pause à l'hémistiche ou à la césure :

> «.. *l'Été*
> ....
> *S'étire par l'ardeur // blanche du ciel complice.*»
>
> (Verlaine)

• Cas de débordement de la phrase par rapport au cadre métrique avec mise en relief d'un élément au début du vers suivant (rejet externe) ou dans le second hémistiche (rejet interne) :

> «*Petit-Poucet rêveur, j'égrenais dans ma course*
> Des rimes. *Mon auberge était à la Grande-Ourse...*»
>
> (Rimbaud)

> «*O buffet du vieux temps, tu sais bien des histoires,*
> *Et tu voudrais conter //* tes contes, *et tu bruis...*»
>
> (Rimbaud)

• Cas d'anticipation de la structure syntaxique sur la structure métrique : le contre-rejet «affecte des segments courts... et (les) met en relief en les détachant par amorce d'une unité de construction grammaticale avant l'articulation métrique qui semblait devoir en marquer le début[1]». Ce phénomène s'ob-

---

1. J.. Mazaleyrat, G. Molinié, *Vocabulaire de la stylistique*, PUF, 1989, p. 83.

serve à la fin du vers (contre-rejet externe) ou au terme du premier hémistiche (contre-rejet interne).

> *«J'ai vu fermenter les marais énormes //* nasses
> *Où pourrit dans les joncs tout un Léviathan !»*
>   (Rimbaud)

> *«O l'Omega,* rayon *// violet de ses yeux.»*
>   (Rimbaud)

Les effets de sens liés aux variations du rythme sont à l'évidence très étendus. La souplesse des combinaisons favorise l'étroite adéquation de la forme à la vision.

L'étude de la phrase – forme, composition, groupement et place des termes, rythme – constitue donc un des axes essentiels de l'analyse stylistique. C'est souvent le point de départ à l'analyse du style d'auteur.

LECTURES CONSEILLÉES

H.-D. BECHADE
  Syntaxe du français moderne et contemporain, P.U.F., Paris, 1986.

F. DELOFFRE
  La phrase française, SEDES, Paris, 1969.

J. HELLEGOUARC'H
  La phrase dans les Caractères de La Bruyère, Atelier de reproduction des thèses, Université Lille III, 1975.

J. MOUROT
  Le génie d'un style, Chateaubriand : rythme et sonorités dans Les Mémoires d'outre-tombe, A. Colin, Paris, 1969.

L. SPITZER
  Études de style, Gallimard, Tel, Paris, 1970.

Versification

M. AQUIEN
  La versification, PUF, Coll. «Que sais-je ?», Paris, 1990.

J. MAZALEYRAT
  Éléments de métrique française, A. Colin, Paris, 1974.

Articles

M.H. PRAT
  «Remarques sur l'étude stylistique de la phrase : rythme, sens et mélodie», in *Mélanges Larthomas*, Collection de l'E.N.S.J.F., Paris, 1985, p. 387-396.

J. STAROBINSKI
  Le remède dans le mal, «Le fusil à deux coups de Voltaire», Gallimard, NRF essais, Paris, 1989, p. 123-163.

APPLICATION

Dans le texte suivant seront étudiés les effets que l'auteur tire de la construction des phrases.

«Lorsque la maison de Fontenay fut prête et agencée, suivant ses désirs et ses plans, par un architecte ; lorsqu'il ne resta plus qu'à déterminer l'ordonnance de l'ameublement et du décor, il passa de nouveau et longuement en revue la série des couleurs et des nuances.

Ce qu'il voulait, c'était des couleurs dont l'expression s'affirmât aux lumières factices des lampes ; peu lui importait même qu'elles fussent, aux lueurs du jour, insipides ou rêches, car il ne vivait guère que la nuit, pensant qu'on était mieux chez soi, plus seul, et que l'esprit ne s'excitait et ne crépitait réellement qu'au contact voisin de l'ombre : il trouvait aussi une jouissance particulière à se tenir dans une chambre largement éclairée, seule éveillée et debout, au milieu des maisons enténébrées et endormies, une sorte de jouissance où il entrait peut-être une pointe de vanité, une satisfaction toute singulière, que connaissent les travailleurs attardés alors que, soulevant les rideaux des fenêtres, ils s'aperçoivent autour d'eux que tout est éteint, que tout est muet, que tout est mort.

Huysmans, *A rebours*, collection 10/18, p. 63-64.

La phrase apparaît ici au service de la définition d'un projet esthétique et, en profondeur, d'un projet de vie. Sa facture complexe, immédiatement perceptible, son mode de progression rendent compte à la fois du caractère volontariste, déterminée de l'approche et de sa complexité. Un objet, le cadre de vie, méticuleusement défini et construit, figure plus essentiellement la conception même que l'esthète se fait de la vie.

I. L'approche de l'objet : la définition du cadre de vie

1. Description de la structure phrastique

Elle est éminemment complexe puisque le texte proposé ne comporte que deux phrases, une par paragraphe. Cette disposition même est révélatrice de l'ordre et de la méthode qui préside à l'organisation de la vie et d'abord à celle de son cadre.

– La première phrase est bâtie sur une anticipation (subordonnées) mais sans aucune structure d'emboîtement, et elle combine, à l'ouverture, deux structures parallèles (les propositions temporelles).

Cette facture définit une période : les différentes séquences se déploient jusqu'à leur terme, chaque élément s'enchaînant à l'élément suivant : «Lorsque... architecte // lorsque... décor // il passa... nuances». Est ainsi mis en évidence le caractère construit du projet touchant au cadre de vie et la continuité de son approche : aucun élément adventice ou secondaire ne vient couper l'ordonnance des propositions. La détermination du personnage et son aptitude à conduire le projet jusqu'au terme paraît ainsi signifiée. Les constructions parallèles de longueur décroissante sanctionnent la régularité et l'exigence fondamentale de perfection, c'est-à-dire l'achèvement. L'organisation générale de cette première phrase en témoigne encore : les deux subordonnées précèdent la principale. Cette disposition rend compte d'une logique essentielle, les circonstances qui précèdent le procès principal, et en définissent l'existence sont en effet décrites d'abord.

La structure générale de cette première phrase révèle donc la cohérence, la netteté et la détermination du personnage dans sa quête. Son sens de l'exploration et de l'organisation méthodique est encore signifié par la disposition spécifique des groupes nominaux ou verbaux au sein de la phrase ou de la proposition.

2. Les groupements remarquables au sein de la phrase

Domine, dans tout le paragraphe, la structure binaire : elle marque le cadre général de la phrase puisque celle-ci s'ouvre par deux propositions subordonnées de même nature. Une ponctuation forte, le point virgule, souligne le groupement binaire, détachant nettement les deux entités. Le caractère ouvert de ce groupement est démenti par la tournure exceptive observée dans le second membre : «lorsqu'il _ne_ resta plus _que_». La conjonction de coordination à l'avant du groupe ferait ici redondance. La négation exceptive interdit à tout autre terme de venir s'adjoindre aux précédents, le caractère circonscrit mais complet de l'exploration est ainsi mis en évidence.

Au sein de chaque proposition, c'est bien le binaire fermé qui est constamment utilisé :

1. prête et agencée,
2. ses désirs et ses plans,
3. l'ameublement et (le) décor,
4. de nouveau et longuement,
5. les couleurs et les nuances.

On ne peut manquer d'observer le caractère intrinsèquement complémentaire des termes liés. Aucun n'est le synonyme de l'autre. Le premier appelle le second auquel il apparaît nécessairement lié : _prête_ est spécifié par _agencée_ qui marque le point dernier de l'achèvement ; de même, _ameublement_ appelle _décor_, comme _couleur_ appelle _nuances_. Certains groupements soulignent en outre la complémentarité

entre l'ordre et le goût et le caractère récurrent de ces structures rend
compte du sens exact de la perfection ici manifesté : elle relève d'une
organisation et d'un raffinement extrêmes.

3. L'ordre des mots

Dans la première phrase, on note la progression logique ou naturelle du sens au sein de toutes les propositions. Le lien entre le sujet et
le verbe, comme entre le verbe et son objet, n'est jamais distendu.
Dans la proposition principale, il faut considérer que le noyau verbal
est constitué par l'expression *passer en revue*, déterminée par les
deux adverbes ; comme tel, il n'y a pas là infraction au principe
évoqué. Le complément d'objet direct est à la place attendue. Cette
disposition correspond bien aux perspectives déjà présentées :
méthode et organisation président à la définition de l'objet.

4. Les figures de construction

A ce point de l'analyse, s'observe la convergence de traits d'écriture concourant aux mêmes effets. On ne saurait donc s'étonner de l'absence de toute figure remarquable de construction qui relèverait soit
d'écarts par rapport aux normes grammaticales, soit d'un principe de
répétition. L'une ou l'autre témoignerait d'un certain désordre ou d'une
approximation, d'une approche vacillante, inorganisée ou fantaisiste.

Néanmoins, il faut noter le zeugma syntaxique dans la première
proposition – dont la présence ne contredit pas cependant les indications données : «... La maison de Fontenay fut prête et agencée...
par un architecte». Le complément d'agent rend à *agencée* son statut
de verbe alors qu'une lecture première en faisait une forme adjective.
La présence du complément de manière «suivant ses désirs et ses
plans» enchâssé entre la séquence verbale et l'agent dissimule l'effet
de rupture. Mais celui-ci est indiscutable. Il n'est pas impossible que
soit ainsi matérialisé et réduit, l'antagonisme possible de deux êtres et
deux forces en présence : l'esthète et l'architecte, au bénéfice du
premier : le goût a force de loi, même si les cadres qu'il impose ne
sont pas forcément ceux que préconise l'ordre commun. Cette tendance à signifier la distance par rapport à cet ordre va engendrer le même
type de figure dans la suite du développement.

5. Le rythme de la phrase

Les observations qui vont être faites s'inscrivent dans les perspectives tracées et amorcent un prolongement. En effet, on peut considérer que le rythme donné à la période est celui de la cadence mineure,
les deux propositions subordonnées temporelles formant la protase, la
proposition principale, l'apodose. L'une et l'autre partie de la phrase
développe des séquences binaires parallèles, plus étendues dans la

protase qui progresse ainsi par palier. Le rythme souligne ainsi la précision, la minutie d'une approche patiente et la netteté d'un projet
conduit à son terme : la coïncidence entre les pauses rythmiques et le
patron syntaxique y aide efficacement.

C'est ce projet que définit le paragraphe suivant. La longueur et les
détours de la phrase en suggèrent la complexité, la singularité.

II. Un projet de vie hors du commun

On note une évolution sensible de la structure phrastique dans ce
second paragraphe qui définit moins une approche du cadre de vie
qu'une conception de la vie elle-même, en même temps qu'est décou-
vert ce qui la fonde.

1. Structure phrastique

– Elle présente une seule phrase, nettement découpée en trois
parties de longueurs inégales, chacune s'amplifiant par rapport à la
précédente. La ponctuation forte, le point virgule, matérialise les différents moments de la phrase qui présente donc une structure ternaire,
trois propositions principales engageant respectivement chacun des
moments considérés.

– Il faut observer que cette structure ternaire reste ouverte, l'adverbe *aussi* qui détermine le dernier procès principal matérialise non
l'achèvement d'un mouvement d'analyse mais l'adjonction d'un
élément nouveau qui aide à la définition du regard sur la vie.

– La structure générale de la phrase rend compte de cette exploration qui se veut de plus en plus complète et sûre, ce que marque bien
l'ampleur croissante des différentes parties. Il faut sans doute considérer que la pause qui les sépare constitue comme autant d'arrêts dans
la réflexion qui permettent de relancer l'examen des goûts profonds.

– On observe que les trois séquences présentent une structure
syntaxique liée : la première seule s'ouvre sur une construction segmentée qui ne bouleverse pas cependant l'ordre logique thème-prédi-
cat. Le détachement de l'un et l'autre terme au moyen de l'outil *ce
que... c'étaient*, conduit à la mise en relief et du thème et du prédicat.
Est ainsi soulignée la détermination du personnage dans la poursuite
de son projet.

Les trois séquences développent en l'amplifiant le même patron
syntaxique : la structure principale ouvre chacune d'entre elles et dans
la séquence 3, les subordonnées se greffent les unes sur les autres
lorsque chacune d'elles est arrivée à son terme. Ainsi :

1. PP : «ce qu'il voulait... des couleurs»
   → PS   «dont»
2. PP : «peu lui importait...»
   → PS   «qu'elles fussent»

PP : «car il ne vivait... pensant»
→ PS   «qu'on était mieux et que l'esprit»
3. PP : «il trouvait aussi... jouissance»
    → PS   «*où* il entrait... satisfaction»
        → PS   «*que* connaissent les travailleurs»
            → PS   «*alors que*... ils s'aperçoivent»
                → PS   «*que* tout est éteint»
                    «*que* tout est muet»
                    «*que* tout est mort»

A l'évidence, cette structure fortement liée rend compte du caractère construit de la vision ici définie, l'amplification de la dernière séquence attestant l'acuité de la prise de conscience, la volonté de mener à son terme l'exploration de l'exigence fondamentale : le plaisir inhérent aux choix d'un mode de vie particulier.

L'utilisation de la facture liée apparaît donc ici exemplaire : elle sert à la définition, à l'élaboration d'un projet de vie complexe et hors du commun.

2. Rythme général

Chacun de ces moments se déploie sur un rythme de cadence majeure, l'ampleur de l'apodose s'inscrit dans la perspective que l'on vient d'évoquer : elle témoigne de la volonté de définir et de justifier sensation et goût.

– Le premier moment – «Ce qu'il voulait... lampes» – culmine sur *voulait*, l'apodose développant l'objet considéré.

– Le deuxième moment – «peu lui importait... voisin de l'ombre» – culmine sur *nuit*, auquel répond en fin de phrase le mot *ombre*, l'apodose rend compte du choix formulé en protase.

– Le troisième moment – «il trouvait aussi... tout est mort» – culmine à la reprise du mot *jouissance* : la nature de la sensation est longuement analysée dans l'apodose.

Le rythme qu'épouse le mouvement de l'analyse souligne donc l'ampleur croissante de chacun des temps de réflexion. La cadence majeure omniprésente illustre la permanence d'une attitude mentale, celle de l'esthète qui veut aller jusqu'au bout de la sensation ou du goût désignés. La quête dépasse ici le simple objet du monde, elle s'élargit et conduit à l'élaboration d'un projet de vie.

3. La disposition des groupes au sein des propositions

Alors que dans le premier paragraphe, la structure binaire fermée rendait compte de l'approche et de l'exploration complète de l'objet du monde, dans ce second paragraphe on observe une plus grande variété des modes de groupement et de disposition.

A. Les binaires fermés

On note ainsi :

1. insipides ou rêches
2. seule éveillée et debout
3. enténébrées et endormies
4. pensant qu'on était mieux... et que l'esprit ne s'excitait
5. ne s'excitait et ne crépitait.

Les binaires ici explorent des sensations physiques complémentaires et non contradictoires. L'approche du monde par les sens peut prétendre à l'exhaustivité. Il faut cependant souligner ici l'art de la caractérisation. Il est vrai que chacun des caractérisants utilisés dans les séquences 1, 2, 3 réfère à la sensation transmise par le corps, mais chacun d'eux s'applique non à des êtres vivants mais à des êtres matériels – couleurs → 1, maison → 2, maisons → 3. La sensation identifiée par l'esthète est transférée au monde matériel, plus exactement ce monde d'objets s'imprègne de sensations propres au monde des vivants.

Il y a ici osmose entre l'artiste et l'univers dans lequel il vit. L'esthète impressionne les objets du monde et ceux-ci, à leur tour, l'affectent. Le monde extérieur n'est pas neutre, d'où l'importance de l'ameublement et du décor, des couleurs et des nuances.

En revanche la sensation interne, l'impression laissée dans l'esprit par l'objet sensible est peut-être plus délicate à cerner, ce dont rend compte l'inclusion d'un binaire fermé (5) dans un autre binaire fermé (4).

Cette fois, c'est l'impression sensible, *crépitait,* qui rend compte d'une réalité spirituelle, *s'excitait.* L'association fait sans doute sa place à la théorie des correspondances. La réalité spirituelle se laisse appréhender et définir concrètement par l'artiste.

Ainsi les binaires fermées restituent-ils une appréhension éventuellement physique des objets d'univers. Plus difficile se révèle la saisie de l'intériorité pure, de l'écho que laissent en soi ces objets appréhendés. L'impression interne se structure en effet en binaires ou en ternaires ouverts.

B. Les binaires et ternaires ouverts

1. «on était mieux chez soi, plus seul...»
2. «chambre largement éclairée, seule éveillée et debout»
3. «une jouissance particulière, une sorte de jouissance»
4. «une pointe de vanité, une satisfaction toute singulière»
5. «ils s'aperçoivent (...) que tout est éteint, que tout est muet, que tout est mort.»

Il faut observer que, mis à part le troisième groupement, la progression de chacune de ces séquences s'organise sur le même modèle, à savoir que le second terme précise, aide à la définition du premier mais n'en est pas synonyme : *mieux* est exploré par *plus seul* ; *éclai-*

rée est complété par *éveillée* et il faut noter ici l'hypallage ou le transfert de caractérisant puisqu'*éveillée* ne saurait s'appliquer qu'à des animés. L'association paradoxale de ces deux adjectifs donne en outre un effet de zeugma sémantique. Les substantifs *vanité* et *satisfaction* semblent à l'inverse s'appeler, mais il faut observer que la caractérisation *singulière*, post-posée au second terme, annihile toute tentative de définition commune : l'objet de cette satisfaction est en effet formulé dans la dernière construction en ternaire qui se clôt sur l'adjectif *mort*. Est ici signifiée qu'une jouissance générant cette satisfaction «singulière» peut être tirée de l'aperception de la mort, de son approche par l'individu seul et vivant qui la défie.

Les séquences ouvertes soulignent donc l'intensité avec laquelle est explorée l'exigence fondamentale, celle de cette jouissance singulière autour de laquelle va s'ordonner un projet de vie hors du commun. La complexité de cette élaboration est rendue par une certaine liberté des enchaînements au sein des propositions et le recours à des figures spécifiques.

4. L'ordre des mots

Il est constant que dans le second mouvement du texte, l'ordre canonique domine puisqu'il s'agit bien d'appréhender avec le plus de netteté possible les exigences qui vont donner forme au cadre de vie. Ainsi le syntagme verbal est-il toujours placé en tête de chacune des séquences.

– ce qu'il voulait... ;
– peu lui importait... ;
– il trouvait aussi...

L'hypertrophie de la dépendance régulièrement développée témoigne de la complexité de la quête et des nuances de son objet.

On ne peut donc que relever les rares distorsions ou les écarts qui contribueraient à distendre des liens fondamentalement stables.

Il a déjà été dit que le procédé de mise en relief à l'ouverture de ce développement n'affectait pas l'ordre dit logique ou naturel, mais permettait une mise en valeur parallèle du thème et du prédicat, le mot *couleurs* se trouvant nettement détaché du verbe qu'il complète et annoncé par le pronom neutre à valeur cataphorique *ce*. Est donc clairement désignée ici l'importance de la notion : sa définition va conduire à déterminer la place et la valeur de la lumière et à signifier l'importance de la nuit.

L'écart entre le verbe (copule) *fussent* et le prédicat *insipides* ou *rêches* appliqué au même mot *couleurs* rend compte des mêmes intentions. En effet, le complément circonstanciel *aux lueurs du jour* distend ce lien essentiel et se présente comme un terme dont on veut marquer, en l'antéposant, le caractère accessoire. Les caractérisants en bout de proposition viennent circonscrire précisément un univers dont l'esthète ne veut pas, c'est-à-dire un univers naturel.

A l'inverse, le complément de temps symétrique *la nuit* est mis en valeur derrière le verbe grâce à l'ampleur de la locution adverbiale de négation qui l'en sépare – *ne... guère que.* On peut faire valoir en outre le fonctionnement de la négation exceptive qui aboutit à privilégier le terme échappant à la tension fermante. On retrouve, amplifiée, la même construction dans la complétive pour mettre en valeur la même notion : «... l'esprit *ne* s'excitait et *ne* crépitait réellement qu'au contact voisin de l'ombre...»

Enfin la reprise du complément d'objet direct *jouissance* loin de sa première désignation et amplement caractérisé par les relatives – *où..., que...* – permet à l'évidence une concentration sur l'objet fondamental de la quête qui justifie l'ordonnance du cadre de vie. La tournure unipersonnelle *«où il entrait* peut-être une pointe de vanité, une satisfaction...»*, aide au développement du concept puisqu'elle favorise l'expansion du thème postposé.

Les phénomènes d'écart plus que les transpositions favorisent donc l'exposé et l'analyse des composantes essentielles de l'univers esthétique présenté. Il s'inscrit à l'encontre des normes communes : il privilégie la nuit où ne brille qu'une lumière factice, où l'homme, seul créateur de lumière, trouve son plaisir dans le défi jeté à l'ombre.

Les figures du discours contribuent aussi à la définition de cet univers résolument extra-ordinaire.

5. Les figures de construction

La tentative pour appréhender les principes qui génèrent le choix d'un mode de vie est conduite avec méthode et subtilité. La rigueur de la quête a imposé de bout en bout une facture liée et on ne saurait s'étonner de ne trouver que de très rares distorsions dans les constructions. Dans le second mouvement de ce texte, il en est une qui traduit ce désir de rendre compte avec justesse la sensation recherchée. La reprise et le développement du mot qui permet de corriger ou nuancer l'expression première définissent l'*épanorthose* : «...il trouvait aussi une *jouissance particulière* à se tenir dans une chambre largement éclairée, seule éveillée et debout... une sorte de jouissance où...». Dans cette même séquence on note encore que l'hypallage déjà décrit – «seule éveillée et debout» – est prolongé par le zeugma syntaxique : à l'adjectif se trouve coordonné un adverbe ; la liberté de la construction reste relative puisque l'un et l'autre terme sont des caractérisants mais elle mérite d'être notée : l'exigence de la quête, la volonté de définir précisément le cadre qui plaît, conduit à des choix qui s'inscrivent contre l'ordre commun, sans peut-être le révolutionner tout à fait. Il est intéressant de souligner que la définition du goût implique parfois que soient transgressées les règles communes de l'expression.

Conclusion

Le seul regard sur la phrase révèle ici la perfection de l'écriture : l'adéquation est remarquable entre la forme choisie et la signification qu'elle transmet. On peut rappeler brièvement les principaux traits.

– La syntaxe complexe et l'ampleur croissante de la phrase mettent en évidence la volonté d'approfondir l'exigence qui va commander l'élaboration du cadre de vie. La phrase progresse régulièrement, elle est de facture liée : sont ainsi signifiés l'ordre et la rigueur avec lesquels est menée la quête.

L'alternance des binaires fermés et ouverts rend compte du désir d'explorer la totalité des sensations produites par les objets du monde, en même temps qu'est cernée la singularité du goût. Les associations ne s'inscrivent pas dans un ordre commun de perception, elles le transcendent et allient l'inattendu ou le contradictoire de telle sorte que s'impose et se construit un ordre nouveau : l'esthète poursuit méthodiquement son appréhension singulière du monde, non pour le connaître et le voir – la lumière naturelle importe peu – mais pour extraire de la vie un plaisir ultime et résolument paradoxal, celui de se sentir seul et vivant dans la nuit, celui de défier seul la mort, celui de conjurer son angoisse.

Conclusion générale

Les postes d'analyses que nous venons de présenter permettent une approche méthodique et précise de la facture du texte, et au-delà, de sa *poétique*. Saisir la manière dont se construit le référent fictif, c'est non pas élucider le mystère de la création, mais caractériser une vision du monde, en dégager les principales composantes et faire surgir la spécificité de ses traits. L'artiste, ici, travaille un matériau qui est la langue pour générer des formes nouvelles de vie.

Ainsi se comprend l'intuition fondamentale du poète :

«Honneur des hommes, saint LANGAGE,
Discours prophétique et paré».

(Valéry)

Applications
intégrales

L'incipit d'un conte
de Villiers de l'Isle-Adam :
Les demoiselles de Bienfilâtre

1   «Il y a quelques années florissait, orgueil de nos boule-
vards, certain vaste et lumineux café, situé presque en face
d'un de nos théâtres de genre dont le fronton rappelle celui
d'un temple païen. Là, se réunissait quotidiennement l'élite
5   de ces jeunes gens qui se sont distingués depuis, soit par
leur valeur artistique, soit par leur incapacité, soit par leur
attitude dans les jours troubles que nous avons traversés.
    Parmi ces derniers, il en est même qui ont tenu les
rênes du char de l'État. Comme on le voit, ce n'était pas de
10   la petite bière que l'on trouvait dans ce café des Mille et
une nuits. Le bourgeois ne parlait de ce pandémonium
qu'en baissant le ton. Souventes fois, le préfet de la ville y
jetait négligemment, en manière de carte de visite, une
touffe choisie, un bouquet inopiné de sergents de ville ;
15   ceux-ci, de cet air distrait et souriant qui les distingue, y
époussetaient alors, en se jouant, du bout de leurs sorties-
de-bal, les têtes espiègles et mutines. C'était une attention
qui, pour être délicate, n'en était pas moins sensible. Le
lendemain, il n'y paraissait plus.
20   Sur la terrasse, entre la rangée de fiacres et le vitrage,
une pelouse de femmes, une floraison de chignons échap-
pés du crayon de Guys, attifées de toilettes invraisem-
blables, se prélassaient sur les chaises, auprès des
guéridons de fer battu peints en vert espérance. Sur ces
25   guéridons étaient délivrés des breuvages. Les yeux tenaient
de l'émerillon et de la volaille. Les unes conservaient sur
leurs genoux un gros bouquet, les autres un petit chien, les
autres rien. Vous eussiez dit qu'elles attendaient quelqu'un.
    Parmi ces jeunes femmes, deux se faisaient remarquer
30   par leur assiduité ; les habitués de la salle célèbre les nom-
maient, tout court, Olympe et Henriette. Celles-là venaient
dès le crépuscule, s'installaient dans une anfractuosité bien
éclairée, réclamaient, plutôt par contenance que par besoin
réel, un petit verre de vespetro ou un «mazagran», puis sur-
35   veillaient le passant d'un œil méticuleux.
    Et c'étaient les demoiselles de Bienfilâtre !»

(Villiers de l'Isle-Adam, *Contes cruels*, Éd. Garnier, p. 5-6)

Commençons par quelques réflexions d'ordre synthétique qui guideront l'analyse stylistique de détail :

—Importance de la place de l'extrait[1] : nous sommes ici en présence de l'incipit romanesque du conte ; il a été précédé par deux pages de réflexions générales sur les notions de Bien et de Mal. Puis, sans transition aucune, l'auteur délègue sa parole au narrateur. Nous étudions donc spécifiquement le lieu où s'engage la fiction, et où la notion de« possible narratif» (que va-t-il se passer ?) a sa plus grande extension. Dans notre texte, une attente narrative est créée par le titre (qui sont ces demoiselles ? La suite du texte nous apprendra que ce sont des prostituées. Que va-t-il leur arriver ?). Si l'on se place maintenant, non plus du côté du destinataire (le lecteur) mais de celui du destinateur (le narrateur), on observe que les stratégies de déroulement et de retardement de l'information ont dans ce lieu du texte une efficacité particulière. Il convient donc d'étudier par quels procédés le narrateur répond à l'attente du lecteur (on peut rapprocher l'incipit romanesque de la scène d'exposition dans le théâtre).

—Importance des connotations : le lecteur peut «recevoir» le premier paragraphe comme un paragraphe de facture traditionnelle et sérieuse (sérieux caractéristique de l'énoncé réaliste) ; mais il ne peut manquer d'être frappé par l'accumulation des ruptures dans la suite du texte : elles lui montrent d'une part que le narrateur vise à le faire (sou)rire (à provoquer sa participation émotionnelle), d'autre part qu'il porte un regard distant et critique sur le référent : ensemble des connotations affectives et taxiologiques.

—Importance du genre et de l'époque : les marques génériques du conte et les marques de l'idiolecte (ou du sociolecte) symboliste et même décadent, doivent être identifiées.

Comment est traité l'incipit. Comment le texte acquiert une tonalité marquée. Les analyses de ces points doivent permettre au lecteur de se faire une idée du projet esthétique et philosophique de l'auteur.

I. L'incipit : choix d'un modèle réaliste

1. Ensemble de topoi réalistes : un incipit balzacien

A. *Présentation du cadre spatio-temporel*

Il y a quelques années (l. 1), *café... presque en face de...* (l. 2). Point de départ le plus prévisible du récit réaliste, fréquent chez Balzac.

---

1. Pour une autre étude de l'incipit, voir E. Ravoux Rallo, *L'explication de textes à l'oral*, «L'incipit romanesque - *Le Diable au corps*», Nathan, Paris, 1990, p. 32-38.

B. *Récit et discours*

1. *Le texte* : on note la présence d'une instance énonciative repérable qui vient authentifier l'énoncé, le marquer du sceau de la vérité ; l'énoncé devient vraisemblable (marque du réalisme).
  –Marques personnelles et intrusions du narrateur : *nos* (l. 1, 3) de complicité narrateur-lecteur[1], relayé par *on* (l. 9), puis par *vous* (l. 28) d'adresse au lecteur. La présence d'une instance énonciative s'accompagne parfois d'une inclusion du particulier dans le général, qui est aussi un stéréotype du récit réaliste (Balzac, Flaubert, ...) : *un de nos théâtres...* (l. 3), *l'élite de ces jeunes gens qui...* (l. 5) ; celui-ci trouve là une dimension didactique.
  –Marques temporelles : présent et passé composé (temps du discours, l. 8 à 9). La notation *Il y a quelques années* relie temps de l'énoncé et temps de l'énonciation (par opposition à une notation de date, par exemple).

2. *Le hors-texte* : le référent de l'univers mis en place peut être identifié par tout lecteur qui possède les connaissances nécessaires (*café* : café de Madrid, *jours troubles* = Commune, etc.). La fiction est enracinée dans le réel et authentifiée par l'énonciateur. Les marques du discours sont nettes, facilement identifiables, récit et discours s'entrelacent mais ne se confondent jamais, et le récit prend, à son départ, une allure de «chronique».

2. Présentation des personnages : stratégies narratives

A. *Les principes de l'exposition*

Tout récit obéit à deux contraintes divergentes (cf. études de grammaire textuelle) : cohésion et unité/progression et variations.

1) Cohésion du récit

  –*Présence appuyée de l'anaphore* :
  • reprise lexicale (*café*, l. 2 et 10, *guéridon*, l. 24 et 25) ou périphrase synonymique (*café → pandémonium*, l. 11).
  • adjectifs/pronoms/adverbes anaphoriques : les démonstratifs sont très nombreux : *ce café, ce pandémonium, ces jeunes femmes...* ; parfois, un pronom personnel suffirait (*ceux-ci*, l. 15) ; les adverbes *là* et *y* sont eux aussi fréquents (l. 4, 12, 15, 19).
  –*Forte unité thématique* : récit dit «à thème constant» (le café) : *café, terrasse* (l. 20), *guéridons* (l. 24)...
  Dans les trois premiers paragraphes, le thème reste le même.

---

1. On préfère parfois parler de «narrataire» pour mettre en évidence le caractère virtuel de l'instance à laquelle s'adresse le narrateur.

2) Progression du récit

Le rétrécissement de l'espace (*café* → *terrasse*, l. 20 → *anfractuo-sité*, l. 32) doit être mis en relation avec l'apparition progressive, fondée sur un mouvement de rapprochement, des actants humains (*hommes* paragraphes 1 et 2, *femmes* paragraphe 3, puis apparition des deux héroïnes ÉPONYMES[1], d'abord désignées par leur prénom (l.31) à ce moment du récit, encore mystérieux . Il faut attendre le cinquième paragraphe et la ligne 36 pour qu'elles soient présentées, – et pour que toutes les notations précédentes prennent leur sens.

B. La stratégie du retardement

1) A l'intérieur des phrases

Un effet d'attente dans la présentation des actants est créé par l'ordre des mots dans le premier paragraphe (ordre verbe-sujet et retardement du sujet *café* par insertion d'éléments adventices), ou dans le quatrième paragraphe, où la désignation des héroïnes se fait en fin de phrase.

2) Dans l'énoncé

Nous avons affaire à ce que G. Genette appelle, à propos de Balzac, un «introït [= une entrée en matière] énigmatique» (*Figures III*, p. 207-208), puisque, malgré le titre, l'énoncé s'oriente vers la description d'un café. Le récit s'arrête et se transforme, dans les paragraphes 2 et 3, en tableaux de genre, les sergents puis les femmes. La chronique se fait ici récit de mœurs ; cet axe de lecture est stylistiquement marqué par la référence emblématique au peintre Constantin Guys (l. 22) «le peintre de la vie moderne» si apprécié de Baudelaire :

– Le tableau de la ville fait alterner inanimés et évocation de la modernité (*fiacres, vitrage, guéridons de fer, mazagran*), animés et peinture de la foule (*jeunes gens, sergents de ville, ...*). On est proche des «tableaux parisiens».

– Le «croquis de mœurs» (Baudelaire) : les phrases des l. 24 à 28 sont brèves, en relation asyndétique, sans connexion sémantique explicite. Elles relèvent du «style coupé», et la description procède par touches presque cubistes.Une recherche de précision se manifeste dans un groupe nominal marqué par un effet de réel (*guéridons de fer battu peints en vert espérance*, l. 24 : petit détail vrai), et dans la multiplication des verbes dynamiques. Celle-ci transforme de plus la fin du quatrième paragraphe en saynète amusante. Cet apparent style de notations est marqué par une connotation dévalorisante, liée au mode même de formation du mot : *vespetro* (l. 34), ou à ses sèmes : *attifées* (l. 22). Le croquis devient une caricature ; le récit s'oriente vers le portrait moral d'une société.

---

1. Le personnage ÉPONYME est celui dont le nom donne son titre à l'ouvrage.

3. Un mode de présentation indirect (et balzacien) : les indices connotatifs

Les actants (animés ou inanimés) qui apparaissent dans les trois premiers paragraphes ne jouent aucun rôle dans la trame narrative : ils disparaissent rapidement (*jeunes gens, sergents de ville, femmes,* et aussi le *café* dont il ne sera plus question). Leur rôle est d'informer indirectement, et de façon anticipée, sur les actants principaux du récit ; c'est la technique proprement balzacienne de la description dite, en narratologie, métonymique (puisqu'il y a déplacement par contiguïté de l'actant au cadre qui est le sien). On peut parler de connotation puisque l'objet décrit se charge de «valeurs ajoutées» ; on parle aussi d'indices (R. Barthes).

A. Choix du thème du café

C'est un lieu public, un lieu de rencontres (culturelles et politiques dans le premier paragraphe, galantes ensuite) : le thème de la prostitution s'actualise peu à peu.

B. Connotations négatives

La première phrase est bâtie sur des expansions apparemment informatives du mot *café* : *situé presque en face... temple païen* (l. 2 à 4) ; dans une énigme, ces précisions seraient là pour permettre l'identification du référent. Dans notre texte, à la dimension référentielle, s'ajoute une dimension «qualitative», qui marque dès le début – mais d'une façon voilée – le texte négativement. L'utilisation d'une longue périphrase, au lieu de la simple dénomination *café de Madrid*, peut être ainsi justifiée.

Quels sèmes extraire des mots de ce passage ? Nous retiendrons les sèmes de «populaire» (*théâtre de genre*), de «fausse respectabilité» (*fronton du théâtre* et *temple païen*), liée à l'opposition entre la réalité (théâtre) et l'apparence (temple), et de «non-chrétien» (temple païen). Ce lieu n'est peut-être pas aussi respectable qu'on pourrait le penser à la lecture de mots comme *orgueil* ou *élite*.

C. Exploitation du motif théâtral

a. *Un lieu spectaculaire* : lieu où l'on vient pour être vu : *entre la rangée de fiacres et le vitrage* (l. 20), *anfractuosité bien éclairée* (l. 32), et pour voir (l. 25 et 35) ; on peut noter la gradation de *yeux* à *surveiller d'un œil méticuleux*.

b. *Un monde d'artifices* : présentation des actants humains. Ils sont les éléments de tableaux décoratifs artificiellement composés (rôle de la métaphore filée du végétal, et surtout du floral, ou sont présentés comme des acteurs. L'apparition des deux héroïnes est ainsi théâtralisée par la multiplication de verbes dynamiques à l'imparfait itératif, en relation de juxtaposition, sans sujet répété qui prennent l'allure de didascalies).

En faisant du café un lieu théâtral, Villiers suggère au lecteur un monde d'apparences, et lui fait attendre le dévoilement d'une réalité dissimulée à dessein.

[N.B. - Remarque méthodologique : nous avons regroupé l'étude de marques morphologiques, lexicales et syntaxiques autour de grandes isotopies ; nous aurions pu aussi partir de l'étude de ces marques, mais cette approche, «atomisant» le sens, aurait rendu la démarche interprétative beaucoup plus aléatoire].

D. *Charge connotative des noms propres :* *de l'arbitraire à la motivation*

Comme dans beaucoup de romans réalistes et de comédies de genre, le nom propre choisi doit donner au lecteur des indications sur le personnage. Un seul exemple sera étudié ici : le choix *d'Olympe.* On peut mettre ce nom en relation avec le paganisme (séjour des dieux antiques, cf. *temple païen*) et avec la prostitution (allusion à l'*Olympia* (1865) de Manet) : le nom induit la visée morale du texte.

En conclusion, nous avons vu dans cette partie comment le texte s'inspire des modèles fournis par le roman du XIXe siècle, en particulier le roman balzacien. On nous propose un «pacte de lecture» réaliste : chronique, roman de mœurs, portrait d'une société (ce que confirme la page de réflexions sur le Bien et le Mal qui précède l'incipit romanesque). Mais une réflexion montrera le présence d'un autre pacte de lecture : le lecteur, dans la page qui suit, découvre le «métier» des héroïnes – le plus vieux métier du monde. Or, dans l'incipit étudié, aucune information explicite ne lui est donnée ; le texte est même parfois cryptique (cf. *Olympe*), et doit être soumis à des réinterprétations. Le nombre élevé et le caractère bien plus détourné que chez Balzac des marques connotatives sont les signes d'une «rhétorique du détournement» (C. Kerbrat-Orecchioni, *L'Ironie*) qui anime l'ensemble de l'énoncé, et qui lui donne son ton.

II. Détournement du modèle réaliste : la dérision

1. La fantaisie verbale : énonciation ludique

A. *Le jeu de mots*

– *Syllepses fréquentes* : elles peuvent être de pure fantaisie (la métaphore de la *petite bière* (l. 10) est fortement motivée dans l'évocation d'un café !), ou elles peuvent donner indirectement des informations référentielles : un *breuvage* (l. 25) est une boisson ou un philtre d'amour, une *demoiselle* (l. 36) peut être de la noblesse... ou de petite vertu.

– *L'allusion scabreuse* :*Mille et une nuits* évoque l' univers de la fantaisie érotique. De façon plus subtile, les détails pittoresques donnent au lecteur avisé une indication sur la vie cachée du café : *vert espérance*, et espérance... d'un client, *fer battu* qui sous-entend «il faut battre le fer pendant qu'il est chaud». L'allusion prend parfois la forme d'un topos argumentatif : appeler les deux héroïnes par leur prénom (l. 31) implique une familiarité peut-être suspecte (effet renforcé par *tout court* qui suggère que cette appellation n'est pas ordinaire).

B. La pratique du «télescopage»

– *de signifiants* : dans le contexte, des termes «bas» comme *petite bière* ou *attifées* sont motivés par le caractère prosaïque du lieu décrit. En revanche, la présence de marques d'un langage littéraire de convention donne à l'expression une emphase comique, que ce soit les archaïsmes (*souventes fois* (l. 12) et *en manière de* (l. 13) ou les clichés métaphoriques : *florissait...* (l. 1), *tenir les rênes du char de l'État* (l. 9).

– *de signifiés* : du sens métaphorique au sens propre, le texte développe tout un réseau associatif autour du sème «fleur» : métaphore lexicalisée (*florissait*, l. 1), puis vivante (*touffe, bouquet, floraison*), métaphore filée interrompue par l'irruption comique du non-métaphorique *bouquet* (l. 14).

– *d'univers de référence éloignés* : entre *émerillon* et *volaille* (l. 26), il y a la distance qui sépare un mot rare et un mot courant et celle qui sépare un mot connotant la noblesse (*émerillon* = petit faucon)et un mot connotant la trivialité. De la même façon, la succession dans l'énoncé de *petite bière*, d'une part, et de *Mille et une nuits* et *pandémonium*, de l'autre, appelle quelques remarques : *petite bière* s'oppose à *pandémonium* par le niveau de langue ; les univers de référence sont aussi très éloignés : univers populaire pour le premier mot, monde littéraire pour les autres (rappelons que *pandémonium* a été créé par l'écrivain anglais Milton).

Nous voilà loin du texte réaliste, sérieux et monosémique. L'auteur demande au lecteur de décoder un message cryptique, où l'explicite s'efface généralement au profit de l'implicite. La figure illustrant le plus exemplairement la distance entre le dire et le dit, à savoir l'ironie, est bien sûr utilisée par l'auteur avec toute sa force polémique. Le désir de faire rire est inséparable de la volonté de dénoncer.

2. L'ironie, ou antiphrase

«L, en énonçant A, veut faire entendre non-A» (C. Kerbrat-Orecchioni, *op. cit.*). Pour résumer notre propos, nous dirons que si l'appréciation subjective que fait le narrateur de la situation, semble être euphorique et valorisante, une réinterprétation du texte montre que l'auteur a du monde décrit une vision opposée.

A. *Connotations affectives : euphorique/dysphorique*

Un des faits de style dominants de la page est la pratique de l'euphémisme, grâce auquel une réalité désagréable est convertie en réalité neutre ou, comme ici, agréable. L'épisode des sergents fait converger plusieurs procédés : usage d'un lexique où dominent les sèmes «plaisir» et/ou «jeu» (*souriant, se jouer, espiègles* et *mutines*, etc.), usage de métaphores par lesquelles une descente de police est métamorphosée en scène mondaine (*carte de visite, bouquet*, etc.) surtout grâce à la métaphore in absentia *sorties-de-bal* ; le narrateur évite ici toute mention du comparé «pèlerines», et efface du texte la référence au monde de la loi et de la répression.

B. *Connotations axiologiques : valorisant-dévalorisant*

Dans le premier paragraphe du texte, le lecteur remarque la présence de deux termes fortement laudatifs : *orgueil* (l. 1), et *élite* (l. 4). Il s'attend à une description élogieuse. Or l'association d'*orgueil* et de *café*, d'*élite* et d'*incapacité*, montre que les termes sont en réalité pseudo-laudatifs et que l'intention de l'auteur est satirique.

Dans l'usage de l'ironie et de la fantaisie verbale, le lecteur découvre le regard distancié de l'auteur ; la distance permanente entre le dire et le dit est à relier à une volonté de dérision qui éloigne Villiers du modèle balzacien.

C. *Ironie et polyphonie*

Notre étude de l'ironie repose sur la définition de celle-ci comme antiphrase. La linguistique de l'énonciation a proposé de l'ironie des principes d'analyse qui reposent sur la notion de «polyphonie énonciative[1]». Dans l'énoncé ironique, en effet, deux voix distinctes se font entendre : dans notre texte, celle qui dit *incapacité* (1) et celle qui dit *élite* (2) ; elles représentent, l'une (1) la voix de l'auteur, l'autre (2) la voix du narrateur auquel il délègue l'énonciation, en termes linguistiques le «locuteur» (1) et l'énonciateur (2) : «Parler de façon ironique, cela revient, pour un locuteur L, à présenter l'énonciation comme exprimant la position d'un énonciateur E, position dont on sait par ailleurs que le locuteur L n'en prend pas la responsabilité et, bien plus, qu'il la tient pour absurde[2]». Cette définition de l'ironie permet de poser de façon explicite la question des voix et, bien plus, celle de «la pensée de l'auteur» (ses valeurs de référence, son idéologie). Ce qui ne veut pas dire que la réponse soit facile ! En effet, comme le note C. Kerbrat-Orecchioni, le décodage du caractère ironique d'un énoncé reste aléatoire (elle prend l'exemple du sketch où G. Bedos et S. Daumier incarnaient des touristes qui racontaient leurs vacances au Maroc en français conscients de leur supériorité ; il y avait tou-

---

1. O. Ducrot, *Le dire et le dit*, repris dans D. Maingueneau, *op. cit.*
2. *Ibid*, p. 211.

jours des spectateurs pour applaudir aux passages les plus manifestement racistes, croyant donc que la voix des touristes était celle des interprètes. O. Ducrot dirait qu'ils confondaient énonciateur et locuteur – si bien que ceux-ci ont été amenés à abandonner le sketch).

Dans notre texte, la visée ironique de l'auteur est explicite, mais il tourne en dérision à la fois l'ordre moral du bourgeois, et la décadence des mœurs. L'énoncé est donc animé par une tension intérieure entre réalisme et dérision. Nous pourrions arrêter là notre commentaire, en rattachant cette dominante à une «esthétique de la cruauté», d'ailleurs suggérée par le titre de l'œuvre.

Il est toutefois un certain nombre de points que nous avons éludés dans l'étude des voix comme de définir la voix qu'incarne le narrateur. Dans une conclusion élargie, nous nous proposons d'intégrer l'analyse des faits que nous avons repérés à la reconnaissance d'une polyphonie énonciative qui anime l'ensemble de l'énoncé. Nous empruntons ce mode d'approche de l'énoncé à M. Bakhtine (*Esthétique et théorie du roman*[1]), qui utilise les termes de «plurilinguisme»/«plurivocalisme»/«principe dialogique», dans son analyse d'une notion dont il veut démontrer qu'elle est centrale pour la description du genre romanesque : «le roman contient non pas un seul langage mais plusieurs qui rassemblés forment une unité purement stylistique et nullement linguistique» (*op. cit.*, p. 227).

III. La polyphonie énonciative

1. La voix du romancier réaliste

Nous avons vu dans la première partie comment l'auteur délègue son énonciation à un narrateur réaliste, de type balzacien, qu'il est difficile d'assimiler à l'auteur, puisque celui-ci prend de la distance vis-à-vis de cette voix. Un point nous permettra de préciser ce rapport. Les mots *orgueil* et *élite*, nous l'avons dit, ne sont pas pris en charge par l'auteur ; ce sont des clichés d'un certain type de prose romanesque ; le narrateur «parle» ici comme le romancier de type réaliste et pratique l'hyperbole de convention : la distance auteur-narrateur marque l'énoncé d'une touche parodique.

2. La voix du conteur

A. *L'intertextualité*

L'ouvrage porte un titre qui rappelle les *Contes drolatiques* de Balzac, ouvrage qui lui-même s'inspirait de la verve leste des vieux

---

1. Gallimard, 1978, Éd. originale, 1975.

conteurs français. Le contrepoint qu'apporte l'adjectif *cruel* à l'adjectif *drolatique* oriente le lecteur vers la découverte d'une tonalité et d'une esthétique différentes. le conte a une visée philosophique, appelant le lecteur à une réflexion sur le Bien et le Mal.

B. La fonction de communication

Un dialogue est établi avec le lecteur par l'intrusion du discours dans le récit. L'auteur délègue la parole à un (ra)conteur et mime la tradition orale, propre au conte.

C. Mise en place d'un univers de fantaisie

L'effet d'estompage de la réalité est créé par la convergence de l'archaïsme, de la métaphore (épisode des sergents surtout), et de la référence à un univers imaginaire (*Mille et une nuits, pandémonium,* ou capitale des Enfers dans Milton). La stylisation qui en résulte éloigne l'énoncé de l'énoncé réaliste.

3. La voix du Décadent

Un certain nombre d'éléments sont les signes d'une volonté de s'éloigner de la langue commune (*cf.* les «impollués vocables» des Décadents) : archaïsmes, mots rares et longs (*pandémonium, émerillon, anfractuosité*), suffixes à la mode chez les symbolistes (*-aison* de *floraison*). On peut rappeler ici l'admiration mutuelle que se portaient Villiers et Mallarmé.

Conclusion

Le commentaire stylistique permet de saisir divers enjeux du texte et d'interpréter aussi le titre de l'ouvrage : l'énoncé est certes marqué par la *cruauté*, comme l'indique le nombre de marques, dénotatives et connotatives, du caractère vil de la réalité décrite et de la portée caricaturale et satirique de l'énoncé ; le projet didactique de l'auteur est indéniable. Mais l'étude de l'énonciation révèle aussi la volonté de *détruire* l'illusion d'une parole où se ferait entendre d'emblée de façon claire la voix de l'auteur, illusion dite «monologique» par Bakhtine. La démultiplication des voix est le signe d'une volonté de distance, marquée au coin de la dérision, vis-à-vis du langage : on peut parler ici de «style délétère», pour user d'une expression qui sera appliquée à Huysmans dont le héros, Des Esseintes, affirme d'ailleurs dans *A rebours*, son admiration pour la prose de Villiers. En cette fin du XIXe siècle, les modèles traditionnels subsistent mais ils sont montrés du doigt et cette exhibition de la distance entre le dit et le dire, où est remise en cause la portée du langage, est l'une des premières traces de la modernité.

Un poème en prose de P. Claudel :
«La Pluie»(1897)

1   Par les deux fenêtres qui sont en face de moi, les deux
      fenêtres qui sont à ma gauche et les deux fenêtres qui sont
      à ma droite, je vois, j'entends d'une oreille et de l'autre
      tomber immensément la pluie. Je pense qu'il est un quart
5   d'heure après midi : autour de moi, tout est lumière et eau.
      Je porte ma plume à l'encrier, et jouissant de la sécurité de
      mon emprisonnement, intérieur, aquatique, tel qu'un insecte
      dans le milieu d'une bulle d'air, j'écris ce poëme.
          Ce n'est point de la bruine qui tombe, ce n'est point une
10   pluie languissante et douteuse. La nue attrape de près la
      terre et descend sur elle serré et bourru, d'une attaque puis-
      sante et profonde. Qu'il fait frais, grenouilles, à oublier,
      dans l'épaisseur de l'herbe mouillée, la mare ! Il n'est point
      à craindre que la pluie cesse ; cela est copieux, cela est
15   satisfaisant. Altéré, mes frères, à qui cette très merveilleuse
      rasade ne suffirait pas. La terre a disparu, la maison baigne,
      les arbres submergés ruissellent, le fleuve lui-même qui
      termine mon horizon comme une mer paraît noyé. Le
      temps ne me dure pas et, tendant l'ouïe, non pas au déclen-
20   chement d'aucune heure, je médite le ton innombrable et
      neutre du psaume.
          Cependant la pluie vers la fin du jour s'interrompt, et
      tandis que la nue accumulée prépare un plus sombre assaut,
      telle qu'Iris du sommet du ciel fondait tout droit au cœur
25   des batailles, une noire araignée s'arrête, la tête en bas et
      suspendue par le derrière au milieu de la fenêtre que j'ai
      ouverte sur les feuillages et le Nord couleur de brou. Il ne
      fait plus clair, voici qu'il faut allumer. Je fais aux tempêtes
      la libation de cette goutte d'encre.

                          Paul Claudel, *Connaissance de l'Est*
                          (*Œuvre poétique*, Éd. Pléiade, p. 63)

Pour aborder l'étude de ce texte, l'un des premiers qu'ait écrit Claudel, nous partirons de la forme choisie : le poème en prose. C'est une forme qui réalise «l'union des contraires», selon la formule de S. Bernard[1] ; de fait, la lecture du texte permet l'identification de deux grands axes stylistiques :

– *un axe descriptif* : dès la découverte du titre, le lecteur attend une description, un peu à la manière d'une leçon de choses. On peut remarquer que, une trentaine d'années plus tard, F. Ponge ouvre *Le parti-pris des choses* avec un poème intitulé *Pluie*.

– *un axe poétique* : le traitement qu'on peut dire polysémique du motif-titre (*la pluie*) est un des éléments qui nous permettront de caractériser la dimension poétique de la description et la portée du poème.

Notre commentaire n'est pas directement orienté vers une étude de style d'auteur. Si certains éléments de la poétique de Claudel sous-tendent implicitement nos analyses, nous nous contenterons dans le cadre de cet ouvrage de quelques allusions à la conception de la poésie qui est celle de Claudel.

I. Choix d'une forme : le poème en prose

1. La forme de «l'union des contraires»

A. Poétisation

1) Choix d'un niveau de langue élevé

a. Orthographe de *poëme*, mot où le tréma permet de «distinguer» le signe, et donc le référent évoqué.

b. Lexique traditionnellement littéraire : *nue* (l. 10), *ouïe* (l. 19), *point* (l. 9) *vs* «pas».

c. Usage d'archaïsmes : faits de morpho-syntaxe (emploi de l'adjectif *aucune* (l. 20)), faits de syntaxe (les constructions *Altéré, mes frères, à qui...* (L. 15) ou *Qu'il fait frais, grenouilles, à oublier* (l. 12), où la souplesse de la construction consécutive est un fait de syntaxe classique).

d. Syntaxe poétique : fréquente antéposition de l'adjectif (l. 15, 23, 25).

e. Emprunts à l'idiolecte de Mallarmé : plus difficile à repérer, l'intertextualité est cependant manifeste : lexique (*nue, libation*[2]), morpho-

---

1. S. Bernard, *Le poème en prose de Baudelaire à nos jours*, Nizet, Paris, 1959.
2. Cf. «Elle, défunte, *nue* en le miroir» ; «Salut de la démence et *libation* blême».

syntaxe: emploi du démonstratif indéfini *tel* [1] (l. 7, 24), emploi d'un adverbe à la place de l'adjectif attendu *immensément* [2] (l. 4), morcellement du déroulement linéaire de la phrase par insertion d'éléments adventices : *Qu'il fait frais, grenouilles, à oublier, dans l'épaisseur...* (l. 12), *La pluie vers la fin du jour s'interrompt* (l. 22), etc.[3]

2) Présence de «TOPOI» de la poésie épique

a. *Le merveilleux* : référence à *Iris* (l. 24), usage de l'adjectif générique *merveilleux* (l. 15), qui, même s'il prend par son antéposition, un sens affaibli, garde une trace de son sens premier.

b. *Les comparaisons épiques/homériques,* introduites par le marqueur traditionnel du genre : *tel* (l. 7, 24) ; comparaisons animales ou mythologiques comme dans la poésie d'Homère.

c. *La prédominance de l'action* : isotopie phonique et sémantique du combat *(attrape,* l. 10, *attaque* l. 11, *assaut* l. 23, *bataille* l. 25) ; les adjectifs sont plusieurs fois remplacés par des adverbes, qui modalisent des verbes, et qui apportent aux procès une nuance d'intensité : *immensément* (l 4), *serré et bourru* (l. 11), adjectifs adverbialisés par dérivation impropre.

Claudel emprunte là les marques les plus frappantes du style sublime. Mais un certain nombre d'éléments s'inscrivent en opposition à ce niveau, et donnent à l'énoncé une dimension prosaïque.

B. Prosaïsation

1) Marques lexicales

Claudel mentionne un bestiaire familier qui est aussi celui des fables, des comptines : *insecte* (l. 8), *grenouilles* (l. 12), *araignée* (l. 25).

2) Pratique du «télescopage» humoristique

Le texte associe constamment le poétique au familier ou au prosaïque.

Marquée au coin de l'humour, la double apostrophe (l. 12 et 15) met sur le même plan l'adresse aux grenouilles et l'adresse aux frères humains ; le texte présente aussi plusieurs fois une «gradation descendante», dans des ensembles d'extension variable, que ce soit le passage du poétique *nue* (l 10) au familier *serré et bourru* (l. 11) puis à *grenouilles* (l. 12), ou encore l'association de *merveilleux* (antéposition poétique) et de *rasade* (prosaïque), ou encore l'association de *noire araignée* (l. 25) – où le substantif est poétisé par l'adjectif antéposé – et du trivial *derrière* (l. 26).

---

1. «*Tel* qu'en lui-même enfin l'éternité le change».
2. «...belle *indolemment* comme les fleurs».
3. «Telle *jeune* elle alla respirer son trésor».

C'est dans la trame même du poème, dans l'enchaînement des mots ou des syntagmes que se marque le plus fortement la double tension du poème. Une construction illustre de façon exemplaire notre propos.

C. Poétisation ? Rupture humoristique ?

Dans la comparaison *telle qu'Iris du sommet du ciel fondait* ... (l. 24), quel est le comparé de ce comparant ? Deux lectures sont possibles : *la nue... telle qu'Iris...* (sème commun : l'attaque verticale), ou *telle qu'Iris..., une noire araignée...* (mise en parallèle de *fondait + au cœur des batailles* et de *s'arrête + au milieu de la fenêtre*). On voit la différence de portée ! Dans la première lecture, on a un effet d'agrandissement épique, dans la seconde, un effet d'héroï-comique (qui en anglais porte le nom évocateur de «mock-epic»). La construction double, qui porte le nom de syllepse comparative concentre les deux orientations du poème, et cette comparaison, dont nous avons par quelques remarques montré les diverses fonctions, est le lieu d'un fort marquage stylistique, qui lui donne une résonance accrue.

2. Caractères métriques du poème en prose

Il substitue à la rime et au mètre des recherches rythmiques et phoniques..

A. Élaboration rythmique

Présence d'alexandrins (= «vers blancs») : *Ce n'est point une pluie languissante et douteuse* (3/3//3/3) ou encore *Cela est copieux, cela est satisfaisant* (5//7) ; ces deux alexandrins superposent relation lexicale d'antonymie entre les deux couples d'adjectifs, relation syntaxique d'opposition (*Ce n'est point/cela est*) et marquage métrique, convergence lexique-syntaxe-métrique qui est aussi un signe de «poéticité».

De façon moins visible, l'incipit est lui aussi mis en rythme : 13/10/11//10/8, avec un effet de rétrécissement, lié à la fois à la cadence mineure (protase plus longue qu'apodose), et à la chute de la phrase sur un membre de 8 syllabes.

On peut aussi noter le rythme heurté de la phrase : *Qu'il fait frais, grenouilles, à oublier, dans l'épaisseur de l'herbe mouillée, la mare !* où les mots *grenouilles* et *mare* appartiennent à la même isotopie et forment un membre rythmique de deux syllabes, en rupture avec les autres membres.

B. La phrase

On relève un nombre remarquable de phrases de structure binaire à cadence nettement majeure : *Je porte ma plume... // et jouissant... j'écris...* (l. 6 à 8), *le temps ne me dure pas // et, tendant l'ouïe... je médite...* (l. 19 à 21), *Cependant la pluie...* *s'interrompt, //* et *tandis que..., une noire araignée...* (l. 22 à 25). L'effet d'amplification de l'apodose est dans chaque occurrence renforcé par l'insertion en tête d'apodose d'un syntagme (participial ou propositionnel) qui, interrompant le déroulement linéaire de la phrase, provoque un effet d'attente. Claudel crée un «moule» syntaxique et rythmique qui insuffle un rythme à l'ensemble de son poème.

C. Présence de clausules strophiques

Chacun des trois «paragraphes» s'achève par une focalisation sur l'acte poétique : *j'écris ce poème* (l. 8), *je médite le ton... du psaume* (l. 20), *je fais... la libation de cette goutte d'encre* (l. 29) ; même présence du *je,* correspondances lexicales entre les trois mots sur lesquels s'achèvent les phrases. Un «moule» rythmique apparaît ici aussi, à une place identique et privilégiée : la fin de ces phrases peut être assimilée à une clausule, le paragraphe prend des allures de strophe.

D. Correspondances phoniques

Deux exemples marqués = le parallélisme [uj] de *grenouilles, oublier, mouillée* (l. 12, 13), la relation subtile et complexe entre *jouissant + emprisonnement* et *tendant l'ouïe + déclenchement* (l. 19), où convergent des traits morpho-syntaxiques (formes en -*ant* + substantifs cod en -*ment*) et des traits phoniques.

E. Graphèmes et phonèmes

De nombreuses occurrences de géminées (*attrape, terre, serré, bourru, attaque, puissante,* (l. 10 à 12) appellent à une prononciation expressive, dans une phrase fondée sur l'isotopie de l'attaque. Cette gémination visuelle est peut-être de plus une métaphore (sorte d'idéogramme), de la force de la pluie dont on dit communément qu'elle «redouble». L'exploitation systématique de tous les pouvoirs du mot (graphèmes, phonèmes, sémèmes) est caractéristique d'une certaine poésie du XXe siècle et semble, là encore, préfigurer les recherches de F. Ponge[1].

---

1. Nous pourrions explorer le symbolisme des sonorités et des jeux graphiques propres à Claudel, mais ce n'est pas ici notre propos.

II. Un poème descriptif

1. Motifs descriptifs

A. *Topos descriptif : le cadre spatial*

Conformément à un topos descriptif bien connu, la fenêtre trace dans la première phrase le cadre et les limites de la description qu'elle annonce. Ce qui est remarquable dans le poème, c'est l'hypertrophie des marques du cadre : le nombre des précisions topographiques du début du poème, référentiellement inutiles, connote la double tension du poème : précision descriptive de la «leçon de choses» tendant vers l'hyper-réalisme , valeur poétique de la répétition, sorte de «modulation autour d'une formule fixe», selon l'expression de J. Molino et J. Gardes-Tamine[1], qui identifient là un des modes de construction fréquents de l'énoncé poétique.

B. *Isotopies descriptives : souci d'exhaustivité*

1) *La rencontre des contraires = les antonymes*

Des sèmes antonymiques peuvent être extraits des éléments associés dans le poème : le grand et le petit *(la nue* vs *la goutte)*, l'élémentaire et le familier (alliance de mots généraux, d'extension large désignant des éléments, comme *pluie, eau, terre, ciel, ...,* et de mots précis qui font référence à un univers familier : *plume, encrier, grenouilles, ...)* ; des coordonnées spatiales antinomiques sont elles aussi corrélées (le haut et le bas – *nue* vs *terre* – le vertical et l'horizontal – *descend* vs *termine mon horizon*, l'intérieur et l'extérieur – reliés par la fenêtre, etc.).

2) *L'eau dans tous ses états*
(hypéronyme-hyponyme-pantonyme)

Le texte ne compte pas moins de 22 lexies se rattachant à cette isotopie – le pantonyme *pluie* (cf. le titre) est présent dans chaque première phrase des trois «strophes» (sorte d'anaphore lexicale), mais il est relayé par des termes plus précis : *bruine, nue, tempêtes.* La description est de plus enrichie par l'emploi du terme générique *eau (tout est lumière et eau,* l. 5), hyperonyme qui génère un certain nombre d'hyponymes : *mare* (l. 13), eau où se baigner), *rasade* (l. 16, eau à boire), *fleuve* (l. 17, eau qui coule) ou encore *brou* (l. 27) et *goutte d'encre* (l. 29), dernier mot du poème dont nous verrons plus loin la charge poétique.

---

1. J. Molino et J. Gardes-Tamine, *op. cit.,* p. 122.

Ce mode d'approche de la réalité décrite peut être mis en relation avec un désir d'appréhender le monde sensible dans sa totalité structurée, dans ses manifestations les plus opposées. Une étude du style de l'auteur rattacherait cette appropriation progressive de l'univers au désir de «com-prendre» de «co-naître», termes fondateurs de la poétique de Claudel, mais nous ne faisons ici que l'évoquer. Le titre du recueil : *Connaissance de l'Est* est lui aussi révélateur.

2. Caractères de la phrase descriptive

A. *Relation entre les phrases*

Les phrases sont constamment juxtaposées les unes aux autres (usage de la parataxe asyndétique) ; un seul lien coordinatif, l'adverbe *cependant* (l. 22), à valeur de lien chronologique et logique, vient rompre une structure uniforme. Cette absence de liaison fait de chaque phrase une notation particulière, une touche descriptive supplémentaire. Par cet usage du «style coupé», Claudel se rapproche d'un des écrivains dont il admire le style : Jules Renard.

B. *Dominantes dans la structure des phrases*

1) *Récurrence de structures binaires*

Nous avons déjà parlé des nombreuses phrases bâties sur une structure binaire, avec conjonction de coordination *et* ; à l'intérieur des syntagmes propositionnels, le même procédé de dédoublement est souvent utilisé, surtout pour les caractérisants : *languissante et douteuse* (l. 10), *serré et bourru* (l. 11), *puissante et profonde* (l. 12), etc. Cette formulation dédoublée, qui produit un effet de «creusement» de la réalité décrite, connote un souci de précision ; on retrouve le modèle principal de la phrase descriptive, la phrase à éléments parallèles.

2) *Énumération et gradation*

Nous avons isolé la phrase *La terre a disparu... paraît noyé* (l. 16 à 18) ; quatre propositions indépendantes (phrases simples) sont mises en parallèle sans lien coordinatif. Elles sont en relation de gradation, gradation syntaxique et rythmique surtout (deux membres brefs comportant une phrase-noyau = sujet-verbe, un membre plus long comportant une expansion adjective, le dernier membre, beaucoup plus long s'enrichissant d'une relative et d'une comparaison). Le dernier membre fait fonction d'ACMÉ, par la présence d'une comparaison hyperbolique *comme une mer*, et d'une formulation proche d'une aporie (comment un fleuve peut-il être noyé ?). Claudel recherche là une expressivité simple, la gradation de la phrase mimant métaphoriquement la représentation de la montée des eaux.

C. Phrase didactique

La double phrase négative (*Ce n'est point..., ce n'est point*) qui précède le tableau de la pluie semble être une réponse à la question qui fonctionne comme son présupposé : «Comment définir cette pluie ?». La description prend la forme d'une leçon de choses rigoureusement conduite.

Le recueil a pour titre *Connaissance de l'Est*, et dans la plupart des autres poèmes, la référence à la terre d'Asie est présente. Or ici, aucun élément de couleur locale, aucune touche de pittoresque. La connaissance est certes liée à l'appréhension du monde sensible, mais elle est aussi compréhension poétique. Ce sont les formes et les enjeux de cette poésie que nous allons étudier.

III. Une description poétique

1. Isotopie de l'eau : un motif surdéterminé

La richesse symbolique du motif de l'eau est bien connue (qu'on songe aux études de G. Bachelard) ; elle en fait un des «topoi» privilégiés de la rêverie poétique (sans parler du rôle que joue ce motif dans l'imaginaire et dans la poétique de Claudel).

A. Du descriptif au poétique : quelques figures

A deux moments du texte, la pluie est désignée de façon métonymique (et approximative) par le terme poétique de *nue* (l. 10 et 23). Dans ses deux occurrences, le terme génère des développements métaphoriques convergents : un même mouvement d'animisme assimile la nue à une puissance guerrière. Les deux ensembles peuvent être assimilés à des HYPOTYPOSES, tableaux saisissants dont la résonance est en partie liée à la grandeur épique dont ils marquent l'énoncé. De même, l'insertion d'une double apostrophe (*grenouilles, mes frères*) dans l'évocation des divers états de l'eau, donne à l'énoncé une puissance figurative qui repose sur la présence d'une double PROSOPOPÉE : la seconde apostrophe convoque des êtres purement imaginaires.

B. Richesse connotative de l'eau

Plusieurs isotopies connotatives doivent être rattachées au motif descriptif initial ; elles forment un réseau dont l'unité donne son sens au poème.

1) La force érotique

Dans les deux hypotyposes relevées, il y a convergence de l'attraction homonymique du mot *nue*, «nuage» et «femme dévêtue» (syllepse empruntée à Mallarmé, cf. «Elle défunte *nue*...»), et d'un «topos» métaphorique : les images de l'attaque, de l'assaut... font traditionnellement partie du discours amoureux. L'image guerrière et l'image érotique se superposent dans un énoncé polysémique où le lecteur imagine l'union amoureuse du ciel-eau et de la terre ; le tableau change soudain de dimension, et une fois encore, les figures mythiques – et mythologiques – affleurent dans le poème.

2) Du matériel au spirituel : allusions bibliques

L'eau, figure traditionnelle de la Grâce, est la manifestation des dons bienfaisants de Dieu : le texte fait allusion à la manne céleste (*Cela est copieux* (l. 14), aux ruisseaux de miel de la terre de Canaan (*les arbres submergés ruissellent* (l. 17). Tout un ensemble de références bibliques est intégré au poème, dont il forme de façon sous-jacente la matière poétique ; le texte du Déluge est en particulier sollicité dans l'image des eaux qui croissent et décroissent et dans la référence à l'alliance de Dieu et des êtres vivants, – cf. «je place mon arc dans la nuée et ce sera le signe de l'alliance entre moi et la terre», (*Genèse*, 9-15) ; les motifs de la nue, de l'union entre le ciel et la terre, et de l'arc-en-ciel (symbolisé par *Iris*, représentée dans la mythologie avec l'écharpe d'arc-en-ciel), se combinent dans l'énoncé. De même, la phrase «Cela est copieux» rappelle la phrase biblique : «Dieu vit que cela était bon». Mais il est important de noter que les références bibliques ne s'inscrivent dans le poème que de façon voilée, allusive ; le lecteur peut comprendre le poème sans les identifier.

3) Du spirituel au poétique

L'image de l'union amoureuse du Ciel-Eau et de la Terre, et les références à la Genèse, montrent que l'eau est envisagée aussi dans sa force matricielle et fécondante, qu'elle est un principe de création ; l'image de cette Création est métonymiquement illustrée par la mention de la *goutte d'encre* (le dernier mot du poème) ; le trajet poétique que suit l'isotopie de l'eau la mène à cette dernière forme, emblème de la création.

Les réseaux connotatifs du motif nous invitent à voir dans l'image complexe que le texte propose de l'eau une figuration de l'Éros, dans toute sa richesse : puissance amoureuse, puissance spirituelle, puissance créatrice. Les principales marques de cette puissance vont être maintenant identifiées

4) L'isotopie de la puissance

– *Marques lexicales* : 10 lexies ont pour sème commun «abondance» (*immensément, serré, bourru, épaisseur, copieux, ruissellent, submergées, noyé, innombrables, accumulée*), termes que nous avons relevés pour que le lecteur soit frappé par le nombre de géminées ; 7 lexies sont reliées par les sèmes «force» + «agressive» (*attrape, descend, attaque, puissante, assaut, fondant, batailles*) qui comptent aussi de nombreuses géminées.

– *Marques morphologiques* : des adverbes modalisateurs d'intensité ponctuent le texte : *très* (l. 15), *plus* (l. 23), adverbe exclamatif *que* (l. 12).

2. Du monde au poème

A. Une création en acte

1) La figure du poète

Nous n'avons rien dit pour l'instant de l'instance énonciative *je*. Représentée dans toutes les phrases de la strophe 1, elle n'apparaît ensuite que dans la dernière partie des deux autres strophes, l'énonciateur s'effaçant d'abord derrière l'objet appréhendé. Bien sûr, ce *je* ne doit pas être identifié à l'auteur Claudel ; il est l'incarnation de ce que J. Cohen appelle «le poète essentiel et absolu[1]». Nous retrouvons la distinction locuteur (Claudel)-énonciateur (le *je* poétique) déjà analysée. Par la position qu'il prend dans l'énoncé, le *je* a ici sa force pleine de *je* poétique : *je porte ma plume...* , *j'écris* , etc.

– Le poète est l'intercesseur entre le monde et le poème : il est le médiateur entre l'intérieur et l'extérieur, d'abord enfermé (*emprisonnement, intérieur, bulle d'air*, première strophe) et hors du temps (*le temps ne me dure pas*, deuxième strophe), relié au monde et séparé de lui par la fenêtre, puis pour finir, en prise directe sur le monde (*la fenêtre que j'ai ouverte sur les feuillages*, troisième strophe). Il est aussi celui qui relie la pluie et l'encre : ce sont d'abord deux entités séparées (*...tout est lumière et eau. Je porte ma plume à l'encrier*, première strophe), encore que pluie soit anagrammatiquement contenu dans *plume* + *encrier* ; à la fin du poème, le poète unit par des liens syntaxiques les *tempêtes* et la *goutte d'encre*, cette relation figurant métaphoriquement la convergence du monde créé et du poème réalisé.

– Le poète est un être religieux : *je médite le ton... du psaume* (l. 20), *je fais aux tempêtes la libation...* (l. 29) ; d'abord simple «clerc» qui médite, il se transforme en officiant, figure incarnée de la re-ligion qui re-lie des univers différents. L'apostrophe caractéristique de l'éloquence religieuse, *mes frères* (l. 15) lui donne un rôle de médiateur entre l'humain et le divin.

2) Un poème en train de se faire

Le poète se met en scène dans son activité de créateur : dire (le poème), c'est faire (le poème), selon la formule définitoire de l'énonciation PERFORMATIVE. Le poème s'auto-désigne, comme le montre

---

1. J. Cohen, *Structure du langage poétique.*

l'emploi des démonstratifs à valeur de déictiques : *ce poème, cette goutte d'encre*. Cela pose la question de son «sujet», de son «thème» : est-ce la pluie ? est-ce le poème en train de s'écrire ? n'est-ce pas plutôt la relation entre les deux ?

B. *Une célébration lyrique*

Nous avons vu le nombre et la résonance des motifs religieux. La figure du poète-officiant, qu'on trouve dans la dernière phrase, nous invite à lire le poème comme une célébration.

1) *Connotations évaluatives*

Tous les caractérisants, dans la deuxième strophe par exemple, contiennent le sème «mélioratif».

2) *Connotations affectives*

L'ensemble de l'énoncé est marqué par une tonalité «euphorique» : marques lexicales (*satisfaisant, merveilleux*), marques syntaxiques (modalité exclamative de la l. 13), marques rhétoriques : les éléments qui pourraient affecter l'énoncé d'une tonalité plus sombre sont dans un entourage qui réoriente leur valence affective. On est parfois proche de l'OXYMORE : *jouissant de la sécurité de mon emprisonnement sombre assaut* humoristiquement associé à *noire araignée*.

De la même façon la dimension ludique du jeu de mots est un facteur d'humour : nous avons analysé *nue*, nous pourrions citer *ouïe* (l. 19) – audition/partie du corps du poisson, dont le double sens est rendu vraisemblable par l'adjectif *aquatique* (l. 7) et par la corrélation explicitement établie par Claudel entre les deux homonymes dans un autre texte du recueil. La joie et le rire, si importants dans la création claudélienne, font tendre l'énoncé vers le lyrisme.

[N.B. - Comme le montre la dernière observation, une même forme peut avoir diverses fonctions. Alors que nous avons associé la dimension ludique à une volonté de dérision chez Villiers, ici elle est une des marques du désir de célébration. Une fois encore, le cotexte (l'entourage) et le contexte (les conditions d'énonciation) sont déterminants. Leur prise en compte interdit les interprétations «sauvages» et la dérive infinie des sens.]

Si en conclusion, nous tentons de repérer la dominante poétique du texte, nous mettrons en évidence la «sorcellerie évocatoire» du mot, dont toutes les possibilités sont exploitées ; graphèmes, phonèmes, sèmes dénotatifs, réseaux connotatifs, aucune des virtualités signifiantes du mot n'est négligée par le créateur. Claudel se situe ici dans la lignée de Rimbaud, pour qui il éprouve tant d'admiration et d'affection, et des grands symbolistes. La richesse lexicale a aussi partie liée avec la syntaxe, la rhétorique et le rythme : jeux associatifs, reprises, variations, gradations... La fonction de ces marques est poétique en un double sens : l'attention du lecteur est attirée par «la forme même du message», pour reprendre la définition connue que Jakobson donne de la fonction poétique, mais cette focalisation est inséparable d'une démarche interprétative complexe : c'est le repérage de la convergence de marques aussi diverses qui mène le lecteur à la vision synthétique d'un «sens».

Dans ce poème, tous les niveaux de lecture ne sont pas actualisés de la même façon : le poème est d'abord lu comme la description d'un univers familier. Mais, comme le montre l'étude du trajet qui conduit à la vision d'une création en acte, un sème reste commun à l'ensemble des connotations, celui de «création». Tout nous invite à lire ce poème comme une mise en scène allégorique de la Création, création du monde (cf. Genèse), création littéraire, que le poète célèbre. L'allégorie et son double caractère – imposition d'une structure, proposition d'un sens abstrait – marquent le texte d'une tension entre le concret et l'abstrait. Que ce soit par cette tension ou par l'intégration au sein du poème d'une poétique implicite (réflexion sur l'acte créateur, accompagnée de la désignation de cet acte), Claudel s'inspire des recherches de Mallarmé, même si pour notre poète, la dimension concrète, charnelle, a une place et une importance beaucoup plus marquées. Il annonce aussi une conception de la poésie – et de la littérature – que de nombreux courants esthétiques du XXe siècle ont très largement exploitée.

Un poème d'Apollinaire : «Marie»

Strophe 1 :

Vous y dansiez petite fille
Y danserez-vous mère-grand
C'est la maclotte qui sautille
Toutes les cloches sonneront
Quand donc reviendrez-vous Marie

Strophe 2 :

Les masques sont silencieux
Et la musique est si lointaine
Qu'elle semble venir des cieux
Oui je veux vous aimer mais vous aimer à peine
Et mon mal est délicieux

Strophe 3 :

Les brebis s'en vont dans la neige
Flocons de laine et ceux d'argent
Des soldats passent et que n'ai-je
Un cœur à moi ce cœur changeant
Changeant et puis encor que sais-je

Strophe 4 :

Sais-je où s'en iront tes cheveux
Crépus comme mer qui moutonne
Sais-je où s'en iront tes cheveux
Et tes mains feuilles de l'automne
Que jonchent aussi nos aveux

Strophe 5 :

Je passais au bord de la Seine
Un livre ancien sous le bras
Le fleuve est pareil à ma peine
Il s'écoule et ne tarit pas
Quand donc finira la semaine

Alcools

Une première approche met en évidence le caractère à la fois simple et familier de l'écriture. Le poème s'inscrit dans la tradition lyrique illustrée notamment au XVIᵉ siècle par Ronsard (*Continuation des Amours*). Mais pour fluide qu'elle soit, la facture n'en est pas absolument transparente : le choix et le jeu des constructions et des images, la combinaison des rythmes et des sonorités révèlent la parfaite maîtrise d'un art subtil et très complexe.

I. Une expression qui relève du lyrisme familier : la simplicité d'un style

1. Le lexique

Mis à part le substantif *maclotte* qui réfère à une tradition folklorique particulière, tous les mots utilisés appartiennent au français le plus courant. La valeur dénotative ne pose aucun problème[1].

On observe l'absence évidente de mots rares relevant d'une culture spécifique (mythologique, scientifique ou technique) comme l'absence de mots abstraits : substantifs et verbes renvoient à un univers sensible immédiatement perçu.

On constate encore l'adéquation étroite du signifiant avec la seule réalité qu'il note sans ambiguïté ni polysémie : le mot *masque* pourrait faire problème, encore que l'acception «personne qui porte le masque» attestant l'évolution du sens par métonymie soit largement connue.

Quelques répétitions de signifiants structurent l'énoncé : *danser* (strophe 1), *aimer* (strophe 2), *cœur* (strophe 3). Dans la strophe 4, le vers 3 reproduit le vers 1. On pressent qu'ici les répétitions de mots – fréquentes en langue familière – relèvent d'un désir d'insistance, dont témoigne leur disposition, et non d'un quelconque laxisme. Ils scandent à l'évidence les grands thèmes de la poésie lyrique. On peut en effet faire observer que le lexique s'organise en champs notionnels assez nettement différenciés et structurés, fort représentatifs de ce genre spécifique : la danse et son hyponyme, *la maclotte*, la musique, l'amour et sa souffrance, le corps de l'aimée, le fleuve et l'écoulement du temps. Il sera reparlé de la notation isolée des soldats.

Certaines valeurs de connotation se laissent en une première approche aisément appréhender. Le prénom *Marie* qui donne son titre au poème a sans doute d'abord une connotation de familiarité et de simplicité dans la mesure où c'est le prénom féminin le plus usuel qui soit, notamment dans la campagne française. Le mot *maclotte* prolonge cette représentation puisqu'il désigne une danse populaire et villa-

---

1. Les difficultés de sens naissent du jeu des constructions (strophe 3).

geoise du nord de la France et de la Belgique. Les mots *petite fille* et *mère-grand* font intervenir des connotations stylistiques de valeur différente : ils rappellent l'univers des contes pour enfants et prolongent la représentation d'un univers simple voire naïf.

Mais au fur et à mesure que se déroule le poème, d'autres valeurs de connotation se superposent et élargissent l'univers de représentation engagé dans la première strophe. Le jeu de l'actualisation rend compte de la même démarche.

2. L'actualisation

Les trois premières strophes semblent référer à un univers immédiat, dont le poète rendrait compte avec simplicité et naturel. Les réalités dénotées, *maclotte, cloches, masques, musique, cieux, brebis, neige*, sont actualisées par l'article défini. Il a ici valeur de notoriété et inscrit donc dans l'espace des réalités supposées connues. Le lecteur se trouve immédiatement, sans complication ni détour, au sein de cet univers familier. L'indéfini pluriel *des* rend compte d'une perception simple et commune d'une troupe de soldats dont on ne saurait connaître l'identité ni le nombre. L'espace immédiat est donc seul appréhendé par la conscience du poète et du lecteur.

Ajoutons que lorsque les réalités sensibles sont évoquées à titre de comparant, qu'elles ne s'inscrivent donc pas concrètement dans l'univers de référence, elles sont présentées sans article : «tes cheveux/crépus comme *mer*», «...tes mains/*feuilles* de l'automne».

Tout se passe comme si le poète avait voulu présenter un espace clos et cohérent précisément défini.

Le jeu des temps semble révéler le même souci. La vision de l'immédiat s'organise dans le présent qui paraît bien contemporain de l'énonciation. La fiction se crée d'un poème qui surgit appelé par le réel immédiat.

> «*C'est la maclotte qui sautille*
> ....
> *Les masques sont silencieux*
> *Et la musique est si lointaine...*»

Jusqu'à la strophe 5 persiste cette illusion, renforcée par la cohérence de la représentation générale du temps à partir de ce présent : *dansiez* présente un passé qui n'est ni défini, ni borné si ce n'est par la détermination *petite fille* qui renvoie au temps flou de l'enfance. L'échelle du temps est parcourue dans son entier, toujours à partir du présent vrai, *danserez* évoque un avenir aussi flou, l'emploi de l'antonyme *mère-grand* mis en parallèle souligne cette représentation claire et construite du temps. Les futurs *sonneront* et *reviendrez* s'inscrivent dans un avenir plus proche mais non déterminé. Échappent seuls à cette vision actualisatrice les deux verbes *moutonnent* et *s'en iront*. Ils s'inscrivent dans un a-temporel, le premier est au présent de caractérisation et le second a valeur prophétique.

Cette représentation du temps doit sa cohérence à ce qu'elle s'organise, comme il a été dit, autour du moment de l'énonciation. C'est dire que ce poème est un discours à l'être aimé, ce que souligne le jeu des personnes. Il a été montré que le *je* ne suffit pas à définir une structure de discours. Outre le présent d'énonciation déjà analysé, il faut ici relever toutes les marques de l'interlocution, propres au discours et le jeu des déictiques.

Le poème s'engage sur un *vous* qui renvoie à une seconde personne du singulier marquée par l'apposition *petite fille*. Cet emploi suscite la présence, réelle ou fictive, d'un interlocuteur à qui s'adresse la première personne. Celle-ci reste implicite dans la première strophe : les modalités interrogatives (v. 2, v. 5) la rendent cependant sensible. La première personne se manifeste explicitement dans une phrase de modalité fortement assertive : le *oui* adverbe d'énonciation sanctionne la prise de parole. La récurrence des formules interrogatives (strophes 3 et 4) prolonge l'illusion du discours direct, le *tu* accréditant le rapprochement, l'intimité nouvelle.

Il faut ici observer que l'expression pronominale et ses variations paraissent caractéristiques de la tonalité lyrique et familière sensible à travers le poème : le *vous* d'abord qui implique le *je* (strophe 2, v. 4) évolue vers un *tu* et fusionne enfin dans le *nous* (strophe 4, v. 5).

Le poème se présente d'abord comme une adresse, un discours direct à l'aimée ; les marques de la présence concrète du poète devraient donc se retrouver dans sa parole, puisque c'est à partir de son corps que se structurent l'espace et le temps présentés. Or, il est remarquable que le poème ne comporte dans ses quatre premières strophes aucun déictique spatial ni temporel. Le verbe *passer* suggère un mouvement de gauche à droite ou à l'inverse, mais il a valeur absolue puisqu'aucune détermination spatiale ne l'accompagne. On perçoit donc que l'apparente simplicité du discours dissimule une réalité beaucoup plus complexe, la seule indication déictique étant sans doute apportée par le dernier mot du poème.

La structure phrastique contribue aussi à prolonger l'illusion de la simplicité et du naturel du discours.

3. La phrase

Dans ce poème prédomine le modèle de la phrase simple : la fréquente adéquation entre la structure métrique et la structure syntaxique souligne encore le caractère volontairement simple du discours.

La première strophe est à cet égard révélatrice. Il est aisé d'y observer la régularité des structures simples et de leur disposition dans le mètre. La seconde strophe s'engage de même et si l'on note aux vers 2 et 3, l'intervention d'une structure complexe, on remarque que la principale, placée en tête, occupe tout un vers, et un seul, comme aussi la subordonnée qui la suit. Les deux derniers vers sont constitués par une phrase simple de facture liée à éléments coordonnés, chaque proposition indépendante occupant un vers.

Les écarts à ce schéma apparaissent en strophes 3 et 4, quoique le premier vers de l'une (strophe 3) et le dernier de l'autre (strophe 4) correspondent à une seule et entière proposition. La strophe 5 rend compte de la même régularité. On n'y observe aucune structure complexe et dans les trois derniers vers, on retrouve l'adéquation parfaite entre la structure phrastique et la structure métrique. L'ordre des mots sert le même parti de simplicité et de naturel. La prédominance de l'ordre canonique (déterminé → déterminant) en structure assertive est manifeste sauf à la strophe 4. On peut noter encore le parallélisme de certains groupements ou constructions : aux vers 1 et 2, les deux antonymes figurent en fin de vers, aux vers 6 et 7 (strophe 2), les structures attributives sont construites sur le même modèle ; on a déjà mentionné la répétition du vers 16 au centre de la strophe 4. Ajoutons que le vers 5 et le vers 25 sont construits sur le même patron syntaxique (phrase interrogative introduite par les mêmes outils).

Il faut ici faire remarquer que le choix de l'octosyllabe tout au long du poème – mis à part le vers 9 – répond aux mêmes intentions de netteté et de simplicité. Selon H. Bonnard «il est le plus long vers simple, c'est-à-dire sans césure, donc le vers le moins contraignant[1]».

4. Le jeu des images

On ne peut ici soutenir le parti jusqu'à présent évoqué. Le jeu des images est résolument complexe par l'enchevêtrement des significations qu'il suggère. Mais deux séries d'observation peuvent être faites.

– Les transferts de signification portant sur le seul mot nous paraissent limités à une seule occurrence, le verbe *joncher* : sa valeur métaphorique indiscutable, puisqu'il reçoit comme sujet et agent le mot *aveux*, est appelé par la métaphore in praesentia «tes mains/feuilles de l'automne».

– Les images se développent dans une forme parfaitement explicite – comparaison ou métaphore in praesentia – à une exception près (strophe 3, v. 2-3). On observe en effet que le lien comparé/comparant est précisément et simplement formulé dans le cadre de la comparaison : «Tes cheveux/crépus *comme* mer qui moutonne», «le fleuve *est pareil* à ma peine». Lorsque l'image s'inscrit dans le cadre de la métaphore *in-praesentia*, le comparé précède le comparant : «Les brebis.../flocons de laine», «tes mains/feuilles de l'automne».

5. La forme poétique

Elle frappe par sa régularité et son harmonie. Le poème est composé de 5 strophes isométriques (ostosyllabe) mis à part la

---

1. H. Bonnard, *Procédés annexes d'expression*, Magnard, Paris, 1981, p. 172. J. Mazaleyrat (*op. cit.*, p. 143) est d'un avis différent.

244 Introduction à l'analyse stylistique

strophe 2. Chacune comporte 5 vers. La disposition des rimes est la même pour toutes les strophes : rimes croisées sur quatre vers, reprise de la rime du premier vers dans le cinquième. L'alternance masculine/féminine est respectée dans les cinq strophes. Le principe esthétique de la strophe se trouve donc vérifié. Rappelons ici la définition qu'en donne J. Mazaleyrat : «La strophe s'établit sur un système ordonnant l'agencement des mètres ou des homophonies de fin de vers en un ensemble cohérent.» La régularité de ce schéma est rompue dans la première strophe, les vers 2 et 4 présentant à la rime deux sons différents : le a et le o nasalisés. Mais la nasalisation des phonèmes réduit la divergence. Par ailleurs au vers 5, le phonème *i* pur, rime avec une semi-voyelle dont le point d'appui est *i* mais les sons produits restent différents : i // ij.

Si l'on examine les rimes pour juger de leur régularité du point de vue de la métrique traditionnelle, on notera la rime du même au même (sur *cheveux*) due à la reprise intégrale du vers 1 (strophe 4). Çà et là, comme pour laisser à l'approche naïve l'illusion d'une simplicité qùi confine à la facilité ou à une fantaisiste désinvolture, le poète brise la régularité du schéma, sans que pourtant le poème perde sa fluidité.

Ainsi donc par sa facture, le poème à Marie vient s'inscrire dans ce courant du lyrisme familier mis à l'honneur au XVIe siècle... dans les *Amours de Marie*. Faut-il croire que les poètes se soient rejoints dans le même élan ? Ronsard nous invitait à croire à la métamorphose :

> «*Marie tout ainsi que vous m'avez tourné*
> *Mon sang et ma raison par votre voix subtile*
> *Ainsi m'avez-vous tourné mon grave premier style*
> *Qui pour chanter si bas n'était point destiné.*»

L'illusion de la facilité inspirée a été en son temps dénoncée par Verlaine dans son «Art poétique» et par Valéry dans les pages célèbres «Au sujet d'Adonis». Un regard plus averti révèle le travail de l'artiste, la maîtrise de la langue et la conscience de son art.

II. Un poème qui s'inscrit dans la haute tradition lyrique par la subtilité de son écriture

1. Le lexique

Il est vérifié que la valeur dénotative est immédiatement perçue et que l'univers de référence s'organise en champs notionnels différenciés mais cohérents ; on peut faire valoir cependant que le mot *soldat* introduit des sèmes de violence et de mort que le poème, d'ailleurs, ne développera pas. Mais il faut noter qu'il a été écrit avant la guerre de 1914 et que sa réception est aujourd'hui nécessairement différente.

Il n'est pas impossible que le mot s'inscrive dans la réalité de la vie provinciale et soit en son temps faiblement connoté.

Il reste que le lexique s'enrichit principalement par le jeu des connotations.

Le prénom Marie, pour commun qu'il soit, refère à une tradition culturelle qui vient d'être rappelée. La double occurrence du verbe *aimer* au v. 9 lève le souvenir d'un autre chant :

> *«Marie qui voudrait votre beau nom tourner*
> *Il trouverait aimer, aimez-moi donc Marie...»*

La subtilité du jeu de rappel ne peut procéder de l'élan naïf.

Le prénom encore est porteur d'une connotation religieuse que développent le pluriel *les cieux*, et les mots qui portent le sème de la blancheur à la strophe 3 (*brebis, neige, flocons, argent*). Les mots qui dénotent les sons *cloches, musique*, s'inscrivent dans le même univers : le rêve des noëls anciens enrichit la vision première portée par les connotations stylistiques des mots *petite fille, mère-grand*. On peut faire observer qu'il y a non point rupture entre les deux imaginaires ainsi évoqués mais fusion subtile de l'un dans l'autre.

Les ruptures sont introduites lorsque s'implique l'énonciateur. Le jeu des connotations affectives révèle au sein de l'univers dénoté une perception contradictoire : le mot *mal* qui s'inscrit dans le champ notionnel de l'amour est caractérisé par *délicieux* qui marque l'appréciation paradoxale (on a ici un oxymore), révélateur des tensions intimes. Le mot *changeant* relève aussi de l'appréciation subjective. Dans le champ notionnel considéré, il est défavorablement connoté.

Si donc l'univers dans lequel s'inscrit le *vous* s'enrichit de connotations favorables qui lui donnent densité et cohérence, celui dans lequel évolue l'énonciateur est perçu comme divisé, contradictoire. Le jeu des connotations restitue en fait une transparence brisée. La modalité interrogative rend compte de cette impuissance à réduire la division. Elle l'accentue au contraire car aucune interrogation n'a valeur informative : loin d'être un appel vers l'autre, les questions traduisent le mouvement de la conscience de l'énonciateur sur elle-même et formulent le constat de solitude. C'est le cas particulièrement de l'interro-négative «Que n'ai-je // Un cœur à moi ?»

Du même coup la nécessité s'impose de s'interroger sur les formes du discours qu'une approche immédiate perçoit comme une adresse directe à l'aimée.

2. Le discours et les cadres d'actualisation qu'il définit

Le présent, les modes de l'interpellation créent l'illusion d'un discours spontané que restituerait immédiatement le poème. Le jeu des connotations, la valeur des interrogations invitent à une autre lecture.

Il a déjà été relevé l'absence de déictiques dans ce discours et force est de constater que la réalité évoquée s'inscrit dans un espace-temps mal défini quoique posé comme immédiat. Aucun nom propre, aucune date, aucun adverbe ne permet de cadrer l'espace-temps dans les quatre premières strophes. Les verbes *venir de* (strophe 2) *s'en aller* et *passer* (strophe 3) transcrivent la structure commune de l'espace (verticalité, horizontalité), le jeu des futurs et l'emploi de l'imparfait dans la strophe 1 restituent le même type de vision (temps exploré du passé indéfini au futur indéterminé). La présence de l'observateur-locuteur n'est sensible que par l'indice de première personne. Ni l'espace ni le temps ne se structurent par rapport à son corps.

Les présents dans les trois premières strophes apparaissent bien au fil de la lecture comme des présents contemporains de l'énonciation : mais si l'on conserve cette perspective, comment rendre compte de l'imparfait qui ouvre la cinquième strophe ? Il donne, semble-t-il, la clef d'une autre interprétation. Le poème s'inscrit dans une structure de discours dédoublé, mis en abyme ; les quatre premières strophes relatent un discours intérieur passé. L'imparfait *je passais* a valeur de commentaire et de transition vers le seul discours véritable (strophe 5). L'illusion se dissipe d'un discours vrai, à l'être aimé, la parole est celle d'un monologue intérieur qui restitue un *tu* fictif. La cinquième strophe dément l'illusion d'une présence : le livre, *un* livre auquel la caractérisation *ancien* donne peut-être un certain prestige, est le seul compagnon, comme le poème reste le seul témoin de la présence et de son illusion.

Dans la dernière strophe, le discours qui s'ouvre d'ailleurs sur une série de présents de caractérisation (*est pareil, s'écoule, ne tarit pas*) et comme tel, fort peu actualisés, est donné comme seul discours vrai, contemporain de l'énonciation : l'indication de temps *la semaine* a valeur déictique ; le futur envisage l'avenir vu du présent de l'écriture.

L'espace-temps où évolue la présence de l'être aimé est donc un lieu de rêve, comme le jeu des connotations nous l'avait fait pressentir. Le monologue intérieur a restitué un interlocuteur fictif : à travers ses variations, le *je* s'unifie dans le mal d'amour et l'absence.

La complexité des formes et des procédés de l'actualisation nous invite donc à dépasser l'illusion d'une poésie naïve et familière. Le choix de certaines tournures et constructions ne relève pas davantage de cette facture.

3. Les choix morpho-syntaxiques

La structure interrogative est récurrente dans le poème (strophes 1, 3, 4, 5). On y observe l'inversion constante du sujet en interrogation totale (v. 2, 16, 18), indice d'une langue soutenue, la seule mélodie interrogative intervenant le plus souvent en langue familière. Le choix de l'inversion est d'autant plus remarquable en strophe 4 que le sujet est à la première personne. En interrogation partielle l'inversion est attendue, compte tenu que seul l'outil *est-ce que*, dont la lourdeur est évidente, pourrait la réduire. Mais c'est le choix de l'outil interrogatif au vers 13 qu'on remarque. Le tour *que + ne*, qui équivaut en français moderne à *pourquoi + ne... pas,* a valeur archaïsante : il est fréquent en langue classique et sanctionne donc ici une langue littéraire. Le choix de la formule *que sais-je* rappelle les formes de l'interrogation sceptique et cette connotation s'inscrit précisément dans la cohérence interne du texte (thématique du «cœur changeant»).

La lecture naïve, on le perçoit, n'est plus de mise : les difficultés de certaines constructions interdisent d'ailleurs au lecteur de s'y abandonner.

4. Les constructions syntaxiques

La strophe 3 est en effet de construction complexe : le jeu de la représentation pronominale et de la détermination ajoute à la difficulté. Comment comprendre : «ceux d'argent // des soldats passent»? Les contraintes grammaticales donnent le mot *flocons* comme antécédent logique de *ceux.* Il faut donc compléter le syntagme nominal par son complément déterminatif «des soldats» au vers suivant et percevoir que la réalité métaphoriquement dénotée par l'expression «ceux d'argent // des soldats» est le casque. Le syntagme tout entier fonctionne comme sujet de *passent.* L'absence de ponctuation, constatée tout au long du poème, prive ici le lecteur de repère précieux pour la détermination logique du sens. Mais une autre lecture est possible ; la coordination *et* dans le groupe *flocons de laine et ceux d'argent,* placerait les deux syntagmes sur le même plan syntaxique. On serait en présence d'un zeugma syntaxique, une nouvelle caractérisation – celle de blanc brillant – rendant compte d'une vision plus nuancée : le mot *brebis* appelle le premier syntagme, le mot *neige* le second. Du même coup, le vers 3 est d'une lecture simplifiée : deux propositions indépendantes s'y déploient.

Le choix est véritable, nous semble-t-il, entre les deux interprétations, selon qu'est privilégiée une lecture grammaticale ou une lecture fondée sur les correspondances sémiques. La construction du vers 4 de la même strophe est plus simple, mais le sens est plus délicat à cerner. Le démonstratif *ce* (cœur) reprend l'entité précédente *un cœur,* le second terme étant apposé au premier. La répétition, on le verra, permet ici de retoucher et préciser la notion. Mais faut-il comprendre qu'il s'agit du cœur du poète, comme certaines interprétations l'ont donné à croire[1], ou du cœur de l'être aimé ? Dans le premier cas, le *je* déplorerait sa propre inconstance, dans le second celle de l'être aimé, insaisissable et fuyant ? Le vers 5, qui trouve son écho dans le dernier vers du poème nous invite à cette lecture. Mais l'incertitude demeure.

5. L'ordre des mots

Si certaines constructions font problème, il a été dit que l'ordre des

---

1. Voir le commentaire proposé par R. Lefèvre dans *Alcools,* Éd. Petits classiques Larousse, 1971, p. 66.

mots favorisait une saisie immédiate du sens puisque le plus souvent il correspond à l'ordre courant, dit logique, du déterminé au déterminant. Mais il faut noter à la strophe 4 les deux exceptions remarquables : aux vers 16/18 et au vers 20, le sujet est post-posé au verbe sans que s'exerce aucune contrainte grammaticale (dans le premier cas, on est en interrogation indirecte et dans le second en structure relative). Il y a donc choix d'un ordre qui correspond à celui d'une langue littéraire dont les accents, comme la thématique, ne sont pas sans rappeler la «ballade des dames du temps jadis», de F. Villon. La répétition du vers 16 au vers 18 est peut-être un bref écho à l'esthétique du genre. Les reprises ou répétitions donnent l'illusion d'une poésie naïve et spontanée, mais elles participent d'un art très conscient dont la rhétorique peut aider l'approche. Les quatre premières strophes en effet, d'allure le plus souvent fort simple, abondent en figures spécifiques à valeur expressive.

6. Les figures de constructions

Épanalepse et polyptote se combinent à l'ouverture du poème avec la répétition au début de chacune des phrases d'une même séquence sur le même thème verbal. L'effet de danse et peut-être plus spécifiquement de ronde est ainsi créé.

L'antithèse au vers 9 accuse le dédoublement du moi et la douloureuse contradiction à vouloir le même et l'autre. L'épanode, répétition du mot *cœur*, au commencement et au milieu du vers 14, rend compte, sans doute, de l'impossible saisie et du mouvement de fuite, encore souligné par l'anadiplose au vers 15 et au vers 16. Reprises et répétitions qui culminent avec la reprise intégrale du vers 16 au vers 18, figurent à la fois la quête et la fuite, emblématique du sentiment amoureux.

Ajoutons que l'effet d'hyperbate au vers 19, accentué par la découpe métrique, loin de briser le rêve de présence, autorise au contraire son prolongement.

A l'évidence les formes de rupture ou de reprise ne procèdent pas d'une liberté de l'écriture mais d'une recherche très consciente des effets de soulignement : la forme fait chatoyer le sens.

L'étude du jeu des images montre encore la sinuosité et la subtilité d'une l'élaboration très concertée.

7. Les images : expansion et réseau

Si la forme choisie – comparaison et métaphore in praesentia témoigne d'un parti de clarté, le réseau de significations développé par les images est remarquablement cohérent et complexe[1]. Il est spécialement dense à partir de la strophe 3.

---

1. Cf. analyse de «La construction par enchaînement de métaphores» dans le poème «Marie» *in* J. Molino, J. Gardes-Tamine, *op. cit.*, p. 149-150.

La difficulté de la construction des vers 2 et 3 de cette strophe a déjà été notée. Elle développe la seule métaphore in absentia du texte. Le comparant «*ceux d'argent des soldats*» est seul noté, l'élément comparé «casque» est sous-entendu.

Une première exploration de l'image permet de la justifier, d'en montrer la cohérence en soulignant les sèmes communs qui unissent Cé et Ca : la forme ronde, le sème de blancheur. Mais le rapprochement des deux Cé n'en est pas moins paradoxal : *brebis* et *soldats* réfèrent à des réalités de connotations opposées. Le monde de blancheur et de paix se fissure.

Un autre réseau se développe dans la strophe 4, qui ne prolonge apparemment pas la vision générée d'abord. Il n'y a donc pas, semble-t-il, isotopie. La comparaison des cheveux avec la mer rend compte du mouvement et sans doute de l'ampleur de la chevelure. Mais le mot *moutonne* dont l'emploi correspond à la lexicalisation d'une image (métaphore usée portant sur un mot), prend ici une autre valeur. Il rappelle le Cé *brebis* de la strophe précédente et prolonge donc l'isotopie, dans la mesure où le mot «laineux» s'emploie pour évoquer les cheveux crépus et frisés.

La métaphore suivante : «*tes mains // feuilles*» semble rompre nettement avec le premier réseau. Une apparence de forme semblable, la grâce et la légèreté probables du Cé favorisent la correspondance et justifient le rapprochement. La détermination *de l'automne* développe un autre réseau de significations et autorise la métaphore filée «*que jonchent aussi nos aveux*». Le déclin, l'abandon, la chute sont des sèmes nouveaux, le verbe «joncher» conduit l'évocation à son terme, le jeu des pluriels amplifie encore la vision des formes et des discours désormais caduques. Mais le lien peut être établi entre cette strophe et la précédente dans la mesure où *automne* et *neige* se tisse une correspondance, qui brouille cependant les perspectives temporelles communes ; celle-ci engage la représentation d'un temps cyclique, toujours recommencé et qui, comme tel, ne passe pas ; la strophe 5 prolongera l'isotopie.

L'importance des mots chaînons qui mettent en relation des termes dont le rapprochement cesse aussitôt d'être arbitraire[1] ne peut être perçue que si le récepteur ne se laisse pas prendre à la fluidité des contours, s'il tente d'entrer plus avant dans le mécanisme du rêve.

Si, dans la dernière strophe, une comparaison paraît ouvrir un autre réseau de significations, on peut faire observer encore que le mot *peine* (Ca) s'inscrit dans le prolongement sémantique du réseau précédent. Le mot est attendu non parce que des sèmes communs l'unissent intrinsèquement au fleuve – les deux référents appartiennent à des univers de perception distincts – mais parce que la vision de l'automne génère à l'évidence nostalgie et regret. C'est donc un climat unique qui unit la strophe 4 à la strophe 5. Celle-ci peut alors développer à la fois l'image de la peine toujours renouvelée, à l'instar du cours des saisons et celui du fleuve, et le paradoxe sous-jacent

1. Voir analyses de J. Molino et J. Gardes-Tamine dans *Introduction à l'analyse de la poésie*, PUF, Coll. Linguistique nouvelle, Paris, 1988, p. 150.

d'un temps qui ne passe pas, parce que toujours recommencé. Le temps cyclique, déjà figuré dans la strophe précédente, ne peut être libérateur. Le mot «automne» venait bien annoncer l'image du fleuve/temps inlassable et renouveler au cœur du poète le mal de l'absence et le mal d'amour. Le rapprochement serait facile avec «Le pont Mirabeau» ou «Automne malade» ou bien certaines strophes de «La Chanson du Mal-Aimé». Il révélerait des constantes de l'imaginaire et de la sensibilité du poète.

> «*... toutes leurs larmes en automne feuille à feuille*
> *Les feuilles*
> *Qu'on foule*
> *Un train*
> *Qui roule*
> *La vie*
> *Qui coule*»

Les visions surgies du développement des images se fondent donc dans un imaginaire cohérent et complexe, d'où naît l'impression d'harmonie profonde. L'étude de la forme versifiée montre encore la subtilité de tous les enchaînements qui à leur tour y contribuent.

8. Les effets particuliers des combinaisons de rimes

Il a été noté la régularité du schéma versifié tout au long du poème, réserve faite pour le vers 9 – (5 strophes isométriques de 5 vers chacune). La combinaison des rimes prolonge l'harmonie de ce schéma – on a cependant relevé quelques anomalies au regard des règles classiques.

Une analyse plus précise des rimes est révélatrice de la maîtrise du poète. On sait qu'à l'alternance obligatoire masculine/féminine (ici parfaitement respectée), Apollinaire a souvent superposé une alternance plus savante : les rimes masculines peuvent être régulièrement vocaliques (terminées par un son voyelle) les rimes féminines consonantiques (terminées par un son consonne). Ce schéma est constamment répété tout au long du poème et se complique d'une autre forme d'alternance : si la strophe s'engage sur une rime féminine consonantique, la strophe suivante s'engage sur une rime masculine vocalique. On a donc :

Strophe 1	fille		→ semi-consonne → fém.
	grand	→ ...	→ voc. → masc.
	sautille	→ ...	→ semi-consonne → fém.
	sonneront	→ ...	→ voc. → masc.
	* Marie	→ ...	→ voc. → fém.

* Seule exception, sauf à prononcer Marij (parler populaire et familier) : on retrouverait alors une correspondance phonique avec le premier vers.

Strophe 2	silencieux	→	→ voc.	→ masc.
	lointaine	→	→ cons.	→ fém.
	cieux	→	→ voc.	→ masc.
	peine	→	→ cons.	→ fém.
	délicieux	→	→ voy.	→ masc.
Strophe 3	neige	→	→ cons.	→ fém.
Strophe 4	cheveux	→	→ voc.	→ masc.
Strophe 5	Seine	→	→ cons.	→ fém.

La régularité absolue du schéma confère au poème une mélodie dont on a dit l'harmonie et la légèreté mais dont il fallait plus précisément rendre compte. Ajoutons que la cinquième strophe restitue le schéma mélodique de la première et donc que les parallélismes syntaxiques au dernier vers de chacune d'elles sont renforcés par les combinaisons sonores.

Le poème se clôt donc sur lui-même, à l'image peut-être du temps et de la peine dont il porte la vision.

Conclusion

Ce poème met donc en évidence d'une façon remarquable la pluralité de réception d'un texte littéraire liée à la complexité de son écriture, inscrite, en un mot, dans son style.

La fluidité procède de la simplicité réelle des choix lexicaux, de l'harmonie de la facture poétique. Un univers naïf, celui des comptines et des chansons villageoises, se déploie tout d'abord, servi par un rythme alerte.

La densité et la profondeur tiennent aux réseaux complexes des significations portées par des formes dont l'intelligence ne peut être immédiate. Elles sollicitent un environnement culturel et une lecture sans cesse renouvelée.

La musique enfin, celle qui vient «avant toute chose» et qui est partie intégrante et constitutive du lyrisme, tient à cet enchevêtrement de sons, à ces échos réguliers si savamment calculés qu'on ne perçoit d'abord que ces échos là, sans même voir les combinaisons qui le créent. L'harmonie n'est pas au cœur du monde, mais au cœur de la poésie.

Index[1]

A

Acmé, 183, 198, 233.
Actant, 28, 82.
Actualisation, 17 et ss, 37 et ss, 56 et ss, 241.
Aléthique, 87 (voir modalité).
Allégorie, 155, 238.
Allotopie, 69, 82.
Anacoluthe, 56, 193.
Anadiplose, 195, 248.
Anaphore, 187, 196.
Anaphorique, 22, 23, 25, 192 (voir cataphorique).
Antithèse, 195, 248.
Antonomase, 159.
Antonyme, 77, 232, 243.
Apodose, 198 et ss, 205, 206, 231.
Archaïsme, 86, 94, 223, 228, 247.
Article, 20 et ss.
• indéfini, 20-21.
• défini, 22, 31, 40.
Asémantème, 97.
Assertif, 30, 39 (voir modalité).
Asyndète, 186.
Autobiographie, 4.
Autonymie, 101.
Axiologique, 86, 91, 103, 118, 140, 218, 224.

B

Binaire, 188, 204, 208, 230, 233.
Brachylogie, 197.

C

Cadence, 183.
• équilibrée, 199.

• majeure, 199.
• mineure, 200.
Caractérisant/caractérisation, 70, 74, 92, 126, 170, 208, 247.
Catachrèse, 151, 168.
Cataphorique, 22, 192 (voir anaphorique).
Champ
• sémantique, 67.
• lexical/notionnel, 68, 244.
Classème (ou sème générique), 64, 66.
Clausule, 126, 183, 231.
Cliché (ou collocation), 104, 151, 152, 169, 225.
Comparaison, 135-142, 173, 248 et ss.
Compétence, 2, 5, 105, 107.
Connecteur
• argumentatif, 10, 88.
• pragmatique, 89, 187.
Connotation, 46, 84 et ss., passim.
• associative, 109.
• autonymique, 102, 103.
Constatif, 35.
Construction segmentée, 192.
Contexte, 13, 34, 237.
Contre-rejet, 201, 202.
Co-texte, 13, 32, 34, 100, 113, 237.
Cursif, 35.

D

Déictique, 30-33, 38, 49, 51, 237, 242, 245, 246.
Délexicalisation, 152.
Démonstratif, 25, 31.
Dénotation, 64 et ss., passim.
Déontique, 87 (voir modalité).
Dérivation, 75, 118, 196.

---

1. Définition des notions et emplois significatifs.

Table des matières

Chapitre 1
L'ACTUALISATION DANS LE DISCOURS LITTÉRAIRE

Chapitre 2
DISCOURS ET RÉCIT :
LES FRONTIÈRES ET LEURS MARQUES

Chapitre 3
LES MOTS DANS LE DISCOURS

APPLICATIONS INTÉGRALES

Imprimerie GAUTHIER-VILLARS, Paris
Dépôt légal, Imprimeur, n° 3591
Dépôt légal : juillet 1991   *Imprimé en France*
Dépôt légal 1re édition : 1er trimestre 1991